Minerva Shobo Librairie

知的技法としてのコミュニケーション

「話す力」は「生きる力」

児島建次郎［編著］
山田匡一／寺西裕一／都築由美［著］

ミネルヴァ書房

はじめに――あなたはコミュニケーション能力を磨いていますか

コミュニケーション能力の高い人とは

あなたは、どんな言葉なら自分を語ることができますか。友人と話す、他人と話す、異文化を背景に持った人と話すなど、自分を語る場面はさまざまあります。ところが、日本語の乱れや表現力の衰え、語彙《ごい》の貧弱さなど、若者たちの日本語能力の低下が指摘されています。表現力の低下の原因として、「私」という意識の弱さが影響しているともいわれています。自己意識がなければコミュニケーションの必要性がなくなるからです。

多弁でうまい話ができる人がコミュニケーション能力の高い人ではありません。コミュニケーション能力の高い人とは、「人の話を聞き、話を理解できる人」、「自分の言葉で話ができる人」をいい、能力の低い人とは、「ひとりよがりで自分のことばかり伝えようとする人」、「借りものの言葉を並べたてる人」のことをいいます。

価値観の多様な社会にあって、基本となるのは「個」の尊重です。自分の価値観と他人の価値観をぶつけあうことでイノベーション（新機軸）はおきるのであり、コミュニケーション能力に欠けていると、異なる「個」を尊重する度量が生まれません。実は「私」という自己意識が高くなければ、価値観がぶつかりあう対立する場をまとめ、マネジメントすることができないのです。

相手の話をよく聞き、理解し、自らの言葉で見解を述べるコミュニケーションの原点は、自分の考えを持つこと、想像力や好奇心のもとになる自分の考え、価値観、好き嫌いも含めたこだわりをつくっておくことにあるのではないかと思います。つまり、自分が伝えたいものを持つことです。

コミュニケーションは、人と人、人と社会、人と自然をつなぐものであり、コミュニケーション力が、私たちの生活や仕事を充実あるものにしてくれるし、人生を豊かにしてくれるのです。

人間は言葉で考えるもの、言葉は「考えること」の基本であり、言語能力は、コミュニケーション力や自己表現の土台といえます。従って、言葉は「メディア」であるといってもいいでしょう。言葉を媒介にして意味は伝わるのであり、発信と受信がつながって、初めてコミュニケーションは成立するのです。

『江戸しぐさ入門』から学ぶ

先日、書店でとても興味深い本にめぐり合いました。新潟《にいがた》江戸しぐさ研究会の構成による三五館出版の『江戸しぐさ入門』です。江戸時代の人付き合いのノウハウや庶民の知恵がマンガ仕立てで楽しみながら学べる内容です。

江戸しぐさとは、渡し舟で多くの人が乗れるように握りこぶし一つ分、腰を浮かし場所を詰める「こぶし腰浮かせ」の行為など、他人と良い関係を築き自分も気持ちよく過ごせる暮らし方のことをいいます。

現代風にいえば、電車やバスの席で、少しずつ詰め合って一人分の席を確保するということで、譲り合って仲よく暮らす江戸風マナー本といったところでしょうか。

江戸では、「三脱の教え」と称して、初対面の人には年令、職業、地位を聞かないとする暗黙の約束事がありました。この三つを先入観として持っていると公平な目で人を見ることができなくなるからです。

また、この本には加賀の千代女の作「朝顔に　つるべ取られて　もらい水」の俳句が象徴するように、草（自然）を主人、人間はそれに従うべきとする「草主人従《そうしゅじんじゅう》」の考え方や、別れ際に三間（五・四メートル）行ったところで振り返って最後の挨拶をして会った人に名残りを惜しむ「あとひきしぐさ」など、コミュニケーションにおける人間の機微がちりばめられています。

『江戸しぐさ入門』は、私たちの日常生活から消えてしまった「しぐさ」や「心持ち」がマンガ仕立てで面白く紹介されており、赤の他人や異文化とどう付き合うかのノウハウが満載《まんさい》されています。イキで素直でカッコいい生き方は、江戸っ子のみならず、現代人のあこがれでもあります。

ところで、近年コミュニケーションについての関心が高まっていますが、その理由は、家庭や会社、地域、社会などあらゆるところで閉塞《へいそく》感が漂っている状況がそうさせているのかもしれません。企業の人事担当者と話し合う機会があります。彼らはこぞって、面接で「コミュニケーション能力の高い学生を採用したいのだが、なかなか見つからない」と嘆いています。問いかけてもすぐに答えが返ってこず、仲間内で話し合う口調を公的な会話に直そうとして変な敬語を使ってしまうといいます。父母や祖父母といった年代を超えた人的関係の中で、コミュニケーション能力を鍛えていないことの表われでしょう。私は、学生のみなさんに、あえて、言葉の力の源泉である「話すこと」「書くこと」「読むこと」「聞くこと」をしていますかと、問いかけたいと思います。

映画『マイ・フェア・レディ』と『ライムライト』

映画『マイ・フェア・レディ』は、ロンドンの下町でスラングを使う花売り娘が主人公です。花売り娘イライザ（オードリー・ヘップバーン）が、言語学者であるヒギンズ教授から上流階級の美しい英語を話すために発音練習などの訓練を受け、やがて、社交界にデビューするというシンデレラ物語です。この映画は、劇中でヒギンズ教授が、

人間なら正しく話す能力があるはずだ。英語はシェークスピアやミルトン、聖書の言葉なんだ。

といっているように、正しい英語を話すことが、ストーリーの縦軸《たてじく》になっています。

『マイ・フェア・レディ』は、正しい言葉で、話すことの大切さをあらためて認識させてくれる楽しいミュージカル

映画で、イギリス社会の母国語に対するプライドを感じさせてくれます。

本書は学生のために、パブリックな場での音声表現によるコミュニケーション能力を高めてもらうことを目的に編纂しています。人生を豊かなものにするのは、お金をためることではなく、能力を蓄積することです。本書が、あなたのコミュニケーション能力の開発に役立ち、人生の道を切り開く一助になれば幸いです。

喜劇俳優のチャールズ・チャップリンは映画『ライムライト』の中で、次のようなメッセージを若者に送っています。

人生に必要なのは、勇気と想像力と少しのお金である。

近年の大学学長の入学式における式辞は脱「内向き」のすすめ

ここ数年来の大学入学式における学長の式辞を調べてみました。すると、一つの特徴がうかんできました。それは、脱「内向き」の発言です。

京都大学の松本紘総長（当時）は、「自分の考えを国際社会で主張できる論理的な思考能力、発信能力、意見を恥ずかしがらずに言える積極性や自主性を持ってほしい」という点を強調しています。

立命館大学の川口清史学長（当時）は、「大学は学生が主体的に学ぶ場へと大きく転換しつつある。万一チャレンジがうまくいかなくても、何度もすることが可能だ」と言い、何度も積極的に取り組むよう激励しています。

志願者数が全国のトップクラスに躍り出た近畿大学の塩崎均学長は、七〇〇〇人の新入生に「自分自身で見て、歩いて、触って、物事を自分のものにしてほしい」と述べ、内向きにならず、グローバル社会をクリエイティブに生き抜くよう説いています（大学の学長は、数年ごとに変わります）。近畿大学は二〇一八年度から、細井美彦氏が学長に就任しています。

また、近畿大学では、二〇一四年度から、入学式に保護者も出席してもらいやすくするために、入学式を土曜日に設定するとともに、別会場での中継を加え、地方に住む保護者を念頭にネット動画配信サイト「ニコニコ生放送」と「ユーストリーム」で生中継を行い、評判になっています。

さらに、近畿大学では音楽プロデューサーのつんく♂さんに入学式の演出も担当してもらい、式のために結成した「KINDAI GIRLS」などが登場するなど華やかなものになっています。つんく♂さんは、二〇一八年度の入学式で、スクリーン上から「人生は一回きり。誰のものでもない。僕は声を失っても今も楽しい。こうやってみなさんに会えるのも本当に幸せ。みなさん、今を楽しんで」と七五〇〇人の新入生にメッセージを送りました。

大学学長の式辞は、「内向き」「安定志向」が強いと指摘されている若者に、チャレンジする積極的な取り組みを求め、自立心がなければ、変化の激しいグローバル社会に対応できないと鼓舞《こぶ》しています。

そして、大学生に必要な素養として、広い知識、他人と連携できる人格とコミュニケーション能力、倫理感を挙げています。

キャンパスライフ、それは人生のある時期だけに与えられる至福の一時《ひととき》です。この時期を大切にして、創造力や想像する喜びを養って下さい。

そして、志を持ち何事にも挑戦しようとする人間力を磨いて下さい。言葉はあらゆる知的活動の基盤なのです。

元ＮＨＫチーフアナウンサー

児島建次郎

知的技法としてのコミュニケーション――「話す力」は「生きる力」目次

第1章　人生を豊かなものにするために

児島建次郎

1　豊かに生きよう

大学で学生たちと接していると、時々「おやっ」と首をかしげたくなる会話を耳にします。ある時、遅刻した学生に理由を聞くと「うーん、わたしー、バイトでぇー」という返事が返ってきました。

学生たちのリズミカルで華やいだ声は、キャンパスにとどまらず、授業中の教室にまで持ち込まれることがあります。「ウッソー」「マジでぇー？」「あとでファミレでお茶しようか」……。こうした若者ことばや流行語を駆使した会話は、若い人なら誰もが加わって話せる短い応答で、情報らしいものは含まれていません。

また、学生からよくこんな相談を受けます。「人前で上手に話すにはどうすればいいですか」「私は人前で話すのが苦手です。あがらないようにするにはどうすればいいですか」など。

日ごろ、友達と闊達《かったつ》に話すおしゃべり上手な学生が、面接やパブリックな場で思うように話せなかったといって訴えてくることがあります。社会経験の乏しい若者が人前で話すということは、自意識とある種の緊張感が先に立ち、頭がボーッとして何を言おうとしているのか考えがまとまらず、挫折感を味わうことがあるのでしょう。

おしゃべり上手な人は、誰もが加われる話題を提供したりして雰囲気をつくり、話の輪を演出するのがうまく、人間関係への豊かな感性と知恵をつくり出す能力を備えています。ところが、パブリックな場で情報や知識・情感をしっかりと伝える手段として言葉を使うとなると、おしゃべりの段階を越えた異質な心構えと技術が要求されます。

私たちは、毎日誰かと言葉を交わし生きています。言葉は人類が生み出した最大の文化であり、強力な自己表現の手段といえるでしょう。人類は言葉を持つことによって、豊富な内容を正確に論理的に、また感情や情感をありのままに伝えることができるようになりました。

言葉を交わすことは、それぞれの人生体験を共有しあい、心のふれあいを豊かにする、きわめて人間的なコミュニケーションの手段といえるでしょう。少しでも人間関係をスムーズなものにするには、コミュニケーション能力を向上させなければなりません。そのコミュニケーションという外来語は、今や日本語の語彙《ごい》として定着しています。

日本語の中に、「沈黙は金」「ものいえばくちびる寒し」「口はわざわいのもと」など、言葉に関して格言めいた言い方があります。控え目を美徳とする、かつての日本社会では、自分自身を積極的に表現することは、まやかしではないかと見られる傾向がありました。「言わぬが花」が日本文化のある側面を言い表わしています。ところが、近年の情報化社会や国際化社会の流れ、文化形態や生活様式の変化、価値観の多様化といった日本社会のドラスティックな変貌は、社会に積極的に働きかける人たちを求めるようになりました。

人が人と関わって社会の中で生きていく以上、自己表現して相手に認めてもらいたいとする欲求が高まるのは当然のことといえます。人間は、より豊かに生きたい、他人から認められ正しく評価してほしいと願いつつ、日々暮らしているのです。

2　いま、大学生が「日本語の技法」を学ぶとは、どういうことか

人の話をうまく聞き出し、自分の言いたいことを印象深く伝えることは、簡単なようにみえて生易しくありません。私たちの日常生活は、言葉を媒体にして成り立っています。どんな表現をするかで、人と人との交わりが円滑にいくか

どうかが決まり、世間が広くなったり狭くなったりします。

話しことばの技術は、私たちの人間関係を動かすカギです。より豊かな人間関係をつくりたいと考えるなら、言葉を通してのコミュニケーションを大事にしなければなりません。コミュニケーションとは、意見や感情・情報などを他人とやりとりして成立する人間関係です。

従って話をする場合には、自分用の言葉、自分用の表現を相手に通じるように変えなければなりません。話のキャッチボールとは、話のやりとりであり、メッセージの交換です。

大学生が日本語を学ぶとは、どういうことなのか、昔の大学では考えられないことが起きています。なぜでしょうか。簡単にいえば、言語能力を高めるためであり、情報伝達の言語技術を習得させることが目的です。最近の学生たちの語彙不足は耳を疑うほどで、それは論理的思考の貧困につながり、学問をする上で支障が生じます。

二一世紀に生きる私たちは、高度情報社会の坩堝《るつぼ》に身をおいています。世界を結ぶ情報通信ネットワークと各種のデータベースのインフラが急速に進みつつある現在、私たちは世界のあらゆる情報と瞬時にアクセスできるようになりました。ただ、情報処理能力をもっているだけでは知的活動を行うには十分ではありません。

情報を取捨選択したり、それに付加価値をつけたり、さらに知的創造をしていくためには、言語操作能力が必要となるからです。つまり、話し言葉や書き言葉という日本語をしっかり身につけていなければ、処理した情報を発信する論理的思考ができないのです。いわゆる「ボキャ貧」の学生の日本語表現能力を高めておかなければ、大学で知的活動を行うことができないというところにいきつくのです。ここに、大学における「日本語の技法」の科目の重要性が認識されることになったのです。

音声表現力が試されるのは、就職試験における面接の時ですが、その時に気がついても「おそかりし、由良之助」となります。一～二年生のうちに自己表現力を高めておかなければなりません。

3　あなたの話は、通じていますか

デール・カーネギー氏は、人間関係のバイブルと称される名著『人を動かす』（山口博訳・創元社）の中で、「ささやかな心づくしを怠らないこと」「美しい心情に呼びかけること」など、人を動かすには相手の立場に立つことをあげています。この本の原題は、『友をつくり人を動かす法』（How to Win Friends and Influence People）というもので、誠実な心で人と接すれば、人は必ず心を開く、人を動かすには人の心を動かすことが大事だといいます。

自己中心と自己主張はちがいます。自己主張は私たちの日常生活におけるコミュニケーションで必要なことの一つです。「察し」と「思いやり」の文化に生きてきた日本人は、常に相手のことを考え、自己を犠牲にし、他人と同調しようとする習性を身につけてきました。日本人の伝統的表現は「察し能力」、つまり、暗黙《あんもく》の了解のもとに成り立っていたのですが、世の中の変化はことばによる「わからせる能力」を強く求めるようになってきたのです。

自己主張とは何なのでしょうか。この言葉には、自分の考えを明確に表現する「積極性」と、言葉を通して相手をやっつける「攻撃性」という二つの面がかくされています。

私たちの誰もが、「いい人だな」と思われ、まわりの人と仲良くしたいという願望を持っていることでしょう。しかし、そのために他人に過剰な気づかいをし、仮面をつけた見せかけの自分をよそおい、無理な人間関係をつくっている人はいませんか。

能楽において「能面をつけること」は、つけた瞬間から、その登場人物になりきることを意味しますが、私たちの生活において仮面をつけている人は、真実に背を向けていることになります。すべての人に好かれようと思わず、それほど他人の目を気にせず、ありのままの自分を表現できれば気分が楽になります。過剰な自意識は自分を萎縮させてしまいます。他人に自分がどう見られているかという自意識が働きすぎると、素直でなくなったり、仮面をつけたりしてしまうのです。

説得力のある自己主張をするためには、相手に敬意をあらわすとともに自分にも敬意を持ち、相互理解しながら問題解決をはかるコミュニケーション力を身につけなければなりません。自己主張したいと思えば、まず相手を認めることから始めましょう。相互理解とは、相手が何か言い、自分がそれに反応する。それを受けて相手が言い、こちらの言い分を伝える。つまり、意志の相互交流であり、ここに、いい人間関係が生まれるのです。

人間関係が苦痛になる理由に、意見のちがいから相手との間に軋轢《あつれき》や摩擦がおき、それが精神的なストレスを生むことをあげる人がいます。そこには、共感の気持ちがありません。共感の気持ちは、相手に尊敬の気持ちをもち、相手のすばらしさを知ることによって起きます。

価値観の多様な現代社会において、意見の相違が起きるのは当然のことといえますが、相手の気持ちを知ることが大切です。人間関係に消極的な人は、発想を変えてみるのもいいと思います。

自分の殻の中にとじこもらず、他人を観察する人間ウォッチングを試みるのも面白いでしょう。人の話が聞ける人、つまり「聞き上手」に徹してみるのもいいのではないですか。人生を豊かなものにするには、弱気な人間関係では得られません。自己主張とは自分の生き方をプレゼンテーションすることです。

いっぽう、私たちは重層的、多元的、柔軟性をもって物をとらえることが大事です。自分の考え、社会観を絶対的なものとは考えず、時には、自分の考えを壊してみると、新しい自分が生まれます。そうすると、相手との距離が急に近くなったり、逆に遠くなったりします。さわやかな自己主張というのは、相手も立て自分も立てることであり、相手の話を受け入れる心の広さと、肩の力を抜いて素直に自分を表現することをいいます。

あなたの個性は世界に一つしかなく、人生とは自分の存在の発露そのものなのです。

第2章　知性が滲み出る話し方を修得するための道

児島建次郎

1　聞き手を魅了するセンスのいい話をするために

(1) 強い意志を持ちよい話し手をめざそう

スピーチ能力を高めることは、現代人が願望し身につけなければならない大事な教養といえます。よい話し手が、いかに大きな喜びをもたらし心を満たしてくれるものか、経験者なら誰もが味わう快感です。

私たちは人前に立つと気分が高揚します。二〇〇三年春、私は母校の高校の創立記念日に招かれ講演する機会を得ました。数十年ぶりに母校の校門をくぐり、後輩にあたる八〇〇人の中学生・高校生の前に立った時、普段とは異なる興奮と緊張を覚えずにはいられませんでした。そのせいか、マイクを握っての第一声は、私が事前に考えていた話ではなくなってしまいました。かつて、お昼に友達と「一〇円うどん」を食べたことが頭にうかび、思わずその思い出が口をついて出たのです。

自分の前に聞き手がいるということは、頭の働きが明晰《めいせき》になりインスピレーションがおき、思いがけない思考が浮かんでくることを実感しました。よい話し手をめざすには、強い意志と執念を持ち続けることなくして到達することはできない道なのです。

では、よい話し手になるためには、どうすればいいのでしょうか。

まず、自分が生きている社会とは、どんなものか、その社会で何が起きているのか、人々は何に関心をよせているかを知ることから始めましょう。これが、知性を感じさせる話をするための出発点です。社会観、価値観が多様化している重層的な現代社会では、核たるものが見えない不透明感がただよい、人と人との間に壁ができてしまいました。その障壁を取り除き、お互いがわかり合うには、たゆまない努力を続けなければなりません。そして、わかり合うための基準をつくることが、効果的な話をする上で必要になります。

そのためには、グローバル化する現代社会の特徴を知ることが第一です。社会の動きに敏感になることは、知的な話をする上で欠かすことのできない要素なのです。

(2) 二一世紀を読むキーワードから現代を知る

ここでは、激動する世界を知るために、世界的な視野からみた「二一世紀を読むキーワード」を考えてみましょう。知性の源泉となる広い思考力を養うためには、世界の動きをあなたとの接点の中でとらえることから始めなければなりません。まず、二〇世紀とはどんな時代だったのでしょうか。

二〇世紀は革命と戦争と人間変革に象徴される時代でした。私たちは近代的な政治制度を確立したものの、人々の自然への畏敬《いけい》の念を奪い、生命の最内奥《さいないおく》の仕組みから宇宙空間までをも射程におさめ、世界のパラダイム（規範）を変えてしまいました。そして、二一世紀を迎えた地球文明は、宗教的熱情が民族的エネルギーと結合し、人種、言語、宗教に根ざす不寛容さが地域紛争の発火点になっています。

持続可能で豊かな社会を築くための二一世紀を読むキーワードとして、次の五つをあげます。

① 地球の危機・進行する地球温暖化

私たちは厳しい自然に働きかけ、自然を開発することによって豊かな暮らしを手に入れてきました。ところが、かけがえのない地球は、汚染や破壊が進み病気になりかけています。アメニティ（快適さ）を求める私たちは、資源を浪費しゴミの山をつくっています。

アメリカ元副大統領のアル・ゴア氏が地球温暖化についてのスライドを見せながら世界各地を講演してまわる記録映画『不都合《ふつごう》な真実』が、大きな反響を呼びました。さらに、同じタイトルの本が出版されていますが、その内容は衝撃的です。

まず、ここ数十年から数百年の間に、二酸化炭素（ＣＯ２）濃度がいかに上昇したか、また、海面温度が上昇したかを示すグラフが示されています。この内容に関しては、地球温暖化に関する世界の研究者らでつくる「気候変動に関する政府間パネル＝ＩＰＣＣ」の調査でも明らかになっています。

『不都合な真実』は、数々の写真を通して地表面の大きな変化を説明しています。例えば、一九七〇年には雪と氷河に覆われていたキリマンジャロが、二〇〇五年には一塊の雪と氷河を残すのみとなっている様子が写し出されています。さらに、アルプスの氷河が、パタゴニアの氷河が、七〇〜八〇年の間に消滅しつつある現実が写真を通して示されています。

近年の異常気象を示す数字も不気味な地球の変化を感じさせます。日本では、二〇〇四年から二〇〇五年にかけて史上最多の台風に見舞われ、アメリカでは史上最大のハリケーンに襲われました。同じように、ヨーロッパでもアジアでも未曾有の大洪水が発生しており、これらのすべては二酸化炭素の増加にともなう温暖化がもたらしたものだといっています。

では、これらの写真や数字の先に、何が見えるのでしょうか。ヒマラヤ氷河を水源とする黄河をはじめ、長江、メコン、ガンジス川などの七大河川の水量の減少によりアジアの多くの人々は、深刻な飲み水不足に悩まされるといいます。

一方、アメリカの農作地帯では土壌水分が大量に失われます。海水面が上昇し、太平洋の島々が消滅し、バングラデシュやインドのコルカタでは数千万の人々が家を失い、フロリダやサンフランシスコ湾では地形が変わり「世界地図を描き直さなければならないだろう」と警告しています。

『不都合な真実』が訴える内容は、アル・ゴア氏の個人的な見解だとして軽視するわけにはいきません。私たちの地球を温暖化から守る、その挑戦の先頭に立つアル・ゴア氏に二〇〇七年ノーベル平和賞が贈られました。それはまた、地球温暖化が戦争や核の拡散と同じように人類の生存を脅《おびや》かす深刻な問題であることを意味しているのです。

国連の「気候変動に関する政府間パネル＝ＩＰＣＣ」が、二〇一六年に発表した報告書によりますと、温暖化に対して何らかの策を施さない場合、二一〇〇年の世界の平均気温は、一九八八〜二〇〇五年に比べて、最大四・八度まで上昇するといいます。

報告書は、南極などの氷河が解けて海面は八二センチを超えて上がる可能性を示唆しています。温暖化に伴って、海面が上昇しニュージーランドやモルディヴ諸島などの島々からなる国は、水没する危険性があります。さらに、温暖化の影響で、異常な猛暑や熱波が世界中で起きることも予測しています。

世界の年平均気温のこれまでの推移と将来予想
（IPCC の資料を基に作成）

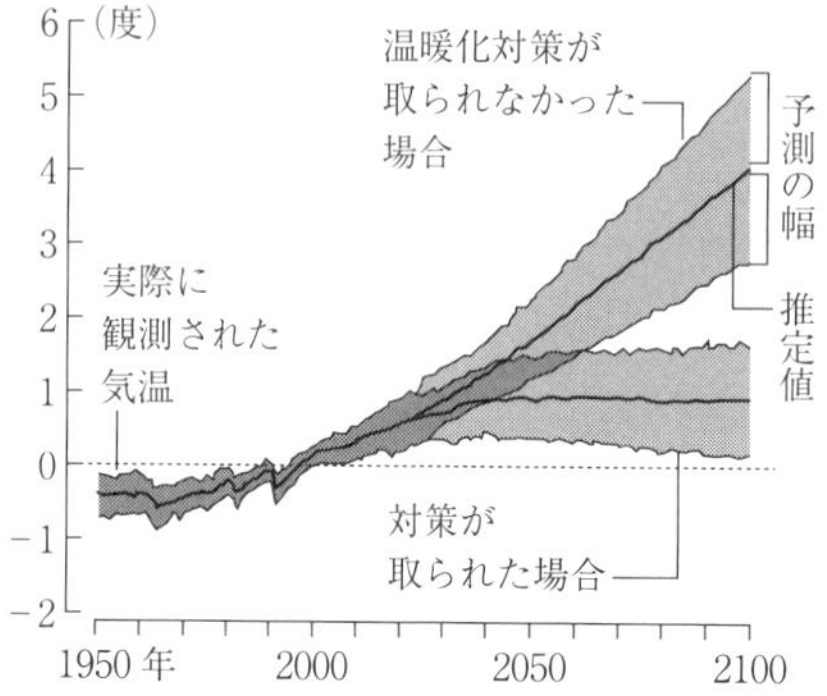

※1986〜2005 年の平均を 0 とした

IPCC が予測する地球温暖化の主な影響

北極	• 海氷の減少
北米	• 森林火災の増加 • 猛暑による死亡者の増加
欧州	• アルプスの氷河の後退 • 森林火災の増加
アジア	• 台風などによる河川氾濫の増加 • 干ばつによる水・食糧不足

島嶼《とうしょ》国	• 海面上昇による水没 • サンゴの白化
アフリカ	• 乾燥地帯で干ばつが増加 • 病虫害の増加
中南米	• 蚊が媒介する感染症の範囲拡大 • 干ばつによる食糧不足
豪州	• サンゴ礁の減少
南極	• 植物が増加

出所：「読売新聞」2016年６月11日付朝刊。

二〇一六年九月三日、驚くべきニュースが世界をかけめぐりました。それは、アメリカと中国が、二〇二〇年以降の地球温暖化対策の国際ルール「パリ協定」を必要な手続きを終えて締結したというものです。

「パリ協定」は、一九九七年に採択された京都議定書に代わる新たな国際ルールとして、二〇一五年にパリの国連気候変動会議（ＣＯＰ二一）で採択されたものですべての国が削減に取り組む史上初めての枠組みです。ただ、発効には五五カ国以上が締結し排出量全体が世界全体の五五パーセント以上になる事が条件となっています。

中国の排出量は二〇・一パーセント、アメリカは一七・九パーセントで、両国の排出量をあわせると三八パーセントと、発効の条件に大きく近づく事になり、「パリ協定」の発効は確実なものになりました。両国の批准は、国際社会に「責任ある大国」を印象づける狙いがあると同時に、排出国の多い国に早期の批准を促す効果も見込めます。次は、「パリ協定の骨子」（出所：「朝日新聞」二〇一六年九月四日付朝刊参照）です。

１　世界全体の目標
・気温上昇を二度より抑える。
・今世紀後半に温室効果ガスの排出量と吸収を均衡させる

２　各国の削減目標
・国内対策を義務化

３　途上国への支援
・先進国に拠出を義務化

４　温暖化の影響への対策
・途上国で起きつつある被害の救済策に取り組む

「パリ協定」は、産業革命前からの気温上昇を二度より低く抑え、今世紀後半に世界で排出量を「実質ゼロ」にする事をうたっています。ちなみに、ロシアの排出量は七・五パーセント、インドは四・一パーセント、日本は三・八パーセントです。日本でも二〇一六年の秋、「パリ協定」の批准の手続きを行い、インドや欧州連合（ＥＵ）も続きました。日本の目標は、三〇年度に一三年度比で二六パーセントの削減です。ところが、二〇一七年アメリカのトランプ大統領は、「パリ協定」からの離脱を宣言しました。これに対して、パリで国際会議がひらかれ、フランスやイギリスの代表が参加し、「二酸化炭素を排出しない経済へ産業界を導くことなど」一二の指針に合意しました。

地球温暖化は確実に進み、その原因が人間活動にあることは間違いないことであり、国際社会は「待ったなし」の対策を進めなければならない状況に追い込まれているのです。

人類は、間氷期と氷期の繰り返しを生きぬき繁栄しつづけてきました。人類史上、初めて遭遇している急激な温暖化が私たちの生活にどのような影響を与え、それをどう切り抜けるのかの英知が求められているとともに、いま、ライフスタイルの見直しが迫られています。

②　人口爆発と食糧問題・そして深刻化する水不足

世界の人口は爆発的に増えています。イスラム社会、インド、パキスタンなどの人口増加で、人口爆発の問題が顕在化しています。

はたして、現在の食糧事情で食料不足に悩まされない世界が持続できるのでしょうか。水不足も深刻です。飢餓《きが》問題を協議する国連食糧農業機関（ＦＡＯ）の報告によれば、世界で八億五〇〇〇万人が飢餓に苦しんでおり、この数を二〇一八年までに半減させるためには、毎年二〇〇〇万人を飢餓から救わなければなりませんが、実際には八〇〇万人にとどまっているといいます。

二〇一一年一〇月三一日、世界の人口は、七〇億の大台を超えました。世界では、毎年ドイツの人口とほぼ同じ七八〇〇万人が増え続けています。

二〇〇〇年前には三億人ほどだった世界の人口は、紀元後四〇〇年ごろに六億人に達しました。ところが、一九五〇年以降をみますと、二五億人から七〇億人に達するまで、わずか六〇年しか要していません。

現在、発展途上国では出生率が高くなり、開発がおくれ貧困が長期化しています。一方、先進国では出生率が低下し高齢化が進んで経済の成長率に影響を与えています。世界の人口は、これからも爆発的に増え続け、五〇年後には九三億人になると予測しています。そして、主なリスクとして食糧や水、健康など八つの分野を列挙《れっきょ》し影響の切実さを示すとともに、これらが内戦など暴力的衝突を増加させ、国家の安全保障政策にも影響を及ぼすと指摘しています。

世界的な砂漠化に伴う降水量の「地域差」も顕著になりそうです。アフリカなどでは、洪水や干魃《かんばつ》がおき、穀物の小麦やトウモロコシの収穫が思うようにいかず食糧難に陥ります。

また、乾燥化が進む地域では、地下水や河川の水が減って、水資源をめぐる争いが激しくなります。

ある統計によりますと、二〇二五年には「水ビジネス」が一〇〇兆円にのぼるといわれるほど、水資源の不足は発展途上国にひろがり、二〇二〇年代には、水不足の被害人口は、一〇億人単位に及ぶと予想され、深刻な未来が待っています。温暖化の原因は、「気候変動に関する政府間パネル＝ＩＰＣＣ」によりますと、石油や石炭を大量に消費する人間の活動による可能性が「極めて高い」と結論づけており、人類が共通して取り組まなければならない喫緊《きっきん》の問題といえます。今後、温室効果ガスの排出が増え続き、世界の平均気温がさらに上昇していくと、北極圏にあるグリーランドを覆っている氷の融解がとまらなくなり、数世代の子孫に被害を与えるといいます。アメリカの研究者が英科学誌ネイチャーで発表した論文によりますと「温室効果ガスの排出がこれからも続けば、二五〇〇年までに一五メートルの海面上昇が起きる」と指摘しています。一方、日本社会をながめてみると、日本人の食生活に欠かせないマグロの周辺が騒がしくなっており、「すし好きの日本」に欧米諸国から批判が起きています。

四半世紀前、各国が捕鯨をやめようとしていたのとは異なり、マグロとすしの文化は世界に広がりつつあり、中国ではマグロの需要が急増し、ロシアやイギリスなどでは、回転寿司が人気を呼んでいます。

近年、マグロ類の資源量は大幅に減り、各海域では国際機関がマグロの漁獲量制限を行っているのが実情です。そうした中で、日本人は、どれくらいのマグロを食べているのでしょうか。一九五〇年のマグロ類の総漁獲量は二四万トンでしたが、二〇〇〇年には一八四万トンに激増しました。このうち、二〇〇四年の日本のマグロ消費量は五八万トンで、三七万トンを輸入に頼っています。

現在、日本は世界で取れるマグロの四分の一近くを食べる最大の消費国です。特に、クロマグロは、乱獲による資源枯渇《こかつ》が危ぶまれています。高級すしネタとして人気が高い太平洋クロマグロは、未成魚の乱獲がたたり激減しており、親魚の資源量は、ピークの六万トン余りから、二〇一四年には一万六五五七トンまで落ち込んでいます。

二〇一六年九月、中西部太平洋マグロ類委員会（ＷＣＰＦＣ）の小委員会が福岡市でひらかれ、保護策が話し合われました。日本は、漁獲量を半分に減らす「緊急措置ルール」を提案しましたが、効果を疑問視するアメリカの反対で合意に至りませんでした。

太平洋クロマグロは、世界のマグロ類の漁獲量からみると、数パーセントで、日本国内で消費するマグロの一〇パーセントに過ぎません。回転ずしやスーパーに並ぶマグロは、小型の「メバチ」や「キハダ」が中心で、ただちに食卓からマグロが消えるわけではありません。ただ、太平洋クロマグロは、大トロや中トロの原料として人気が高く、八〇パーセントを日本が消費しています。

今回の中西部太平洋マグロ類委員会の会議では、アメリカの強硬政策が改めて確認され、規制強化の波が押し寄せる可能性が目前にせまっている事を裏付けました。

日本は、ガバナンス（統治）が利いていないと環境保護団体から、厳しい目を向けられており、今後、漁獲量規制措置のためにどんなルールをつくるのか、最大のマグロ消費国としての責任が問われています。

マグロ消費大国として将来にわたって日本人がマグロを食べ続けるためには、国際社会との協力が強く求められるのであり、それが破られた時、日本の回転寿しからマグロが消えるかもしれません。

地球は人間を何人まで養うことができるのかみんなで考えましょう。

③　生命倫理・人間は生命を操作できるか

代理母の出現は、男女の性の結合によって生命が誕生するというこれまでの概念を変えてしまいました。日本では、タレントの向井亜紀さん夫妻がアメリカの女性を代理母として子どもを産んでもらい、双子を実子として出生届を出そうとして拒否され関心を集めました。

この件は裁判になり、東京高裁では、向井さんの実子であると認めたアメリカ・ネバダ州の裁判所の決定を認め、出生届を受理するよう指示しました。ところが、最高裁では、たとえ自分の卵子でも、代理出産してもらった子は実子としては認められないとする判決が下されました。生殖医療が進歩し、これまで考えられなかった形で子どもが生まれるという現実をつきつけられた問題といえます。

現代医学は、クローン人間の誕生までも可能にしました。クローン羊ドリー誕生のニュースが世界を驚かせたのは一九九六年のこと。それから、マウス、牛、豚、猫などのクローンがつぎつぎに生まれました。

そして、ついにクローン人間づくりを自らの「使命」とする科学者があらわれる事態になりました。フランスの女性化学者、ブリジッド・ボワセリエ博士は「クローン人間づくりは基本的人権の一部だ」と主張し、核を除いた卵子に体細胞の核を移殖する「クローン胚《はい》」の作製に着手したことを明らかにし、大激論がかわされました。

それから数年たった今日、クローン人間づくりは「人間存在への挑戦だ」として、日本やイギリスでは「クローン人間禁止法」を制定しましたが、クローン人間の誕生は、絵空事ではなく現実味を帯びてきている事も事実です。

人間は生命をどこまで操作できるのでしょうか。

④　グローバル化時代と世界の貧困

現代の世界は、グローバル化が進んでおり、政治や経済、情報などの一体化が鮮明になっています。私たちが生きている地球をグローブ（ｇｒｏｂｅ）といい、国の境界を超えて地球を一つの単位ととらえる考え方がグローバル化です。

グローバル化には、プラスの面とマイナスの面があります。

プラスの面としては、その国で働いて得る賃金よりも稼《かせ》げるならば他国で働き、より高い賃金が得られ、外国の安い商品を輸入する事ができます。また、企業は海外に積極的に進出しやすくなり、ヒトやカネなどの動きが活発になります。

マイナスの面としては、世界の経済状況の悪化や政情不安などが一国にとどまらず、全世界に影響を与える事です。国内情勢が国際情勢にも反映しやすくなり、例えば、二〇一六年六月のイギリスのEU離脱決定は、世界の株価を大幅に下げる要因になりました。

グローバル化が進む世界では、地球規模の競争がいっそう激しくなって「強者」と「弱者」の峻別《しゅんべつ》が進み、先進国と発展途上国との経済格差が拡大していきます。世界の貧困は深刻ですが、貧困国を生み出す要因は様々です。

要因の第一は、バッドガバナンスです。これは「悪い統治」という意味で、バッドガバナンスに陥った国が、貧困を進行させています。例えば、植民地支配から独立して間もない頃に復興を果したガーナでは、政治腐敗や汚職による政治機能が低下し経済が停滞して貧困を招いてしまいました。

第二は、紛争です。第二次世界大戦後、植民地支配から抜け出した民族は、それぞれの主張を強め内紛が続いています。シエラレオネの場合などは、コーヒーやカカオなど換金性の高い食品の生産を強いられ、主食の生産が行れず飢餓の原因になっています。

ソマリアでは、一〇年をこえる内戦が続き民族間の争いをはじめ、権力者による食糧の独占、干魃や砂漠化の問題が集中して多くの餓死者を出しています。

第三は、気候変動による生産物の減少です。私が何度も訪れた黄河の上流やタクラマカン砂漠周辺では、ここ数年、砂漠化が進み、これまで家畜の放牧で生活していた人たちが住めなくなって、数年間で一つの集落が消えてしまう現象がおきています。世界各地で砂漠化現象がみられ、食糧生産に多大な影響を与えているとともに、貧困の要因となっています。

現在、世界の飢餓人口は、八億五〇〇〇万といわれ、七人に一人が飢えています。その原因は、紛争、干魃《かんばつ》、高失業率、エイズの蔓延《まんえん》、気候の変動などの複合的なものですが、世界で慢性的な栄養失調は二〇億人、飢餓関連の疾病による死者は、毎年一八〇〇万人以上と推定されています。

いっぽう、世界各地で、新たな「富の再分配」をめぐる動きが注目を集めています。これは、「ベーシックインカム＝ＢＩ」といい、雇用の状況にかかわらず、政府がすべての人に最低限度必要なお金を配る制度です。

こうした模索が始っているのは、世界のグローバル化や人工知能などの技術革新によって賃金労働が失われ、社会保障が機能しなくなるという背景があるからです。

例えば、人口八〇〇万のスイスでは、二〇一六年六月に「ＢＩ」導入の是非を問う国民投票が行れました。賛成二三・一パーセントにとどまり、導入は否決されました。

イギリスのＥＵ離脱の背景には、グローバル化が仕事を奪い、格差をひろげている、とする社会不安が底流にあったと考える人もいます。オランダやフィンランドでは、「ＢＩ」導入実験が検討されています。

アメリカ社会では、「富の再分配」が、大統領選挙の主要テーマの一つとなりました。数パーセントの富める者と、九〇数パーセントの人たちの収入が同じぐらいだとして格差問題がクローズアップされ、関心を集めたのも最近の事です。

「ＢＩ」の導入には、発想の変換が必要で、地動説のように受け入れるには時間がかかる内容ですが、貧困問題を改めて提起する第一歩となるでしょう（「朝日新聞」二〇一六年七月四日付参照）。

世界的に富者と貧者の格差が拡大し、飢餓人口が増大している現状をどう解決するかは緊急な課題となっています。

⑤　揺れ動くヨーロッパ社会とイスラムの世界

世界はグローバルスタンダードが普及する中で、日本の内外では弱肉強食的な社会情勢が広がりつつあります。混沌とする世界であらゆる民族が平和的に生きていくためには、何をしなければならないでしょうか。

現代の世界を俯瞰《ふかん》すると、二一世紀を迎えて露頭《ろとう》をあらわしている人類的、地球的危機はいっそう深化しているといえましょう。

ハーバード大学戦略研究所のサミュエル・ハンチントン教授が『文明の衝突』という論文を世に問うたのは、一九九三年のことでした。興味をそそるこの論文発表を契機に日本でも、文明論が語られるようになりました。『文明の衝突』の主なテーマは、文化と文化的なアイデンティティー、すなわち、最も包括的なレベルの文明のアイデンティティーが、冷戦後の統合や分裂あるいは衝突のパターンをかたちづくっているとしていることです。

第一部・歴史上初めて国際政治が多極化し、かつ多文明化している。
第二部・文明間の勢力の均衡は変化している。
第三部・文明に根ざした世界秩序が生まれはじめている。
第四部・西欧は普遍主義的な主張のため、しだいに他の文明と衝突するようになり、とくにイスラム諸国や中国との衝突はきわめて深刻になる。

ハンチントン教授は、世界の主要文明を西欧・儒教・日本・イスラム・ヒンドゥー・ラテンアメリカ・ロシア・アフリカの八つに分け、冷戦後の世界では、「西欧」対「非西欧」、特に西欧とイスラム・儒教との対立が深まり、戦争の危機に直面するといいます。

これに対して欧米やイスラム社会から「文明間の対話」を求める動きが強まっていったにもかかわらず、二〇〇一年のニューヨーク貿易センタービルに対する同時多発テロによって、文明の衝突は現実のものとなり世界を震撼《しんかん》させました。

アメリカは、二〇〇一年秋にアフガニスタンのタリバンを攻め、二〇〇三年にはイラクが核兵器を所持しているとしてフセイン大統領が率いる独裁政権を打倒しました。これが、イスラム過激派を生んだという論評もあります。現在、イラクの核兵器所持は否定されています。

二〇一四年には、イスラム過激派「イスラム国」（ＩＳ）が、大規模な侵攻を開始しイラクとシリア国内に拠点を築き、カリフ制イスラム国の樹立を宣言しました。

そして、二〇一五年一月、イスラム過激派「イスラム国」に欧州の若者が加わり、言論封殺を狙ったテロ事件がおきました。フランスの週刊誌「シャルリー・エブド」が、イスラム教の預言者ムハンマドの風刺画を掲載したというのが理由です。

襲撃を受けた「シャルリー・エブド」は、事件後に特別号を発売し、そこに、涙をうかべる預言者ムハンマドの風刺画を掲載しましたが、これをめぐって、イスラム教社会とヨーロッパ社会の亀裂《きれつ》がさらに深まりました。

新聞各紙は、「表現の自由」「信仰侮辱」という言葉で問題を提起しました。つまり、表現の自由の大切さを示すためにも漫画を載せるべきとする意見と、侮辱と風刺の間には境界があり、風刺画は侮辱であるとする意見です。

その後、イスラム過激派の台頭によって、シリア国内は、独裁者といわれるアサド大統領が率いるアサド政権派、反アサド体制派、イスラム国、クルド人の四つの勢力が競いあう内戦状態に陥《おちい》りました。このため、紛争の激化をさけて、シリアの人口二〇〇〇万のうち八〇〇万をこえる人たちが難民となって欧州各国に押しよせる事態がおこり、その動きは現在も続いています。

難民は、トルコの海岸イズミールからボートに乗ってギリシアに渡り、セルビア、ハンガリー、オーストリア、そしてドイツに向かいます。

そのトルコの海岸の波打ち際に幼児の遺体が横たわる一枚の写真は、世界に衝撃を与えました。幼児の写真は、欧州諸国の難民問題に一石《いっせき》を投じ、各国ともシリアやイラクの難民の受け入れを大幅に増やす世論をつくりあげました。

ところが、オーストリアは、無条件で難民を受け入れる政策から流入抑制策に舵を切り、ハンガリーでは許可のない越境を犯罪とする法律を施行するなど難民に扉を閉ざす「要塞化」に方向転換しました。

そんな折、二〇一五年一一月一三日の夜、パリ中心部と近郊で同時多発テロが発生し、イスラム過激派「イスラム国」（ＩＳ）はインターネットで「パリの選ばれた場所を標的にした」とする声明を発表しました。

「自由・平等・博愛」を掲げるフランスですが、過激派は「退廃した西洋文化」の代表として西洋の価値観を狙ったともいえるテロ事件でした。

フランスのテロ事件後、ヨーロッパ諸国が厳戒態勢を敷いているさなか、二〇一六年三月二二日、ベルギーの首都ブリュッセルの空港と欧州連合（ＥＵ）本部近くの地下鉄構内で連続テロが発生しました。世界は大規模テロを防ぐにはどうすればよいかという、きわめて難しい問題をかかえたことになります。

欧州の二六カ国は、ヒトやモノの移動の自由を認める「シェンゲン協定」を結んでおり、域外から域内に入る際の審査は旅券の提示だけでいいのですが、相つぐテロ事件で人々の移動の自由が揺らいでいます。

二一世紀に入って、テロの頻発、難民や移民をめぐる紛争、先鋭化する人権対立、格差やポピュリズムの拡大などの問題が顕在化しています。

このように同時に進行している事象には、国家、社会、人々の間の分断や亀裂《きれつ》のひろがりが底流にあるからでしょう。

私たちは、人間の尊厳を認め、文明間の対話を深める事ができるでしょうか。不確実性に覆われている世界は、きわめて困難な問題に直面しているといえます。

⑥　知性ある話し手の仲間入りをするために

私たちはこのような地球世界に生きているのです。ここにあげた五つのキーワードがすべてではありませんし、いますぐ解決できるものでもありません。あなたが世界の出来事にどのような関心を寄せているかが大事なことなのです。

五つのキーワードは、一見私たちの日常生活と関係ないようにみえますが、実は、私たちの日常生活は世界と、世界の出来事は私たちの日常生活と深く結びついているのです。

回転寿司のお店があちこちにできて、安い魚介類を口にすることができるようになりましたが、そのネタの七〇％は輸入品です。ニュージーランド沖の魚などを食べているのです。日本人は沢山のゴミを出します。そのゴミの中にメコン川の森林を伐採したものが含まれているかもしれません。

世界はグローバル化に向かっています。世界の出来事を他人事として見るのではなく、自分とつながっている身近な問題としてとらえる感覚を養うことが、知性を感じさせる話をする上での栄養源になるのです。

「私ならこう考える」という、思考習性を身につけ、あなた自身の思考を鍛えることから始めましょう。そのためには、自己啓発を通して知識や情報を得るように努めなければなりません。

では、すぐれた話し手の要件である「知性を感じさせる」「教養を感じさせる」とは、どんなことをいうのでしょうか。教養とは、単に知識や情報をもっているだけではなく、それを基礎にしてどのように人間社会によい影響をもたらす行動をとることができるかを認識するための知恵であるといえます。

教養を身につけるといえば、何か大上段にかまえ、難しい問題に取り組むものだと思って、しりごみする人がいます。実は、それほど難しいことではないのです。あなたが毎日生活していて体験する出来事のうち、おやっと思うこと、好奇心がわいてきたこと、疑問に思うことなどをメモすることから始めましょう。このメモは、物を考えたり人前で話したりする上で重要な資料になります。そのメモの内容と世の中の動きなどと照らし合わせ、疑問や問題、もっと追及したいことを調べたり聞いたりして解決策を導き出していくのです。ここまでくれば、あなたは「知性ある話し手」の仲間入りに近づいてきたことになります。

知性を感じさせる話をするためには、次のような心構えが大事です。

①世界のあらゆることに関心をもつ。

②なぜか?と考える習性を身につける。
③身近なところから時代をとらえる目を養う。
④関心をもったことをメモにする。
⑤疑問や問題にぶちあたった時には、調べたり聞いたりして解決の道をさぐる。

よい話し手とは、豊富な話題をもっていることが最大の要件といえましょう。

2 知的な学生生活を送り、自分のブランド力を高めよう

(1) 知性と自己啓発

知性とは何でしょうか。孔子の言葉に次のようなものがあります。

知らざるを知らずとは、これ知ることなり。

知性とは、自分が何を知らないかということを知ることではないでしょうか。その事は、自分が知っていることなどは大したことではないという自己否定の種子を持つことを意味します。

知性や教養の何かを深く考えさせられる舞台演劇があります。一九八〇年にロンドンで初演され大ヒットしたウィリ・ラッセルの二人芝居『リタの教育』です。日本では一九九七年に初演され、現在まで小劇場で上演されつづけているロングランの舞台です。

主人公は、お客とミーハー話に花を咲かせる二八歳の美容師リタ。自分を変えたいと願い大学の社会人講座に入学し

ます。そこで出会ったフランク教授は、あけっぴろげで無教養なリタに呆れますが、明るく向学心に燃えるリタに興味を覚え教えていきます。

『ジェーン・エア』とジェーン・フォンダの違いがわかる女になりたいと願望するリタは、教授から論文の書き方を教わり、進められる本を読みあさります。知りたがり屋のリタの成長はめざましく、やがて、教授の助けを借りることなく学生と議論し、見事な論文を書くほどの知識人になっていきます。一方、教授はわが身が支配したリタがそこにいないことを感じ、さびしさをかみしめるのです。

『リタの教育』から、どんなメッセージを読み取ることができるでしょうか。平凡な女性の成長物語としてだけでなく、教養人としての教授の度量も問われています。そして、この演劇は何よりも「なせばなる」の精神で「志《こころざし》＝やる気」を持てば、知性や教養は自家薬籠《じかやくろう》のものになることを伝えているのです。

さて、私たちは地球環境の汚染や人口爆発という人類史上、例をみない問題に直面しています。それらは簡単に解決できる問題ではなく、私たちの生活の場に押しよせています。

私たちは、これらの問題の解決をインターネットで見つけ出すことはできず、みずからの頭で考えるしかありません。頭で考えることが知的であるための源泉なのです。それぞれが自分の頭で考えるためには、常に自己を磨く努力を積みかさねなければなりません。それが、自己啓発というものでしょう。

自己啓発の道には色々ありますが、ＩＢＭの初代社長のワトソン氏は、次の五つをあげています。

① read―本を読むこと
② hear―人の話に耳を傾けること
③ discuss―人と話し合うこと
④ observe―物事を観察すること

⑤　think—そして、よく考えること

また、ジャーナリストとして活躍した大宅壮一氏は、①読書、②耳学問、③海外旅行の三つをあげています。これらに共通する点は、人の話をよく聞くこと、本を読むことです。

(2) テーマをみつけ、自分のブランド力を高めよう

人間には、あることを学ぶ時期があります。それより早くても遅くてもなかなか身につかない時期があるはずです。大学時代は、「ゆとり」がたっぷりある時期で、社会に出ると余裕のある時間はほとんど持てません。

若い時は、自分の特性は何か、自分にどんな能力があるのか悩むものですが、自分はこれだけは自信があって好きだといえる世界を一つ築きあげて下さい。それが、ブランドです。自分のブランドをつくれば自信がつき、就職に役立つだけでなく、社会に出てからも、自分に適した何かを見つけ出すことができます。

一つの新聞記事を例にして、思索し調べることの大切さ、知ることの楽しさ、テーマを見つけブランド力を高めるためのヒントを考えてみましょう。

ここに、小さなかこみの記事があります。二〇〇七年四月一八日付の「読売新聞」朝刊に、「インド女優にキス▲侮辱だ▲各地で抗議デモ」という見出しの付いた記事が掲載されました。

この記事から、皆さんは何を想像しますか。ニューデリーで開かれたエイズ撲滅のためのイベントで、アメリカ人の俳優が、共に登壇したインド人の人気女優を抱きかかえ頬にキスしたという内容です。

これがインド社会で大問題となりました。インド人女性への侮辱だとして、ヒンドゥー至上主義団体が国内各地で抗議行動を起こすとともに、裁判所が公衆の面前でのキスは「下品の限界を逸脱している」とする判決を下し、逮捕状を発行する騒ぎに発展しました。

私たちの生活感情からすれば、アメリカ人の俳優の行為は少々情熱的な挨拶に見え、インドの裁判所の反応は過剰に思えます。ところが、インド社会における衆人環視の中でのキス行為は、公然わいせつにあたるとしてインドの人たちの感情を逆撫《さかな》でし、二人が批判にさらされることになったのです。

世界人口の第二位を占めるインドは、典型的な多民族、多宗教社会です。中でも人口の八五％を占めるヒンドゥー教徒は、カースト制度という身分制度に基づく厳格な教義をもち、インドの人たちの精神性に大きな影響を与えています。インド社会での性表現の自由度は低く、人前で抱き合うなどの過度の愛情表現はタブー視されているのです。

では、そのような歴史や文化を持つインドとは、どんな国なのでしょうか。大雑把《おおざっぱ》にインドの歴史をひもといてみましょう。

まず、紀元前二五〇〇年ころ、インダス川流域にインダス文明がおきました。この担い手は不明ですが、先住民のドラヴィダ人といわれています。その後、紀元前一五〇〇年ころにインド・ヨーロッパ語族のアーリア人がインドに入ってきて、『ヴェーダ』を基礎とするバラモン教を成立させ、バラモン（司祭者）を中心とするヴァルナ（色）制度をつくり、インド社会の主人公になりました。現在のカースト制度（一五世紀にインドに入ってきたポルトガル人のポルトガル語カスタ＝肌の色に由来）の原点です。

やがて、バラモン教の祭祀万能主義を批判し、真理を探求し把握することの必要性を説く「ウパニシャッド哲学」が起きます。インドの人たちの死生観の根本にある「業《ごう》・輪廻《りんね》」の思想が生まれます。

こうした後期ヴェーダ時代の宗教思想に二つの新しい流れとして、人間の平等を説いたブッダの仏教、マハーヴィーラの説いたジャイナ教が誕生します。仏教はブッダの死後、マウリア朝のアショーカ王（前二六八～前二三二年）の時代から全インドにひろまっていきますが、七世紀ころにはヒンドゥー教（バラモン教）に飲み込まれてしまいます。

歴史はくだり、七世紀になるとイスラム教徒の侵入が始まり、一六世紀にはムガール帝国が建国され、イスラム社会に変わっていきます。

その後、一七世紀初頭にイギリスが東インド会社を設立して植民地にし、一九世紀後半には大英帝国が直接統治しますが、一九四七年にインド大陸は、ヒンドゥー教を信仰するインドとイスラム教を信仰するパキスタンに分かれて独立します。この事が、その後の印パ紛争を引きおこす元になります。

簡単にインドの歴史を振りかえってみましたが、インド社会の特徴ともいえるカースト制度は、三五〇〇年以上にわたって根強く存在している制度なのです。

インドは、カースト・宗教・民族・言語・アイデンティティが複雑に混在する社会です。その一方、世界一のＩＴ産業国として注目を集めています。最近は、0を発見し、アラビア数字を作った国として、また、インド式計算方法が紹介され話題を呼んでいます。学校教育で二桁の掛け算を暗記させるとか、日本のインド人学校では、中学卒業までに英語、フランス語、日本語など五か国語をマスターさせるなどインド式教育に関心が向けられています。

このような歴史や文化をもつ、お堅い国のインドには、ハリウッド流のリップサービスは通じなかったということでしょう。

さて、もう一度、小さな新聞記事に話をもどしましょう。この何気ない記事を読んで、「ああ、こんなことがあったのか」という程度に読み過してしまえば、それで終わりです。

一方、この記事に多少なりとも興味を持ち、「インドってどんな国だろう」と思って調べていけば、インドの歴史、文化、民族、宗教、風土を知ることができ、アメリカ人の俳優の行為が批判される理由が分かるのです。

グローバル化する社会で、インドは中国とならんで世界で重要な地位を占めます。二一世紀の中ごろには、世界第一位の人口を占める国になるといわれるインドに興味を持ち、研究していけば世界が見えてきます。

新聞記事にみるインドの例は、「自分のテーマ」を持つためには、どうすればよいかということへの思考回路の一つの方法です。

ブランド力を養い、自分の世界を築くヒントは何でしょうか。それは、何かに疑問を持ち、面白いと感じることを自分で調べてみようとする行為です。激動する世の中で、疑問は限りなくあります。疑問を持てば、自分で調べ納得いくまで取り組むものです。

これが、本当の勉強というものであり、受け身ではなくアグレッシブな姿勢が、将来に向けて自己の目的や意志を実現させる道につながるのです。独学といってもいいもので、あなたのライフデザインを決める人生のラインに乗る道でもあります。

一つでいいですから、一〜二年間関心のあるテーマにじっくり取り組んでみて下さい。

(3) 自分に「さざなみ」をおこし、「志」を持とう

よく言われることですが、北京で一羽の蝶々がはばたくと、ニューヨークでハリケーンが生じるという話があります。これは、複雑系、カオス理論で語られるたとえ話で、わずかな気流の乱れが巨大な嵐を引き起こす。つまり、ミクロのゆらぎが予測をはるかに越える変化をもたらすということです。

小さな羽根をこするような「さざなみ」が大きなうねりを起こし、倍々ゲーム感覚で新たな胎動、潮流を生むことになるのです。

皆さん一人ひとりが「さざなみ」を起こして下さい。池をじっと見ているだけでは「さざなみ」はおきません。池にみずからが石を投げ入れてこそ波はおきるのです。石を投げ入れるとは、思索と行動を通して、先行き不透明な時代にあって変化を予測するセンスを磨くことです。

東大阪市に、作家の司馬遼太郎氏の記念館があります。司馬氏は数多くの歴史小説や紀行文を書いています。『坂の上の雲』『竜馬がゆく』『人々の足音』など激動の時代に生きた人物が、現代でも私たちの側《そば》にいるような見事な筆致で描かれています。

これら司馬作品を貫くテーマは「志をもって生きる」ことの大切さではないかと思います。司馬作品のバックボー

ンにあるのは、男であっても女であっても、あるいは有名人であっても歴史に名を残さなかった無名の人であっても、志を持って生きた人間の崇高さ、人間讃歌を問いかけていると言えましょう。

私は、司馬氏のいう「志」とは、いま風にいえばブランド力だと考えます。ブランドは簡単に身につくものではありません。志を持ちつづけてこそ、「あなたのブランド力」は高まるのです。

自分が何をめざして生き、どう生きていけば真の生き甲斐が得られるか、大学生活を通して問いつづけ行動してほしいと思います。自己発見の旅、それがキャンパスライフです。

3　感性のアンテナを駆使して話のネタを集める

（1）知的好奇心を持ちネタを集めよう

話の「ネタ」とは、「種《たね》」を逆さ読みにした隠語で、新聞記事の材料や小説、話の材料のことをいいます。話のネタを集める上で何よりも大切なことは、人にやさしくいたわりの心をもつことです。人を温かく見守る姿勢、つまり、人に対して深い愛情をもっという気持ちが話のネタさがしの根底になければなりません。「私には関係ない」と思わず、限りなく人間を探求する気持ちがあれば、あらゆることが話のネタになるのです。

話のネタを集めるための基本的姿勢は、次のような点です。

・人間に対して深い愛情を持つ　・問題意識を持つ　・観察する習慣を身につける
・知的好奇心を持つ　・探究心を持つ　・自分の意見を持つ

では、具体的にどのような方法でネタを集めればいいでしょうか。四つあげたいと思います。

①　新聞・雑誌・テレビ・ラジオ・インターネットなどのメディアを活用することです

話のネタ集めに最も有効的なのはメディアです。例えば、新聞一頁の字数はおよそ二万字、朝刊と夕刊をあわせると四六頁ですから広告などを除くと、およそ八〇万字が使われていることになります。そこには、政治、社会、経済をはじめ、文芸、スポーツ、家庭、さらに国際社会とあらゆる分野のことが記事になっています。見出しを拾い読みするだけでもいいでしょう。切り抜きして、最新ニュースを残しておいたり、表現の仕方や語彙を活用することも大事です。テレビやラジオは瞬時のものですから、必要な情報に出会ったらメモにする習慣を身につけたいものです。

自分のアンテナにひっかかった情報は、ファイルするといいでしょう。あなたが関心をもった領域の新知識、新情報だけを集めてもかなりのボリュームになります。情報に対して貪欲《どんよく》であることが、話のネタ集めのコツといえます。インターネットは、サイトにアクセスして必要な情報を簡単に検索できる便利なものです。テーマを深く追求する場合は、本が必要になります。書店に足を運び、読みたい内容の本を買い、知的に刺激していきましょう。時代のトレンドをつかむためにも役に立ちます。

②　講演会などに積極的に出席し、発言したりメモをとったりすることです

講演会や勉強会などに出席すると、周囲から刺激を受け、やる気を触発されます。話を聞くうちに、さまざまな知識が吸収でき視野がひろがり行動の指針をつかむことができます。また、性格や考え方などの違う人と交流することによって、話題が豊富になりみずからをかりたててくれるにちがいありません。それは、あなたの人間形成の源泉となるのみならず、学習意欲を高め、知的に話すセンスを習得することにもつながります。

③　体験や見聞をひろめることです

あなたは、自分の体験を話している時、どんな気分になりますか。生き生きと自信に満ち、時にはボディランゲージを交えて力強く話すことができるでしょう。真実味のある体験談ほど、人を引き付ける話はありません。観察したことや実際にあなたが目にしたことは、話の大事なネタです。情景描写などを入れて話をすれば活気のあるものになります。

④　歴史上の出来事や人物の生き方からヒントを得ることです

ＮＨＫの歴史ドキュメンタリー番組「その時歴史は動いた」は、松平定知アナウンサーの切れ味のいい語り口と、歴史が動いた日時を特定し進めるという視点の斬新さもあって人気番組の一つでした。日本人は歴史好きです。温故知新、古い事柄も新しい物事もよく知っていて初めて人の師となるにふさわしいとする思想は、日本社会の中に脈々と息づいています。それだけに、歴史的な事件や歴史上の人物の生き方は、話のネタとしては有効です。

私は、歴史や文化の話をする時、プロローグとしてアンコールワットを取り上げます。五〇年ほど前に東南アジアからインドまで各地を訪ねる旅をしましたが、その途中、飛行機に乗ってカンボジアのプノンペンからアンコールワットのあるシェムリアップに向かいました。眼下には雄大なメコン川が蛇行し田園がひろがり、ところどころに森林がみえかくれする風景に胸をおどらせました。しばらくすると、密林の奥地に忽然《こつぜん》と壮大な石造伽藍アンコールワットが眼前に浮かびあがってくるではありませんか。いつ、誰が、どのようにして、何の目的で巨大な建造物をつくったのだろうか。この疑問は一か月のアジア旅行の間、浮かんでは消え消えては浮かび頭から離れませんでした。その後もジャングルの中に聳《そび》えるアンコールワットの風景が私の心をとらえつづけ、シルクロード文化、仏教美術の研究に取り組む契機となり、人生の方向を決めることになりました。

私が歴史や文化の話をする時は、かつて衝撃的な感動を与えてくれたアンコールワットの風景からはじめます。古くて新しいのが歴史の真実と偉人たちのドラマです。歴史上の人物の生き方や歴史的文化財などからヒントを得て、話のネタを集めるのもいいと思います。

人間は喜びや悲しみ、驚きを感じなくなったり、向上心への理想をなくしたりすると、心の柔軟性を失ってしまいます。センスのある話とは、人の心を動かせるような知性を感じさせる話であり、その源泉は人間に対する洞察力と深い愛情、物事に感動する純粋さをもちつづけることであると確信します。

主要参考文献

『話し方入門』（デール・カーネギー著・市野安雄訳・創元社）
『ことばの世界』（ジョン・コンドン著・斉藤美津子・横山紘子訳・サイマル出版社）
『知性を感じさせる話し方』（水﨑一則著・すばる舎）

第3章　声は人なり——話すための基礎技術

山田匡一

1　発声練習をして声を鍛える

(1) 聞き手に届く声

話すことは、ことばの音声表現です。音声表現によるコミュニケーションが目的を達成するためには、話し手の声が、聞き手の耳に届かなければなりません。いや、耳までではなく、脳の中枢にまで届き、話し手の投げかけたことばの意味を理解したり、話し手が意図した内容が、聞き手の頭の中に再現できたりしなければなりません。

そのためには、聞き手の耳に届く声量でなければなりません。どんなに興味深い内容の話でも、声が小さくて届かなくては話の内容を伝えることはできないでしょう。

就職試験の面接に立ちあった会社の人事部の人は、異口同音に「今の若い世代はほとんどの人が、声が小さくて、何をいっているのか聞き取れない」と言っています。これでは、就職試験に合格することはできません。緊張しているときは、自分では大きな声を出しているつもりでも、小さい声しか出ていないことが多いのです。それは自分の耳には身体を通して音波が伝わってくるのに対し、聞き手には空気を振動させて伝わる声だけしか届かないからです。

（2）腹式呼吸を身につける

声を出すという動作は、息を肺の中に吸い込み、その吸い込んだ息を少しずつ吐き出しながら、口、舌、鼻、喉などの発音器官を使って音声を出す作業です。息を無駄づかいせず、声が出るように調節しなければなりません。これがうまくできないと声が出ないばかりでなく、エネルギーを消耗してしまいます。

呼吸の仕方には、大別してつぎの三種類があります。

・胸の周囲の筋肉だけを使って行う「胸式呼吸」
・腹の筋肉の横隔膜を動かして行う「腹式呼吸」
・肩などからだ全体を動かして行う「全身呼吸」

このうち、発声や発音に適しているのは「腹式呼吸」です。背筋を伸ばし、下腹に力をこめ、横隔膜を動かしながら、大きく深く息を吸ったり吐いたりしてみましょう。この呼吸法が腹式呼吸です。腹式呼吸法によって、明るく張りのある声を出してください。

息を吸うときにはよけいな音をたてず、静かに素早く息を吸わなければなりません。また、息を吐くときには、息を無駄づかいせず、有効に音声化できるようにコントロールするのです。腹式呼吸をしながら、吸う息と吐く息の調節が上手にできるように、折に触れ、繰り返し練習をして、そのコツを身につけてください。

（3）聞きやすく美しい声

私たちは、それぞれに個性的な声を持っています。その違いは、その人の体格や体型によるものと考えてよいでしょう。音を出す物体と考えると、私たちの身体は楽器の一つです。

楽器にもいろいろなものがありますが、ヴァイオリン、ヴィオラ、チェロ、コントラバスなどを考えてください。これらの大きさは違っていても、同じ構造を持った楽器の一群です。それぞれの楽器の出せる音域は、楽器によって決まっています。

私たちも背の高さ、肉づき、骨格など身体は異なっていて、それが声の音域や音色を決めているのです。無理をして自分の声の音域や音色を変えるのではなく、自分の声の特徴をいかしながら声を鍛え、安定して聞きやすい声、その人なりの美しい声が出るようにするとよいでしょう。

聞きやすい声・美しい声とはどんな声を指していうのでしょうか。その第一は、喉などの発声器官に無理な負担をかけないで出る「自然な声」、第二は、身体全体に「共鳴している声」です。発声器官に無理な負担がかかると、声が濁るばかりでなく、声を出す人が疲労します。エネルギーの無駄づかいとなり、長時間にわたって話すことはできません。

オペラ歌手などクラシック音楽の声楽家の発声は、身体の共鳴を上手に使っています。共鳴は理科の音叉《おんさ》（鋼鉄製のU字形のものに柄をつけ、木製の共鳴箱の上に立て、音の振動数をはかる）の実験でわかるように、音叉に振動を与えると、音が干渉しあい影響しあって、いつまでも残響となって残ります。このような現象を共鳴現象といいます。

私たちが音声を出すときに、この共鳴現象を利用すれば、あまりエネルギーを使わず、響きのある美しい声が出せるようになるでしょう。そのためには、共鳴現象を上手に利用し、身につけるための発声練習を重ねる必要があります。

（4）発声練習

発声練習は「ア」「イ」「ウ」「エ」「オ」の五つの音を使って行います。まず、息を大きく吸って、それぞれの音を声に出し始めたら切らずに、息が続く限り継続して出します。つまり、「ア」の音なら「アー」と続けて声を出します。始めのうちは一〇秒ぐらいで息が切れ、声が出なくなりますが、練習を重ねていくうちに二五～三〇秒ぐらい続けて声が出るようになります。

練習中は、吐く息の量の調節を行い、あまり声量を下げずに声が持続して少しでも長く出るよう工夫するとよいでしょう。練習を繰り返し行って、普段の話し方の中で安定して使える声の出し方を探し出して、それをいつでもできるように身につける努力をしましょう。練習は「アー」だけでなく、「イー」「ウー」「エー」「オー」の声を出して行ってください。

練習を効果的に行うコツは、毎日一回でもよいから、定期的に持続させることです。昨日やらなかったから、今日は二回分まとめてというのはよくありません。一度に練習を多くやり過ぎると、喉が疲労して声がかれてしまいます。マラソンの練習と同じです。マラソンでも、徐々に走り込んでフルコースが走れるようになるものです。発声練習も回を重ねることによって自然な美しい声が身につくのです。

2　正しい発音を身につけよう

(1) 母音《ぼいん》の発音

日本語の発音は「ン」を除いて、必ず母音が含まれています。しかも、一音の終わりが母音なのです。母音は口を開いて発音されますので、一音の終わりには口が開きます。これも日本語の発音の特色の一つとなっています。このような仕組みによって、日本語は母音をきれいに発音すると発音全体がきれいに聞こえます。母音の発音練習は、特に念入りに行い、きれいな発音を身につけましょう。母音の発音で第一に気をつけなければならないのは、唇の形を整えることです。

・「ア」は、唇の形は円形にして、顎《あご》を大きく開き発音します。
・「イ」は、唇は両横に引くようにして、平らな形で発音します。

・円唇の「ウ」は、文字通り唇の形は円形にすぼめ、喉の近くで発音します。
・平唇の「ウ」は、唇をすぼめずに、ややルーズな形のまま、喉の近くで発音します。
・「エ」は、唇の形は、楕円形にして、舌を「イ」よりも少し奥に引いて発音します。
・「オ」は、唇の形は、ややすぼめて円形にし、舌を奥に引いて、口の中の空間を広くして発音します。次の図は共通語の母音を発音するときの口の形や顎の開き、舌の位置などを図式化したものです。それぞれの位置関係を確かめながら、母音の発音を実際にして確かめてください。

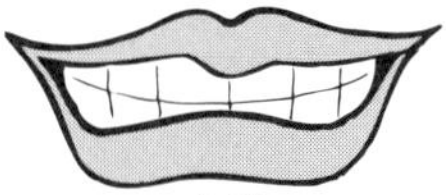
［イ］

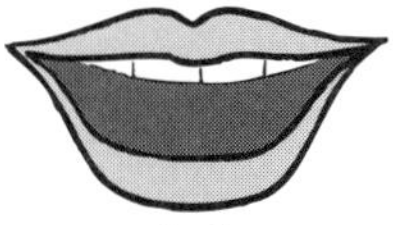
［エ］

［ア］

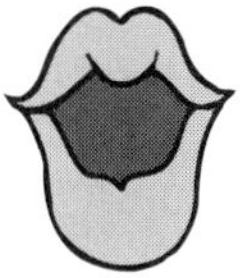
［オ］

［ウ（円唇）］

［ウ（平唇）］

(2) 子音《しいん》の発音

言葉の発音は、母音と共に子音の発音も、正しく聞きやすいものを身につけていなければなりません。子音を正しく発音するには、発音器官のどの部分を働かせたら、正しい発音ができるのか知り、繰り返し練習をして、身につけるようにしなければなりません。

正しい発音の勉強には、指導者が必要です。指導者について練習できればよいのですが、指導者に恵まれない場合は、近くにいる人に丁寧に発音してもらい、その口の動きを観察し研究するとよいでしょう。

また、手鏡などに自分の口元を写し、発音をするとき、どのように発音器官が動いているのか照合しながら研究するとよいでしょう。これら二つの図表を関連づけながら、「母音の正しい発音」「子音の正しい発音」を研究し身につけてください。

(3) 拍《はく》（音節）の発音

日本語の発音は、発音の単位である音節で考えると、一つの音節は、

・一つの母音、

・一つ以上の子音＋母音

という形で成り立っています。ただし、後に述べる、母音の無声化の場合や撥音《はつおん》と呼ばれる「ン」の場合を除きます。日本語の音声表現では、発音をするとき、一音節の発音の時間は同じ長さにそろえて発音をするという特徴があります。そして、一音節の発音を一拍《はく》と数えます。

例えば、日本語では、私の家は［ワ・タ・ク・シ・ノ・イ・エ］七拍ですが、英語の場合、My house［mai haus（マイ・ハウス）］二拍であって、［マ・イ・ハ・ウ・ス］のように五拍ではありません。一つのことばの中で音節の発音が伸びたり縮んだりすると、日本語としては違和感のある変な日本語になってしまいます。

(4) 各行の発音

① カ行の発音

「カ」「キ」「ク」「ケ」「コ」は子音の［k］に母音の［a］［i］［u］［e］［o］が結びついている発音です。子音の［k］は上顎《うわあご》の奥の方に力を込めて発音します。「カ」「ケ」「コ」の発音をするときは子音と母音が分離して、

「クヮ」「キェ」「クォ」とならないように注意してください。

②　サ行の発音

カ行のように規則的ではありません。「サ」「ス」「セ」「ソ」の子音は［s］ですが、「シ」の子音は［ʃ］で犬や猫を追いやるとき「シ、シ」といいますが、そのときの子音がこれに相当します。一方、［s］の方は隙間風《すきまかぜ》が入り「スー、スー」するといったときの子音がこれに相当しています。私たちにとってサ行は難しい発音です。その原因の一つに英語の発音の影響があげられます。英語の［θ］の発音にならないように気をつけてください。そのコツは舌先が歯に触らないようにすることです。

③　タ行の発音

タ行も規則的な発音ではありません。「タ」「テ」「ト」の子音は［t］で英語のTを発音するときと同じように舌先で上の歯茎をついて発音し、それに［a］［e］［o］の母音がつきます。しかし、「チ」「ツ」の子音は［tʃ］［ts］と二つの子音が重なって、それぞれ［i］［u］の母音の前につきます。

④　ナ行の発音

ナ行の発音は「ナ」「ヌ」「ネ」「ノ」の子音が［n］で、上顎に舌先を押し当てるようにして発音しますが、「ニ」を発音するときの子音は［ɲ］で「にゅーと手が出た」というときの「ニュ」をごく短く発音するときの口の構え方で発音すると出る音です。

⑤　ハ行の発音

ハ行の発音は「ハ」「ヘ」「ホ」の子音が［h］で、この音は口を半開きにして、息を吐くときに出る音です。手が冷たくなったときに、「ハー」と息を吹きかけますが、そのとき出るかすかな音です。そのほか、「ヒ」の子音は［ç］で、「フ」の子音は［Φ］で、どちらも、日本語の「ヒ」「フ」をゆっくり丁寧に発音するときれいに出る音です。

⑥　マ行の発音

マ行の発音は規則的で、すべての母音［a］［i］［u］［e］［o］に子音の［m］がつきます。子音の［m］は唇をいったん閉じてから開くときに出る破裂音《はれつおん》と呼ばれる発音です。

⑦　ヤ行の発音

ヤ行の発音は「イ」と「エ」がア行と同じなので、ヤ行独自の発音は「ヤ」「ユ」「ヨ」の三つだけです。純粋の子音ではなく、半母音と呼ばれる［j］の音が［a］［u］［o］の母音の前につきます。

⑧　ラ行の発音

ラ行も規則的で、［a］［i］［u］［e］［o］の母音の前に、子音の［r］がつきます。［r］は英語のR・Lのどち

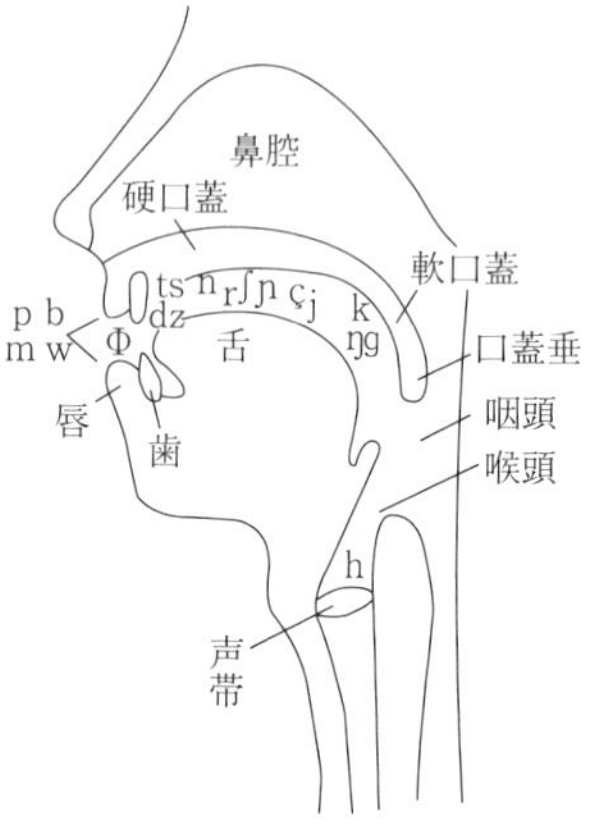

調音点＼調音法	破裂音 無声	破裂音 有声	鼻音 無声	鼻音 有声	摩擦音 無声	摩擦音 有声	破擦音 無声	破擦音 有声	弾音 無声	弾音 有声
上唇 下唇	p	b			Φ	w				
上歯裏 舌先	t	d		n	s	z	ts	dz		r
前口蓋 前舌					ʃ		tʃ	dʒ		
硬口蓋 中舌				ɲ	ç					
軟口蓋 奥舌	k	g		ŋ						
声門					h					

（万国発音記号による）

らとも違い、舌先で上顎の歯のつけ根あたりをこするようにして発音しますが、いわゆる巻き舌になったり、舌足らずになったりしないように注意してください。

⑨　ワ行の発音

ワ行の発音はワだけで「ヰ」「ウ」「ヱ」「ヲ」の発音はア行の「イ」「ウ」「エ」「オ」と同じです。「ワ」の子音は［w］ですが、これは口を閉じた状態から、上下の唇をすり合わせるようにして急激に開くと発音できます。他人を驚かすときに「わ！」と大声を出しますが、そのときの発音ですので、誰でも上手に発音することができます。

ア行からワ行までを清音《せいおん》と分類しています。

⑩　ガ行の発音

ガ行の発音は子音の［g］に母音の［a］［i］［u］［e］［o］がつく規則的な発音です。

⑪　ザ行の発音

ザ行の発音は「ジ」を除いて規則的です。子音は［dz］で、これに［a］［u］［e］［o］の母音がつきます。「ジ」は、次のダ行の「ヂ」と同じ子音の［dʒ］で、これに母音の［i］がつきます。

⑫　ダ行の発音

「ダ」「デ」「ド」の三つの発音の子音は［d］で、［t］の発音が有声化されたものです。これに母音の［a］［e］［o］がつきます。「ヂ」はザ行の「ジ」と同じ発音で、「ヅ」と「ズ」も同じ発音です。古語では「ジ」と「ヂ」、「ズ」と「ヅ」は区別して発音していたのですが、現代語では区別していません。ただ、今でも四国地方の一部など限られた地域では区別して発音しているところがあります。

⑬　バ行の発音

子音の［b］が母音の［a］［i］［u］［e］［o］についた規則的な発音です。［b］は［p］の有声化された発音です。ガ行からバ行までを濁音《だくおん》と分類しています。

⑭　パ行の発音

子音の［p］が母音の［a］［i］［u］［e］［o］についた規則的な発音です。半濁音として分類されています。日本語の発音としてはハ行音よりも古い発音です。パ行音がファ行音になり、現代のハ行音に変化したといわれています。

⑮　拗音《ようおん》の発音

乳幼児の発音にある音という意味で名づけられました。次の一覧表に示された発音で、大人には比較的簡単に発音できます。

キャ	キュ	キョ	ギャ	ギュ	ギョ
シャ	シュ	ショ	ジャ	ジュ	ジョ
チャ	チュ	チョ	ヂャ	ヂュ	ヂョ
ニャ	ニュ	ニョ	ビャ	ビュ	ビョ
ヒャ	ヒュ	ヒョ	ピャ	ピュ	ピョ
ミャ	ミュ	ミョ			
リャ	リュ	リョ			

このうち、「ジャ、ジュ、ジョ」と「ヂャ、ヂュ、ヂョ」の発音は現代日本語の発音では区別がなく全く同じです。このほか、本来は外来語の発音の「ウィ」「ウェ」「ウォ」「シェ」「チェ」「ニェ」「ヒェ」「リェ」「ファ」「ヴァ」「ジェ」「ディ」などの発音が使われています。

(5) 鼻《び》濁《だく》音《おん》

皆さんは、濁音のほかに鼻濁音と呼ばれる種類の発音があるのを知っていますか。例えば、音楽会、演技力、天狗さん、家庭園芸、信号機ということばを、何人もの人に発音してもらうと、「ガ」「ギ」「グ」「ゲ」「ゴ」の発音が二通りにされているのに気がつきます。

正確な濁音として発音している人のほかに、少し鼻にかかった柔らかい発音をする人がいます。この鼻にかかった柔らかい音が鼻濁音です。

これまでの日本の仮名文字には、これを表す文字が無かったので、実際に発音されていながら、区別して表記することができませんでした。ここでは、発音を学ぶうえでの便宜上、「カ゚」「キ゚」「ク゚」「ケ゚」「コ゚」という文字で表記することにします。

鼻濁音の特色は、発音が柔らかい響きを持っていることです。物言いがきつくならず、音声表現として聞く人に美しいと感じさせることが多いと思われます。しかし、ガ・ギ・グ・ゲ・ゴを、すべて鼻濁音で発音してもよい訳ではありません。鼻濁音にしてよい場合の原則は二つあります。

第一は、助詞の「が」です。主語に続く「が」も、文と文を結びつける接続の「が」も鼻濁音の「カ゚」と発音してよいのです。

《例》私カ゚山田です。犬カ゚尾を振っています。財布カ゚落ちていました。
　昨日は雨カ゚降りましたカ゚、今日はよい天気です。
　私は一生懸命に走りましたカ゚、あの人を追い抜けませんでした。

第二は、一つのことば（単語）の中で、第二音節以下に、ガ・ギ・グ・ゲ・ゴの発音がある場合は鼻濁音になり、第一音節にある場合は鼻濁音になりません。

《例》案外（アンカ゜イ） 手紙（テカ゜ミ） 審議（シンキ゜） 兎（ウサキ゜）
寝具（シンク゜） 優遇（ユウク゜ウ） 宣言（センケ゜ン） 下げる（サケ゜ル）
単語帖（タンコ゜チョウ） 冬ごもり（フユコ゜モリ）

ただし、高等学校、衆議院議員、転業宣言などは複合語と考えて、

高等＋学校（コウトウ・ガッコウ） 衆議院＋議員（シュウキ゜イン・ギイン）
転業宣言（テンキ゜ョウ・センケ゜ン）

となります。

チューインガム、ステンドグラス、消しゴム、窓ガラスなどの外来語は、原則としてもとの発音に合わせます。（これらは鼻濁音にはなりません）

数字の五は、十五夜（ジュウコ゜ヤ）の一例を除いて、どのような時でも「ゴ」と発音します。十五才（ジュウゴサイ）千五百円（センゴヒャクエン） 一万百五回（イチマンヒャクゴカイ）などがその例です。

《参考》小学校（ショウカ゜ッコウ） 中学校（チュウカ゜ッコウ）
高等学校（コウトウ・ガッコウ） 大学（ダイカ゜ク）

鼻濁音の発音ができない人は、「ンガ、ンガ、ンガ……」というように、折にふれ繰り返し「カ」の発音を意識しながら練習するとだんだんできるようになります。同様にして、「ンギ」「ング」「ンゲ」「ンゴ」についても練習してください。

鼻濁音ができないからといって、あまり気にするのはよくありません。鼻濁音は発音の化粧法と考えてください。化粧をするかしないかは自由です。しかし、お化粧ができたら楽しくなることもあるように、鼻濁音の発音ができるようになると「あなたの話し方は、ものいいが柔らかくて聞きやすいですね」などと褒められ、嬉しく思うこともあるものです。

(6) 特殊拍の発音

① 撥音《はつおん》「ン」の発音

撥音と呼ばれる「ン」の発音は、口をつむって息を鼻の方に導き、鼻に響かせて発音する音で、日本語の発音の中で、唯一母音を含まない発音です。日本人の感覚では、跳ねる音としてとらえているので、撥音と呼ばれています。

② 促音《そくおん》「ッ」の発音

促音は「ッ」と表記されます。これは発音するというよりも、「ッ」は一拍分発音を中断して、音の空白を作ることをあらわします。日本人の感覚では、詰まる音というとらえ方をしているので、促音と呼ばれています。

「カタ」をそのまま「カタ」と発音すると、「方」や「肩」の文字を連想しますが、「カ」と「タ」の間に一拍分の空白を作って発音すると、「買った」や「勝った」のことばを連想するでしょう。

③ 長音の撥音と二重母音の長音化

長音は「ー」と表記されて、日本人の感覚では、伸ばして発音するということですが、「ー」の前の母音を二拍分発音することなのです。

「アウ」「エイ」「オウ」のように母音が二つ連続するのを「二重母音」といいます。このようなとき、母音の発音は長音化します。つまり、実際の音は「オー」「エー」「オー」となります。これを「二重母音の長音化」といいます。早朝（ソウチョウ）、通り（トオリ）、氷（コオリ）、急行（キュウコウ）なども、実際には「ソーチョー」「トーリ」「コーリ」「キューコー」のように発音しています。これらは、前の音節の母音と後の音節の母音とが結びついて二重母音となって、長音化するのです。

④　母音の無声化

最近は世の中の移り変わりが速くなり、あらゆる面でスピード化が進んでいます。話す速さはもちろん、ことばの発音の仕方までが速くなっています。つまり、一拍の発音時間の長さが短くなってくるのです。このようになると、子音＋母音の発音のうち、母音の発音が発音をする体制（口の形や舌の位置を形作る）だけに終わってしまい、実際には十分に発音されない（声にならない）ことになりがちです。

このような現象を、母音の無声化といいます。例えば、父親（チチオヤ）の発音のうち「チ」の母音成分「イ」の発音が不十分となり、父（チチ）はほとんど子音の発音だけで済ませてしまいます。記者（キシャ）の場合も、「キ」の母音成分［i］の発音が脱落してしまい、子音の［k］だけの発音になってしまいます。洋服（ヨウフク）の「フ」の発音も母音の［u］の発音が脱落し、菊の花（キクノハナ）の場合には、「キ」「ク」の両方の発音から母音の［i］が脱落します。この現象を無声化するというのです。

この母音の無声化現象は、五十音図の「イ」の段「キ・シ・チ・ヒ」また、「ウ」の段「ク・ス・ツ・フ」などにあらわれやすい現象です。

母音の無声化が行われた発音は、歯切れよく聞こえるため、共通語を話す人達には歓迎され、好んで使われています。逆に、近畿地方では、あまり母音の無声化が行われていません。母音の無声化も鼻濁音と同じように、発音の化粧法と考えてよいでしょう。

（7）発音練習

①　口の体操

アエイウエオアオ
カケキクケコカコ
サセシスセソサソ
タテチツテトタト
ナネニヌネノナノ
ハヘヒフヘホハホ
マメミムメモマモ
ヤエイユエヨヤヨ
ラレリルレロラロ
ワエイウエオワオ
ガゲギグゲゴガゴ
ザゼジズゼゾザゾ
ダデヂヅデドダド
バベビブベボバボ
パペピプペポパポ
カ゚ケ゚キ゚ク゚ケ゚コ゚カ゚コ゚

キャ　ケ　キ　キュ　ケ　キョ　キャ　キョ
シャ　セ　シ　シュ　セ　ショ　シャ　ショ
チャ　テ　チ　チュ　テ　チョ　チャ　チョ
ニャ　ネ　ニ　ニュ　ネ　ニョ　ニャ　ニョ
ヒャ　ヘ　ヒ　ヒュ　ヘ　ヒョ　ヒャ　ヒョ
ミャ　メ　ミ　ミュ　メ　ミョ　ミャ　ミョ
リャ　レ　リ　リュ　レ　リョ　リャ　リョ
ギャ　ゲ　ギ　ギュ　ゲ　ギョ　ギャ　ギョ
ジャ　ゼ　ジ　ジュ　ゼ　ジョ　ジャ　ジョ
ビャ　ベ　ビ　ビュ　ベ　ビョ　ビャ　ビョ
ピャ　ペ　ピ　ピュ　ペ　ピョ　ピャ　ピョ

この一覧表は五十音図の並べ方を少し変えたものですが、正しい日本語の発音を身につけるための練習教材として広く用いられています。これを使って練習するときには、はじめは、正しい発音をするようにゆっくりと読み、正しい発音が身についてから徐々に発音の速度をあげ、速く発音しても発音が崩れないようにします。一日に何度も繰返して練習するよりも、毎日、継続して練習をした方がよいでしょう。

② 早口ことば

正確な発音の練習には「口の体操」が便利ですが、正確な発音と共に舌のすべりをよくすることにも役立つ練習教材として、いわゆる「早口ことば」があります。これもはじめは丁寧にゆっくり発音し、なじんできたら本来の早口ことばとして、早口で呼んでください。

お綾《あや》や、母親に早くお謝《あやま》りなさい。
慰安会《いあんかい》の帰りに、大雨大荒れで、お家《いえ》は大水に大流れです。
愛煙家、家中煙幕でいやがられ、家の周りをうろうろ。
初産《ういざん》の孫を見て、うらやましがる上野の親戚。
上加茂《かみかも》の紙屋が傘屋《かさや》にかさ借りて、加茂の帰りに返す唐傘《からかさ》。
旅客列車《りょかくれっしゃ》に乗り合わせた隣の客はよく柿食う客だ。
菊桐《きくきり》、菊桐、三《み》菊桐、合わせて菊桐、六《む》菊桐。
誘《さそ》い合って仕事に行く姉妹、視野が狭《せま》いと先生に叱《しか》られた。
新幹線の車窓《しゃそう》からもよく見える吹《すい》田《た》操車場《そうしゃじょう》。
故障した最新式写真撮影装置。
特許申請書を提出しに出かけた東京特許許可局。
この竹垣に竹立てかけたのは、竹立てかけたかったから竹立てかけたのです。
山王《さんのう》の桜に猿《さる》が三下《さんさ》がり、合《あ》いの手と手と、手手と手と手と。
土のついた父の手をとって、近くの水車《すいしゃ》小屋までたどり着いた。

生麦、生米、生卵、生麦、生米、生卵、生麦、生米、生卵。
殿様の長袴《ながばかま》、若殿様《わかとのさま》の小《こ》長袴。
親鷗《おやがもめ》、子鷗《こがもめ》、孫鷗《まごがもめ》。
東《ひがし》さんが広島のひもで火鉢《ひばち》を縛《しば》った。
羊皮紙《ようひし》の表紙の批評集《ひひょうしゅう》は、是々非々《ぜぜひひ》主義だ。
赤巻き紙、青巻き紙、黄巻き紙、巻き巻きつなげて、長巻き紙を作った。
八日の夜《よ》の夜回《よまわ》り、よろけて夜《よ》どうしよろよろ。
夜半《やはん》の宿で柚子湯《ゆずゆ》の夢を見た五郎が五両で十郎が十両。

③　外郎《ういろう》売《う》りの台詞《せりふ》

歌舞伎の舞台で十八番《おはこ》（得意技）として演じられるもので、薬売りの台詞の中にはいい難いことばがたくさん含まれています。これを流暢《りゅうちょう》に発音できるようになると、あなたの隠し芸として忘年会の席などで披露することができます。

外郎売りといっても演じる役者によって多少の違いがあります。ここに掲げたのは、昭和五〇年代に尾上左近が演じたものです。

外《うい》郎《ろう》売《う》り

拙者親方《せっしゃおやかた》と申しまするは、お立合《たちあい》の中《うち》にもご存じのお方《かた》もござりましょうが、お江戸をたって二十里上方《かみがた》、相《そう》州《しゅう》小田原一色町《いっしきまち》、欄干橋虎屋藤右衛門《らんかんばしとらやとうえもん》、ただ今にては剃髪《ていはつ》して円斎《えんさい》と名のりまする。そもそも妙薬のその謂《いわ》れ、むかし陳《ちん》の国の唐人外郎《とうじんういろう》ともいえるもの、わが朝《ちょう》へ参内《さんだい》のとき、これをふかく秘《ひ》め置きて、斯様《かよう》には申すものの、ご存じなきお立合《たちあい》には、胡椒《こしょう》のまる呑《の》み白川夜船《しらかわよふね》。まず、一粒舌《いちりゅうした》の上へ乗《の》せかけて、こう腹内《ふくない》へおさめますれば、胃肝肺肝《いかんはいかん》がすこやかに、薫風咽《くんぷうのんど》より来《き》たり、口中微涼《こうちゅうびりょう》を生《しょう》じ、魚鳥《ぎょちょう》きのこ麵類の食い合わせ、その他万病《たまんびょう》に速《そっ》効《こう》あること神のごとしでござりまする。なお第一の奇妙《きみょう》には、舌のまわりは山坂《やまさか》を、降《お》りる車のそれよりも、銭《ぜに》駒《ごま》さえもはだしにて、逃げるばかりの勢《いきお》いなり。ひょろっと舌がまわり出すと、矢《や》も盾《たて》もたまりませぬ。そりゃそりゃそりゃそりゃそりゃ回ってきた、回ってきた。そもそも早口《はやくち》の始まりは、アカサタナハマヤラワ、オコソトノホモヨロヲット。一寸のお小仏《おこぼとけ》におけつまずきゃるな。細溝《ほそみぞ》に泥鰌《どじょう》にょろり。京の生鱈《なまだら》奈良生学鰹《なまながつお》ちょいと四五貫目《しごかんめ》。来るわ来るわ何が来る、高野《こうや》のお山《やま》のおこけら小僧。狸《たぬき》百匹箸《はし》百膳天目《ぜんてんもく》百杯棒《ぱいぼう》八百本《ほん》。武具《ぶぐ》馬具《ばぐ》武具馬具三《み》武具馬具、合わせて武具馬具六《む》武具馬具。菊栗《きくくり》菊栗三《み》菊栗合わせて菊栗六菊栗。あの長押《なげし》の長薙刀《ながなぎなた》は誰《た》が長薙刀ぞ。向こうの胡麻殻《ごまがら》は、えの胡麻殻か真《ま》胡麻殻か、あれこそほんの真胡麻がら。がらぴいがらぴい風車。おきゃがれこぼし、おきゃがれこぼし、夕べもこぼして又《また》こぼした。だっぽだっぽちりからちりからすっだっぽ。だっぽだっぽ一《いっ》干《ひ》だこ落ちたら煮《に》て食お。煮ても焼いても食われぬ物は五徳鉄弓金熊童子《ごとくてっきゅうかなくまどうじ》に、石熊石持《いしくまいしも》ち虎熊《とらくま》虎きす。中《なか》にもとうじの羅生門《らしょうもん》には茨城童子《いばらきどうじ》がうで栗五合《ぐりごんごう》つかんでお蒸《む》しゃるがの、頼光《らいこう》の膝元《ひざもと》去らず。鮒金柑椎茸《ふなきんかんしいたけ》さだめてごたんな蕎麦《そば》切《き》りそうめん、うどんか愚鈍《ぐどん》な新発知《しんぼっち》。小棚《こだな》のこ下の小桶《こおけ》にこ味噌《みそ》がこ有るぞ、こ杓子《しゃくし》こ持ってこ掬《すく》ってこよこせ。おっと合点《がってん》だ、心得《こころえ》たんぼの川崎神奈川保土《ほど》ケ谷戸塚《やとつか》は走って行けば灸《やいと》をすりむく。三里《さんり》ばかりか藤沢平塚大磯《おおいそ》河岸《がし》や小磯《こいそ》の宿《しゅく》を、七つ起《お》きして早天《そうてん》早々、相州《そうしゅう》小田原透頂香《とうちんこう》隠《がく》れござらぬ。貴賤群集《きせんぐんじゅう》の花のお江戸の花外郎《はなういろう》。あれあの花を見てお心《こころ》をおやわらぎゃいという。産子《うぶこ》這《は》う子に卵《たまご》まで、この外郎のご評判ご存じないとは申されまいまいつぶり角出《つのだ》せ棒《ぼう》出せ。ぼうぼう眉《まゆ》に臼杵《うすきね》すり鉢《ばち》。ばちばち桑原桑原《くわばらくわばら》と、破目《はめ》を外《はず》して今日《こんにち》おいでのいずれも様《さま》に、上げねばならぬ売らねばならぬと、息せきひっぱり、東方《とうほう》世界の薬《くすり》の元締《もとじ》め薬師如来《やくしにょらい》も上覧《じょうらん》あれと、敬《うやま》って外郎はいらっしゃりませぬか。

（歌舞伎十八番『外郎売り』演者　尾上左近《おのえさこん》　より）

3　話す速さと間《ま》の取り方を工夫する

(1) 話す速さを決める要素

話し手の話す内容が、聞き手に正しく伝わり十分に理解されてこそ、話し手の目的は達成されます。声が聞き手に届いたとしても、話す速さが速すぎると理解は不十分になるでしょう。では、どのくらいの速さで話したらよいでしょうか。

話す速さを考えるには、第一に話の内容が難しいかどうかということです。内容が難しい場合には、話す速さを遅くする必要があります。理解が容易にできるような内容の場合には、比較的速めの話し方でもよいでしょう。

話の内容から出てくる雰囲気（情緒）も、話す速さを決める要素になります。聞き手に話の情緒を味わってもらいたい時は、ゆっくり話すとよいでしょう。話の内容にふさわしい速度は、聞き手を強く話の中に引き込みます。

第二に、同じ話でも、聞き手の理解力が話す速さを決める条件になります。聞き手が幼児や高齢者の場合には、ゆっくりと話さなければなりません。

聞き手が話の内容に興味を持っている場合や、話の内容に対して予備知識を持っている場合には、速めの話し方の方が弾みます。このように、話す速さを決める場合には、話の内容と聞き手の条件の二つを考慮して決める必要があります。

(2) 平均の速さ

話の場面が、大勢の人たちに話すスピーチのような場合、聞き手にはいろいろな人がいますので、大部分の人が聴き取ることができて、話の内容がよく理解される速さで話す必要があります。このようなときの目安として、一分間に原稿にしてどのくらいの量を話したらよいのかを知っていると大変便利です。

一般に聞きやすい速さは、一分間に漢字仮名まじりの原稿で、三二〇～四〇〇字といわれています。これは、あくまで目安で、必ず守らなければならないものではありません。前に述べた「話す速さを決める要点」を考えて決めてください。大切なのは、あくまでも話の場面のT・P・Oの認識です。

(3) 間《ま》をとって話す

私たちが話をしているときは、連続してことばを発している訳ではありません。ことばとことばのあいだには無音の時間があります。それが間です。間にはいろいろな作用がありますが、発音の速さ（ことばのテンポ）とのバランスにより、話のリズムを形成し、話の雰囲気を作りだしています。いい換えると、話に味つけをしているといってもよいでしょう。話術の達人といわれる人は、間の取り方を研究して、間を上手に使っています。

4 アクセントとイントネーション

(1) ことばのアクセント

① 高低アクセントと強弱アクセント

私たち生身の人間が音声表現をするとき、ロボットのように一本調子で話す訳ではありません。自然に声は、大きくなったり小さくなったり、高くなったり低くなったりしています。つまり、声の出し方が変化しているのです。

話の内容や話し手の感情の起伏などが原因になっている場合が多いのですが、日本語のことばの発音には、そのことばに固有の声の高さ（大小ではなく、音程の違い）があります。日本語では、これを「アクセント」とよんでいます。

アクセントといっても、一種類とは限らず、一つのことばに複数のアクセントがあったり、また、地域による違いや前後のことばとの続き具合などにより変化が見られたりしています。

例えば、雨と飴はどちらも「アメ」と発音しますが、関東地方と近畿地方ではアクセントは違っています。また、雲と蜘蛛も共通語では、アクセントの違いがありませんが、アクセントを変えて区別しているところもあります。日本語のアクセントが発音の高低による「高低アクセント」であるのに対して、英語などの欧米語では、発音の強弱で表現するので「強弱アクセント」になっています。

アクセントは地域やことばの続き具合のほか、時代によっても変化します。正しいアクセントといっても何を基準として考えるかによって違ってきます。また、音楽ほどではないにしても、音感を必要としますのでマスターするのは困難です。多くの人の発音を観察して、それを聞き分け、多数派に従うのが一番の近道です。専門的に研究する場合には、『日本語・発音アクセント辞典』（日本放送出版協会）を活用してください。

名詞のアクセント一覧表

	一拍語	二拍語	三拍語	四拍語	五拍語
平板型	葉 ハが	人 ヒトが	会社 カイシャが	花柄 ハナガラが	隣村 トナリムラが
頭高型	歯 ハが	春 ハルが	家族 カゾクが	満月 マンゲツが	天使たち テンシタチが
中高型		試験 シケンが	湖 ミズウミが	渡し舟 ワタシブネが 飲み物 ノミモノが	山桜 ヤマザクラが お母さん オカーサンが
尾高型		夏 ナツが	話 ハナシが	弟 オトートが	話し方 ハナシカタが

② 名詞のアクセント

名詞のアクセントには、一定の法則があります。名詞のアクセントはことばの後に助詞をつけて考えます。その理由は一拍語の区別をするためです。平板型と尾高型の区別も助詞をつけてみると、その違いがはっきりします。

名詞アクセント一覧表を見て名詞のアクセントを研究してください。前頁の表では、傍線部分の発音の音程が高くなります。

③ 形容詞のアクセント

形容詞の共通語のアクセントは、二拍語は頭高型《あたまだかがた》が一種類だけ。三拍以上の語は、平板型と終わりから二番目の拍までが高い中高型《なかだかがた》の二種類です。

例をあげると、

・良い（ヨイ）　濃い（コイ）　頭高型
・厚い（アツイ）　重い（オモイ）　平板型
・熱い・暑い（アツイ）　高い（タカイ）　中高型
・明るい（アカルイ）　優しい（ヤサシイ）　平板型
・大きい（オオキイ）　少ない（スクナイ）　中高型

となります。

④ 動詞のアクセント

動詞の共通語アクセントは、基本的には二種類です。一つは平板型。もう一つは、拍の数に関係なく終わりから二番目の拍までが高い型です。また、活用形が同じ語は、各活用形を通じて同じアクセントになります。

動詞に助動詞・助詞がつく時にも動詞のアクセントの型はほとんど変わりません。例をあげると、

・遊ぶ（平板型　五段活用）
アソバナイ　アソビマス　アソブ　アソブトキ　アソベバ　アソベ　アソボウ
・決める（平板型　一段活用）
キメナイ　キメマス　キメル　キメルトキ　キメレバ　キメロ　キメヨウ
・話す（中高型　五段活用）
ハナサナイ　ハナシマス　ハナス　ハナストキ　ハナセバ　ハナセ　ハナソウ
・起きる（中高型　一段活用）
オキナイ　オキマス　オキル　オキルトキ　オキレバ　オキロ　オキヨウ

となります。

(2) イントネーション

アクセントは、それぞれのことばに固有のものですが、ことばを連ねて文を構成し、それを音声表現（話す）する場合の調子をイントネーションといいます。

イントネーションは、表現の内容や情緒、また、話し手の感情の起伏などにより変化するものです。論理的内容や叙景的表現の場合には淡々と、叙情的内容の場合や喜怒哀楽を表現する場合には調子の起伏が大きくなります。疑問や質問を表現する場合は、尻上がりの調子となります。

どのようなイントネーションで話すかは、話し手が決めることですが、その言語体系を共有する人々の社会的習慣を無視する訳にはいきません。その許容範囲内で、話し手は個性的なイントネーションを用いて表現しなければなりません。それには、他の人が「どのような場合に、どのようなイントネーションで話しているか」を常に観察し研究するとよいでしょう。それはアクセントの場合と同じことです。

イントネーションは、話を聞きやすくするための作曲技法と考えることができると思います。話し手はイントネーションに対しての鋭敏な感覚を養い、音楽のメロディーのように上手な作曲をして、聞き手に話を心地よく聴いてもらうようにするとよいでしょう。

(3) プロミネンス

プロミネンス(prominence)は、英語では燃えさかる紅い炎のことですが、ことばに関しては、ことばを強調したり、そのために力を込めて強く発音したりすることをいいます。

強弱アクセントとも考えられますが、強弱アクセントにはある程度の法則が認められますが、プロミネンスはことば全体を強く発音したり、句または文全体を強く発音したりするものです。話し手の感情が高ぶったときや念押しをするときなどにことばに力が込められることを指していっているのです。

(4) 語り口

これまでに述べてきた、声の出し方、発音の仕方、話す速さ、間の取り方、アクセント、イントネーション、プロミネンスなどには、手本を真似て練習を重ねたとしても個人差が出てきます。一人一人が個性的な話し方をするのは当然のことです。それがその人独特の語り口ということになります。

語り口にはことばを操る技術ばかりでなく、その人の性格や思想などがにじみ出てくるものです。話し上手といわれるためには、多くの知識や教養を身につけ人格の向上をはからなければなりません。昔の人が「声は人なり」といっているのは、このことなのです。

第4章　現代社会に求められるプレゼンテーション能力

児島建次郎

1　プレゼンテーションとは何か

(1) プレゼンテーションの定義

最近、出版物やテレビなどのメディアに「プレゼンテーション」という言葉がよくでてきて、このことばが身近なものになってきました。プレゼンテーションは、あらゆる業界で日常的に行われているといっていいでしょう。

日本の社会は、これまで談合や根回し、稟議《りんぎ》といった明確でない形で意志決定が行われてきました。ところが、情報公開が叫ばれ、ビジネスのグローバル化が進むにつれて、ビジネス・シーンでプレゼンテーションを意志決定の手段にするところが多くなり、その重要性が認識されるようになりました。効果的なプレゼンテーション能力が、あらゆる場で必要になってきているということでしょう。

これからビジネス界で生きていくためには、企画書や提案書を効果的にみせ、自分自身を魅力的に表現する能力を備えることが大事になってきます。また、学生にとっては、社会人への登竜門として「面接」というプレゼンテーションの場が待ちかまえているのです。

学生のころに、自分は人前で話すのが苦手だから営業など他人と接触するような仕事にはつきたくないと考えていた人が、社会に出てみると、人前で話す機会がたびたびあり、悩んでいる人がいると思います。多様な社会なるがゆえに、幅広い能力が求められるのが現代なのです。

アメリカの自動車メーカー、クライスラーの会長を務めたアイアコッカ氏は、著書『わが闘志の経営』（徳岡孝夫訳）の中で、「自分の考えをはっきり述べることも覚えずに、学校を出てくる連中が増えている」と、若者の表現力の貧困さを憂慮しています。

日本人は特にプレゼンテーションが苦手です。理由は、日本が均質的な社会環境にあるため、「他人」に鈍感だったことがあげられるかも知れません。つまり、他人としっかりしたコミュニケーションを取らなくても済んだからです。近年、社会の空気がまったく変わってしまいました。今や人生はプレゼンテーションの連続といってもいいでしょう。

プレゼンテーション（presentation）の本来の意味は、エージェンシー（広告代理店）がクライアント（取引先）に、広告に関しての企画を説明したり結果を報告することでした。

ところが、現在では学会での発表や会議での説明をはじめ、広く効果的な伝え方、または表現技術という意味でも使われるようになりました。

プレゼンテーションの定義はいろいろあります。例えば、ボブ・ボイラン氏は次のように言っています。

あなたが誰かを説得し、その人があなたの考えに同意し、決断して、実行に移すようにしむけることである。

（『プレゼンテーション成功の秘訣十三』ＴＢＳブリタニカ）

古閑博美氏の説を紹介しましょう。

自分の考えや集団のコンセプト（合意）を明確にもったうえで、その意図を第三者に的確に伝え反応を得るための説得的かつ、戦略的コミュニケーション。

（『日本語会話表現法とプレゼンテーション』学文社）

いずれにしても、プレゼンテーションの目的は、「説明し理解してもらう」「説得し納得してもらう」ことであり、プレゼンターによる「魅せる能力」がキーワードです。

プレゼンテーションを広い意味で定義すると、つぎのようになります。

ある目的のもとで、限られた時間の中で、話し手が、ある事実や企画、考え方などの情報を、視聴覚資料を使って説明、伝達し、聴き手の判断や意志決定を助け、行動を促すなどの影響を与えることである。

この定義にもとづいて、プレゼンテーションの「流れ」を表にすると次のようになります。

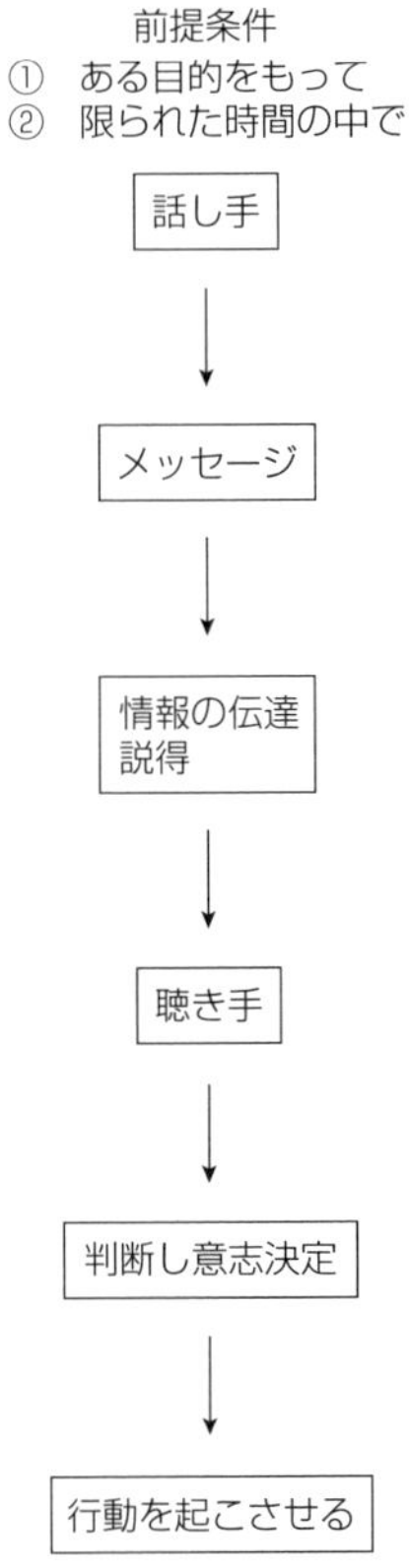

近年、社会の競争の激化やグローバル化が進む中で、はっきりとした意志決定が求められ、それに伴って、誰もが参加する会議や打ち合わせの機会が増えてきました。また、製造部門や営業部門などあらゆる面でプレゼンテーション能

力が求められています。

プレゼンテーションの要素とは、内容、技法、熱意の三点にしぼられます。技術の枠組みとしては、「話し方の基本」「プレゼンテーション三原則」「内容の組み立て」をあげる事が出来ます。

プレゼンテーション技術の枠組み

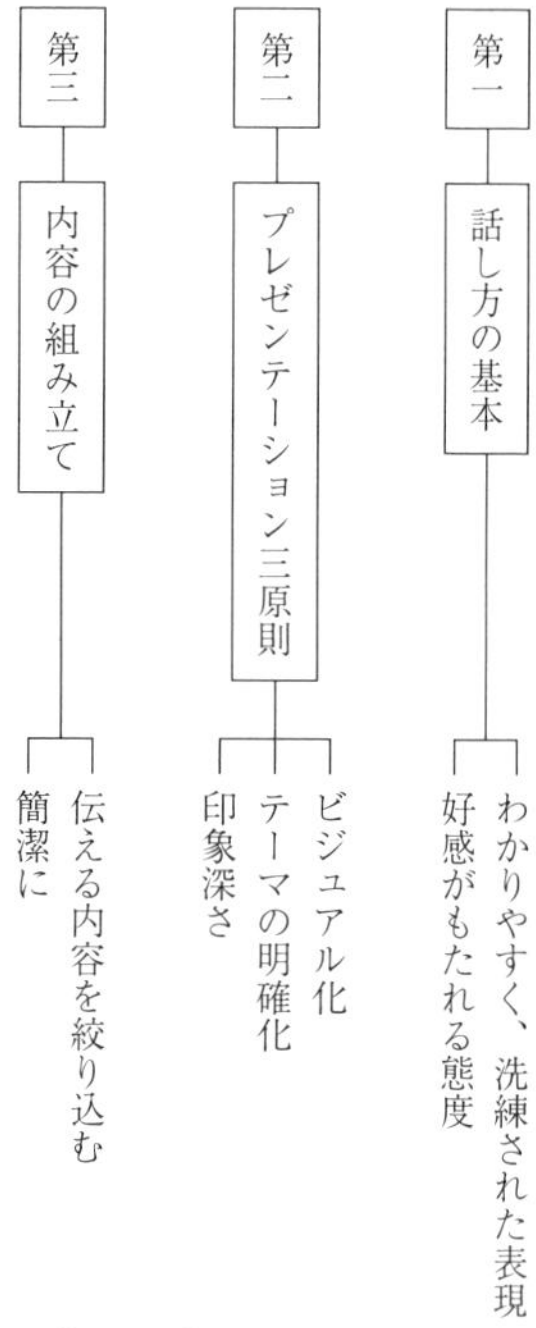
第一
話し方の基本
わかりやすく、洗練された表現
好感がもたれる態度
第二
プレゼンテーション三原則
ビジュアル化
テーマの明確化
印象深さ
第三
内容の組み立て
伝える内容を絞り込む
簡潔に

出所：本多聰行『プレゼンテーション』参照。

(2) プレゼンテーションの三つのタイプ

プレゼンテーションを分類する場合、いろいろな分け方がありますが、ここでは、作山氏の三つのタイプを紹介しましょう。それは、説得型、説明型、論証型の三つで、これらは単体そして独立しているものではなく、入り混って使われるものです。

これらのタイプを考察することによって、目標設定に際して方向づけが出来るとともに、前に続く準備のサイクルの諸段階を制御でき、プレゼンテーションの目的を達成させることが可能になるのです（作山宗久著『プレゼンテーションの技法』ＴＢＳブリタニカ出版・参照）。

情報があふれている現代社会にあって、必要な情報を取捨選択するのは並大抵のことではありません。大事なのは、情報を価値あるものとして提示し印象づけるのにはどうすればいいかということです。情報化社会においては、「ことば・表現・情報」が社会を動かす原動力となるのであり、それだけに自分をプレゼンテーションしていかなければ有利に局面を展開させることができないのです。

タイプ	目的	適用
説　得　型（行動提起型）	○話す内容を聴衆に売り込み、聴衆を納得させ行動をおこさせることを目的とします。	○広告代理店が、取引先に自社の提案を売り込む場合。 ○プロジェクトについて、入札して契約を取り交わしたい場合。 ○新しい商品や提案を売り込む場合。
説　明　型（情報伝達型）	○聴衆と情報を分かちあうことを目的にしています。 ○ある事柄について、聴衆に理解してもらうことです。	○新入社員に対するオリエンテーション。 ○新製品について、ディーラーに説明する場合。 ○上司に仕事の進み具合を説明する場合。 ○小集団活動での報告。
論　証　型（学会発表型）	○自己の業績を示し、認知を受けることを目標にしています。	○学会における研究発表の場合。この場合、反論や批判を受ける場合もあります。

2　現代社会で増加するプレゼンテーションの機会

戦後、高度成長を続けてきた日本企業は、十数年前から厳しい不況に見舞われ、激しい生存競争の中でコストダウンが緊急課題となっています。このため、これまでタッグを組んできた競争なき系列取引という悪しき慣行から脱皮し、より安いコスト提示のあった企業に業務を委ねるという競争原理が働くようになり、自由競争による取引の潮流が生まれました。

プレゼンテーションの実施例

(1) マーケティングの戦略説明
販売企画の説明

(2) 新製品開発の説明
プロジェクトのコンセプトの説明

(3) 新規事業の企画提案

(4) 投資家やマスコミに対しての社会概略説明・事業説明

(5) 学生の就職における面接

(6) 研究者の業績発表

こうした社会環境をうけて、今まで系列取引という閉鎖的な取引から閉め出されていた企業が、自由な取引に参加できるようになり、よりよい企画の提案やコスト優位を説明する機会が飛躍的に増えてきました。つまり、プレゼンテーションの重要性が認識されてきたのです。

プレゼンテーションは、製造、営業、研究、開発などあらゆるビジネス部門で求められます。例えば「販売企画」を考えてみましょう。これは、商品を売るにはどうすればよいかという企画です。いろいろなマスコミ媒体を利用した広告企画やイベント企画などがこれにあたります。

「新製品開発説明」の場合も、高いプレゼンテーションが求められます。安い商品があふれ、商品を選ぶ消費者が優位に立ち、販売戦争ともいわれる状況の中にあって、消費者に自社製品のすばらしさをアピールできなければ新商品は売れません。

「新規事業の企画提案」についても同じことがいえます。近年、新規に事業をおこし、株を株式市場に公開するベンチャーブームがおきています。事業アイディアをもつ企業家たちは、自分の事業の将来性を訴え、自社への投資を引き出すために説得力のあるプレゼンテーションを行わなければなりません。

今日のビジネス・シーンは、スピードのある意志決定が不可欠です。それだけに自分の考えを明確に効果的にビジネス・パートナーに伝えて、承認をとりつけられるかどうかがビジネスの成果を決めるといってもいいでしょう。

また、学生たちは就職面接におけるプレゼンテーションが自分の将来を決めることになります。短時間の面接で、いかに自分が会社にとって必要かつ有能な人材であるかを売り込まなければなりません。

これまでの日本型の「以心伝心文化」は脱ぎ捨てられ、欧米型の「アピール文化」が普及しつつあります。そこに、プレゼンテーションの機会が増える背景があり、誰もがその場に立たされることになります。

３　マーケティングにおけるアイドマの法則――アイドマの法則で話を点検しよう

話というのは、聞き手に自分の意見を述べたり、ある種の知識や情報を提供することであり、聞き手がシステマティックに話の内容がわかるように工夫する必要があります。

話が終わった後に、聞いていてよかったという充実感が残るものでなければならないでしょう。そうでなければ時間の浪費に終わってしまいます。時間の無駄だったと思われないよう、話し手は自分の話すことに責任をもち話の点検をすることが大事です。

ＡＩＤＭＡ（アイドマ）という言葉を知っていますか。もともとは、広告効果のチェックポイントとして、商業放送のコマーシャル・スポット放送などを考えるのに役立ってきました。

マーケティングにおいては客が商品を購入するまでの流れをアイドマの法則で説明することがあります。商品を買うまでの客の心理変化を五段階に分析したものです。この言葉が、音声表現にも取り入れられ、話をチェックする方法として使われています。

AIDMAの法則を紹介しましょう。

A―attention（注意・注目）　人々の注意をひくことができますか。

I―interest（興味）　人々に興味を感じさせることができますか。

D―desire（欲求・欲望）　人々の欲求をかきたてることができますか。

M―memory（記憶）　人々の記憶にとどめることができますか。

A―action（行動・行為）　人々に行動を起こさせることができますか。

客が商品を買う気になるまでの心理変化

目　標	客の気持ちの変化
Attention 注　目	とてもいいなと感じる。 キャッチコピーで客は「ん？」と思う。
↓	
Interest 興　味	どんなオプションがあるか。 安いか、質がいいか、どんな得があるかなど興味を抱く。
↓	
Desire 欲　求	欲しいという気持ちになる。 良さを説明され、理解する。
↓	
Memory 記　憶	欲しいと思う気持ちが持続する。 頭に印象がうえつけられ、良さを認識する。
↓	
Action （行　動）	買う決意をする。 購入の手続きをとる。

商品の存在を人々に意識づけるために、特徴のある商品名やキャッチ・フレーズを告げ、音や映像に工夫を凝らして注意を喚起します。そして、形状、色彩、機能、包装などがよくわかるように説明して、興味を感じさせるようにしむけ、人々の頭の中に期待感に満ちたイメージを描かせ、その商品を所有したい、使用してみたいという欲求を起こさせるのです。

そのとき購入できなくても、消費者がその商品をいつの日にか手に入れるようにしむけるのです。そのためにはいろいろな手立てで、人々の記憶にとどめさせなければなりません。商品を購入するという行動を起こしてこそ、広告宣伝の目的は達せられたことになるのです。

ＡＩＤＭＡ（アイドマ）は、話の場でも、チェック・ポイントとして役に立ちます。話し手は、はじめに聞き手の注意をうながし、次に関心や興味を起こさせなければなりません。さらに、話の展開に期待を持たせて、先が聞きたいという欲求を起こさせる必要があります。話の内容や語り口は、聞き手に感銘を与え、いつまでも記憶にとどまるものであってほしいものです。そして、話の最終目的が単に事実・意見・情感を伝えるのにとどまらず、相手に行動を求めている場合には、その実現が望まれるのです。

セールスの分野では、お客が商品を買うまでの心の変化をアイドマの法則で分析しています。

４　プレゼンテーションを行う上での「三つのＰ」とは

欧米型の「アピール文化」がひろがっている現代社会では、効果的なプレゼンテーションのための方法と技術の修得は、それぞれの履歴の中に加えられるほど重要になってきています。

ビジネス界では、正確に自分の意志を伝え、認識してもらい、共感と理解を得て行動を起こしてもらえるように説得し信頼を抱かせなければなりません。組織を動かし、人を動かせる能力、つまりプレゼンテーション能力が求められて

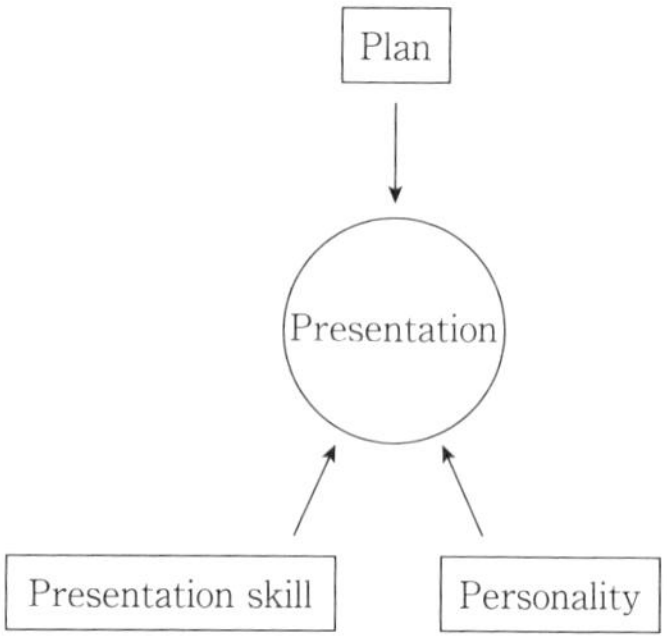

いるのです。それは、個人の能力を見きわめ、信頼性を明らかにするための手段であり、生存競争に打ち勝つためのツールでもあります。

上手なプレゼンテーションを組み立てるためには、コミュニケーション能力である「読む」「書く」「話す」「聞く」の四つの基本を磨かねばなりません。では、上手なプレゼンテーションをするのにはどうすればいいでしょうか。プレゼンテーションで重要な事は、伝える内容とともに、デリバリー（伝達）の技術、つまり、説得力のある話し方やそれを視覚化するといった技術を身につけることです。

プレゼンテーションを行う上での必須条件ともいえる三つのPを挙げておきましょう。

①Plan（プレゼンテーションの内容）
②Presentation skill（話し方・伝え方）
③Personarity（話す人の人柄）

誰が（人柄）、何を（内容）、どのように伝えるか（情報を伝える技術）は、プレゼンテーションを成功させる上で欠かせないものといえましょう。

5　プランを立て、三段階法と四段階法による話の組み立て

プレゼンテーションの最終目的は、説明した内容がいかに高い価値をもち利益を得ることができるかを相手に理解させ、行動を起こさせることができるかにあります。それだけに、しっかりしたプランを立てなければなりません。

プレゼンテーションのアウトラインを作成し、プランを立てると、どんな利点があるかをみてみます。

①ポイントを押さえて、要点をいい落とすことなく全体を把握できます。
②新しい発想がうかび、内容の精度を高めて各項目の調整が可能になります。
③合理的な構成がつくれて、内容の工夫ができ、変化をもたせた話ができます。
④バランスのとれた時間の配分ができ、話が横道にそれることなく、限られた時間を有効に使うことができます。

三段階法による構成

構　成	内　容
タイトル	・注目をひくタイトルをつける。 ・補足が必要であれば、サブタイトルを併記。
Step 1 序　論 (Introduction)	～話の方向づけをする～ ・あいさつ・自己紹介。 ・メインポイントに関しての話。 ・プレゼンテーションの目的。 ・何を問題にしているか。 ・本論の主な項目。
Step 2 本　論 (Body)	～現状分析と解決策～ ・現状の把握と分析。 ・情報や調査結果を提示。 ・具体例を示す。 ・意見、アイディアの提示。 ・解決策を示す。
Step 3 結　論 (Conclusion)	～ポイントを確認し、行動を起こさせる～ ・内容の要約と再確認。 ・結論を述べ、決断をうながす。 ・成功につながるように。

(1) 序論・本論・結論による話の組み立て

プレゼンテーションを行う場合、聞き手の人数や構成、会場の広さやツールの種類、所要時間、期待効果などを念頭において構成しなければなりません。従ってプレゼンターは、全体的な話の組み立て、つまりストーリー性を考える必要があります。

ストーリーの展開には、

①プロセスに力点をおいたストーリー。
②序論・本論・結論によるプラン作り。
③起・承・転・結による展開。

などがあります。

序論展開の方法

方法	内容
事実提示法	事実や数字を示し、興味を感じさせる。例えば、「アフリカには、平均寿命が四〇歳以下の国がいくつかある。それに比べて日本は…」。
自己紹介やプレゼンターの経験談	プレゼンターの出身地や趣味などを話し、聴衆との距離を縮める。また、経験談や失敗談などで、聴衆との一体感をつくる。
エピソード法	テーマと関係する話をして、本論につなげる。
ユーモア法	ユーモアのある話をして、聴衆の気持をほぐす。

プロセスに力点をおく場合は、話を進める中で、クライマックスをつくって強調すると印象が深くなります。

序論・本論・結論による三段論法は、簡潔で理解しやすく、論理的に話すのには最も適当な手法です。「ＩＢＣ」による話の組み立てを考えてみましょう。

① 序論（Introduction）

序論は、聞き手を話に巻き込む導入部です。内容に関心をもたせ期待感を抱かせることによって「聞く意欲」を高めます。アイドマに従って言えば、序論はＡ（注意）とＩ（興味）の段階にあたります。聴衆の注意を引きつけ、聴衆がプレゼンテーションを受け入れる環境をつくります。

序論展開の方法には、事実提示法、プレゼンターの経験談、エピソード法、ユーモア法などがありますが、序論の目的は、

①テーマを示し、何を問題にしているか。

②聞き手の注意をよびおこし、メインポイントを示す。

ことにあります。

②　本論（Body）

本論では、メインポイントを効果的にならべます。現状分析から始まり、アイディアを提案し解決策を示します。この場合、調査内容や客観情報を使って、抽象的な話ではなく、具体的事例を通して独自の見解が提示できれば説得力が高まるでしょう。

アイドマでいえば、Ｄ（欲求）とＭ（記憶）にあたります。本論では、序論で興味を感じさせたことを立証し、「なるほど」と思わせなければなりません。

収集した情報や調査結果を提示し、現状分析を通して、意見、アイディアを提示します。その場合、数字や統計を示したり、権威ある研究所や学者の考え方などを取り入れると説得力が増します。

③　結論（Conclusion）

結論では、説明した内容を簡潔にまとめ、言いたいことを確認します。そして、聞き手に最終的な決断を促し、成功への方策など理解と協力を要請し、今後のスケジュールを示します。聞き手への感謝の気持ちを強調し、きりっと印象深く終わるように心掛けましょう。

アイドマでいえば、Ａ（行動）にあたり、結論を聞いて行動に移させることが最終の目的です。

(2)　起・承・転・結による話の組み立て

起・承・転・結の四段階法によるまとめ方は、文章の書き方として昔から定着しています。

・起—方向づけをする。

・承—起をうけて具体的事例などを取り上げる。

・転—承と異なる視点から問題をとらえる。

・結―承と転の異なるものから共通の方策をみつける。

この四段階法の手法を活かしたのが、江戸時代の漢学者・頼山陽《らいさんよう》（一七八〇－一八三二）の作と伝えられる江戸時代の俗謡です。中国・盛唐時代の詩人で、古今の絶唱と称される孟浩然《もうこうねん》（六八九－七四〇）の「春暁《しゅんぎょう》」とを比べてみましょう。

俗謡

起　京の三条糸屋の娘
承　姉は十八　妹は十五
転　諸国大名は弓矢で殺す
結　糸屋の娘は目で殺す

春暁

春眠　暁を覚えず
処処　啼鳥を聞く
夜来　風雨の声
花落つること　知る多少ぞ

「春暁」の内容は次の通りです。

春は眠くて夜明けにも気づかない。うつらうつらしていると、あちこちから鳥のさえずりが聞こえてくる。さて、昨夜風雨の音は聞こえたか。花はどれくらい散ってしまったのだろうか。

この五言絶句の中で、「承」にあたる「処処啼鳥を聞く」と「転」にあたる「夜来風雨の声」とは連続しているにもかかわらず、論理につながりはなく飛躍しています。

日本の俗謡の場合も、「姉は十八　妹は十五」と「諸国大名は弓矢で殺す」との間に脈絡《みゃくらく》はありません。

情緒を重んじる詩の世界では「転」の部分が重要な要素となっています。ところが、プレゼンテーションにおいては、「転」は必要でないと考える人が多くいます。理由は、限られた時間内にポイントを伝え、論理的に説明しなければならないビジネス・プレゼンテーションにおいては不要だというのです。

私は「転」の部分を重視します。話の内容に色をつけ、まったく異なる視点からのアプローチは、説明をグローバルにするだけでなく、解決策を導き出す上でのヒントを与えることになるからです。企画書の作成も同様です。プレゼンテーションを始めて早い時に結論を述べ理解を得る。そこで「なぜか」と疑問を抱かせ、興味を持ってもらいます。そのような準備が整ったところで、疑問に答えるような形で具体的に説明をしていく構成は、話が心地よく耳に入ってくる流れになっているといえましょう。

6　コンセプトを明確にし、しっかりした構成を心がけよう

企画会議などに出席すると、コンセプトという言葉が飛び交います。一般的には、概念や思想、着想といった意味ですが、企画やマーケティングの世界では、企画の全体を貫く統一的、基本的な考え方を、訴求力があるように表現したもの、といっています。訴求力とは、相手に対して訴える力のことです。

また、企画書におけるコンセプトとは、

何をどのようにしたいかを企画して、それを明確に一つのキーワードか、ワンフレーズで表現したもの。

ということになります。

コンセプトが明確でないと、目的が相手に伝わらなくなります。「何が言いたいのですか」と質問され、答えられなくなってしまいます。

私が「おやっ」と心ひかれ、新鮮でアピール度の高いと思われるキャッチフレーズを六つ挙げます。

○ちょっとだけ、想像力をもって下さい（日本赤十字社）。

藤原紀香さんが、ポスターに登場していて、洒落《しゃれ》たフレーズで、何かなというイメージを抱かせるものになっています。

〇¥一〇〇円あったらマックへいこう。

初めてのプレゼンテーションを無事終了。緊張がとけたらお腹がへった。…但し書が買う気をそそります。

〇もうあかん、ほんまやめます。

大阪市北区の老舗靴店「シューズ・オットー」の店頭に掲げられた名コピーです。このコピーを面白がった人たちが利用しましたが、二〇一五年、四〇年の歴史に幕を下ろしました。

〇外でも、あなたは今、電車の中です。

これは、列車に乗ったら携帯電話をマナーモードにして下さい、というもので、サビがきいています。

〇五五一の豚まんがある時〜ない時〜

関西の人には親しみやすいコピーで、子どもたちが口ずさんでおり、食品の宣伝としては、大成功をおさめています。電車の中で、この袋を抱えている人をよく見かけます。

〇ダーウィンが来た

NHK総合テレビの日曜日・夜七時三〇分からの番組タイトルです。このタイトルは視聴者に「はっ」と思わせるほどアピールできるフレーズで、胸のときめきを覚えます。

番組内容もタイトルにふさわしく、アイアイ（猿）の生態やライオン集団の後継リーダーとなる雌ライオンの選び方をめぐるかけひき、象の母子の愛情物語など、丁寧な取材による珍らしくショッキングな映像シーンが視聴者をひきつけています。

「ダーウィンが来た」は、お洒落なタイトル名といい、内容といい、近来にない家族で楽しめる教養、科学番組といえます。

企画におけるコンセプトでは、テーマとなるアイディアを見い出し、イメージが湧くような言葉、つまりキャッチコピーをつくらなければなりません。

それが見つかれば、企画を構造的にまとめることが可能になります。企画においては、未来のビジョンを提示し、将来における戦略としてのプロジェクトを想定し、コンセプトを明快にみせることが大事であり、これが、企画の成否を左右する鍵になります。プレゼンテーションは、コンセプトを明確にすることから始まるといってもよいでしょう。

コンセプトのまとめ方には、いろいろな手法がありますが、ここでは、八幡氏の構成法を紹介しましょう（八幡紕芦史著『国際ビジネスでのプレゼンテーション』日本生産性本部・参照）。

構成法の種類

構　成	内　容
演繹的方法	一般的な原理から特殊な原理を導き出す。
帰納的方法	多くの事実から、共通の原理を導き出す。
時系列的方法	時間を追ってまとめる。過去—現在—未来。昨日—今日—明日。インド哲学では前世—現世—来世という視点から人間の生き方を問いかけている。歴史的につながる主題などによい。
エスカレーション的方法	やさしいものから難しいものへ。小さなものから大きなものへ。簡単なものから複雑なものへといったような論理展開。
地理的方法	空間的、地理的にまとめていく。「近きより、遠きに及ぼす」手法。

いずれにしても、プレゼンテーションの基本は、「ＫＩＳＳ、keep it simple and specific」つまり、簡潔にして具体的であるということです。

7　プレゼンテーション・スキル――聞き手をひきつける能力を磨く

人前で話すためには、強いモチベーションがなければなりません。プレゼンテーションの上手な人は相手の立場に立ち、しっかりした思想性に裏付けられた理念を持ち、シナリオ性に長じ、わかりやすいことばを使う人です。これを成功させるのには、事前の準備が大切です。

第一は、聞き手を分析することです。聞き手の人数、構成、キーパーソンなどを把握しておかなければなりません。

第二は、会場とツール（道具）をチェックすることです。どの程度の広さか、レイアウトはどうなっているのか。そしてツールがうまく使えるかなどを点検する必要があります。ツールを使って実際にプレゼンテーションすることによって、時間やツールに故障がないかどうかを確認することができます。内容のフォーマットや手順を決めて用意した資料をもとに通しリハーサルをすると、結果的に「アガリ」を防ぐことにもなります。

(1) 声は「説得」のための宝

声をどのように出すか、声の出し方によって話の印象が変わってしまいます。プレゼンテーションにおいては、親しみを感じさせ張りのあるはっきりした声で、プレゼンターの自信を感じさせる声が大事です。声に生き生きした張りがあり、きらめくようなダイナミックな声が会場をつつめば、期待感が高まり成功への第一歩が踏み出せることになるでしょう。

大きな会場で、例えばマイクを使うにしても全身から声を出す、つまり、おなかから声を出すようにしなければなりません。おなかをふくらませて息を吸い、それをはき出す腹式呼吸による声は説得力を高めることになりますし、つくり声は、聞き手との間に距離をつくってしまいます。エネルギーが伝わってくる人のプレゼンテーションは説得力をもちます。

(2) プレゼンテーションにおける語り口

ことばは意味が伝わらなければ効果はありません。聞き手の理解を得るために、構成を簡潔にし、わかりやすく説明するよう心掛けなければなりません。

① わかりやすく

世の中がシンプルな時代は、難しいことばを使っても知性のあらわれと思われましたが、現代ではわかりやすく説明できる能力が要求されています。

わかるということは、物事が明確になることです。そのためには、聞き手が頭の中で思い描けることが大事であり、具体的な事例や比喩《ひゆ》を使うのがいいでしょう。相手が理解できない専門用語は言い換えるか解説をします。

② 簡　潔　に

テーマ（主題）をはっきりさせます。話が長くなったり操り返しは避けるべきで、ムダを省き、ぜい肉を取り内容を引き締めることが重要です。そのためには、センテンスを短くし、ポイントを絞るのがいいと思います。

③ 印象深く

話は切り出しが大事です。プレゼンテーションは初めの数分間が勝負であり、第一声で聞き手に興味を起こさせるかどうかによって決まります。聞き手の心をとらえるのは、強い信念と活力、熱意であり、それが感動を生む原動力となります。

メリハリをつけて話に山場を設けるよう工夫し、洗練された表現を心掛ければ、プレゼンテーションの腕は磨かれるでしょう。

わかりやすく	簡潔に	印象深く
順序よく ・全体から部分へ ・重要情報を先行させる ・項目で整理する	主題の明確化 ・主題を一行で表現する ・キーワードを考える	切り出しの工夫 ・話の第一印象をよくする ・意外性のある切り出し方
反応を確かめながら ・アイコンタクト ・呼びかけや質問 ・一時に一事	ムダを省く ・前おきのムダ ・繰り返しのムダ ・言葉グセ	メリハリをつける ・気持ちをのせて ・山場の盛り上げ ・音声表現の工夫
たとえを使う ・比喩や具体的事例 ・ビジュアル化	短く区切る ・ポイントを絞る ・饒舌をさける	印象に残る一言をいう ・熱いメッセージ ・最後の三分を大切に

（3）役に立つレトリック・比喩

レトリックとは「修辞」ということで、比喩《ひゆ》（たとえ話）表現の意味に使われます。ことばを飾ったりもします。聞き手が理解しにくいものや未経験のものを、聞き手と話し手の両者が知っているものに置き換えて話を進めるもので、事実をわかりやすく説明するのに役立ちます。

レトリックは古代ギリシアの法廷での弁論術に始まり、次のように定義されています。

> 比喩とは、表現主体が、表現対象を、それを過不足なく直接にさし示す言語形式を使わないで、その代わりに、言語的な意味では他の事物・事象に対応する言語形式を提示し、その言語環境との違和感や、それが現れることの文脈上の意外性などで、受容主体の想像力を刺激して、両者の共通点を推測させることによって、間接的に伝える表現技法である。
>
> （『比喩表現事典』）

比喩の種類

直喩 明喩	「～のようだ」と直接的に喩える場合で〝x＝y〟のようだ。 たとえるものとたとえられるものを区別する。 クレオパトラはバラのように紅い唇をもっていた。
隠喩 暗喩	比喩であることを表面に出さず、暗示する表現法。転義現象ともいう。 大ナタを振るわなければいけないのに、ヤスリで削る。
提喩 代喩	全体を部分で代表させる。全体と部分、種と属というように、量的な関係で示す。 人はパンのみにて生くるものにあらず。 ペンは剣よりも強し。
換喩	ふたつのものごとの隣接性に視点をおくもので、連想されるものなら何でもいい。 国会を永田町という。
誇張法	物事を誇張したりする方法で、漢詩の表現によく使われている。 白髪三千丈。
諷喩 寓話	イソップ物語など。宗教法話。 勧善懲悪の話をする時などに用いられる。

スピーチなどが得意な人は、比喩表現を上手に使っています。それは想像力を高め、話を立体化させ興味深く伝えるのに役立ちます。スポーツ新聞に「ゴジラ　米大リーグへ」といった見出しが踊ったのが好例でしょう。

比喩は、抽象的なものや目にみえないものをたとえることによって、的確で生き生きした表現をつくり出すことができます。適切な比喩でない場合には、雰囲気が白けてしまいます。

プレゼンテーションの知性と力量が問われるところです。

8　パーソナリティ――ノン・バーバルコミュニケーションで表現力を高めよう

コミュニケーションを発信・受信する手段はことばだけではありません。ことばを活かし自分の考えを聞き手に受けいれてもらうための表現技術は多様です。

表現技術を分類すると、一つは、話の内容・素材を効果的に表現する技術です。

もう一つは、ことばを補い、ことば以上に思いや意味を伝えるしぐさや行動などの非言語、つまり、ノン・バーバル(Non-Verbal)コミュニケーションです。

私が大学生を対象に行った調査では、言語と非言語コミュニケーションがもたらすインパクトについて、下のような結果を得ました。言語とは話の内容であり、話し方とは話す調子や声の高低・強弱などを指し、態度とは外見や姿勢・表情・視線などをいいます。こうしてみると、非言語コミュニケーションによるインパクトが六四%を占めており、非言語の影響が大きいのに気付きます。

ことばを補足するものとしては、からだ全体から発信するコミュニケーション、しぐさや行動、表情、目の動きなど、いわゆるボディ・ランゲージ(Body Language)があります。

(1)　服装や姿勢で印象が決まる

プレゼンターは、みずからをビジュアル化すること。つまり、自分の見せ方を工夫することが大事です。第一印象を決める要因は服装である

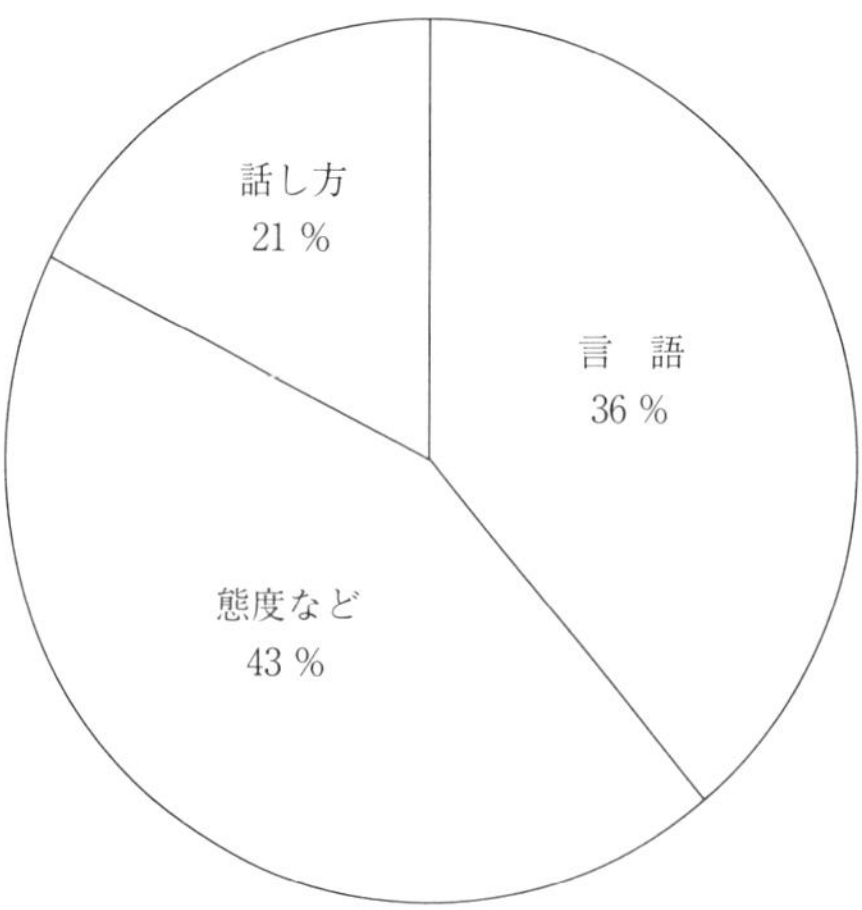

プレゼンテーション・インパクト

といってもいいでしょう。高価な服で身を飾ることがおしゃれではなく、その場面にふさわしい清潔で好感が持たれる服装をして、自分自身を演出しなければなりません。

また、何気なくポケットに手を入れたりしていますと「生意気」に見られます。指し棒をもてあそんだり、ボールペンを回したりしてはいけません。プレゼンテーションにおけるジェスチャーは、話の内容よりも聞き手に強い印象を与えます。歩き方などは、胸を張って自信にあふれた姿を示すことで信頼感を得ます。背筋をきちんと伸ばし、両手を脇にたらす姿勢は好感がもたれます。

（2）安心感を与える表情

喜怒哀楽の感情は、表情によって伝えられます。自分の態度や気持ち、相手の気持ちなどは表情によって読み取ることができます。

人間的な親しみが感じられないポーカーフェイスは好印象を与えません。人間性を豊かにするあたたかい笑顔、決意や意欲を示す表情は聞き手に安心感を与えます。訥弁《とつべん》であっても、情熱のある話し方をすれば聞き手の気持ちをつかむことができるのです。

（3）視線・アイコンタクトを活かす

日本人は視線を合わせて話をするのが苦手です。目に関しては、「流し目」「色っぽい目」「刺すような目」など、いろいろな表現があります。「目は口ほどにものをいう」という格言通り、恋人同士が視線を合わせて、しっとりと恋を語るのにはいいでしょうが、多くの日本人はお互いに視線を合わせながら話すのを得意としません。相手の目を直視することは、相手の心を読み取ろうとすることで、不作法で失礼にあたると思われています。

ところが、説得力が求められる現代社会では、昔の美徳は通用しません。アイコンタクトとは、目で言葉を送り意志を伝え合うわけですから、目に説得力を持たせなければなりません。相手の目を見ずに説得することは不可能です。

プレゼンテーションにおけるアイコンタクトには、いろいろな手法があり、人によって異なります。会場の広さや聞き手の人数、ツールの種類によっても違ってきます。ここでは、私の体験をもとに、アイコンタクトを考えてみます。

まず、会場に入ったら、全体に穏やかであたたかい視線を送ります。話し始めたら、視線を後方から前方へ、左から中、右へとゆっくりと移します。こうして全体に視線を送ります。

プレゼンターは、聞き手の一人一人としっかり視線を合わせなければなりません。視線は数秒でいいのですが、それぞれに同意の相づちを求めます。聞き手の中にうなづき返したり、穏やかな視線を送ってくれる人がいたら、少し長目に視線を送りましょう。

一対一コミュニケーション（One on One Communication）といって、好意的な聞き手がいれば、視線を一度止めてその人を説得します。プレゼンターの眼差しと聞き手の眼差しが出会ったら、一瞬目が止まるのが一般的な心理です。

これこそがアイコンタクトの本質であり、やがて心が通じ合うのです。話の途中で念を押したり、意志を確認する時は、会場全体に視線をおくり同意を求めます。会場に圧迫感を与えてはいけませんが、緊張感が保てるように心掛けましょう。

聞き手をひきつけ、飽きさせずに話に集中させるためには、プレゼンターのアイコンタクトが大きな役割を果たすのです。

9　身につけようビジュアル・プレゼンテーション

(1) 説得力をもつビジュアル・ツール

プレゼンテーションといえば、配布した企画書をもとに口頭で説明する方法が主流でした。ところが最近は、プレゼ

プレゼンテーション・ツール

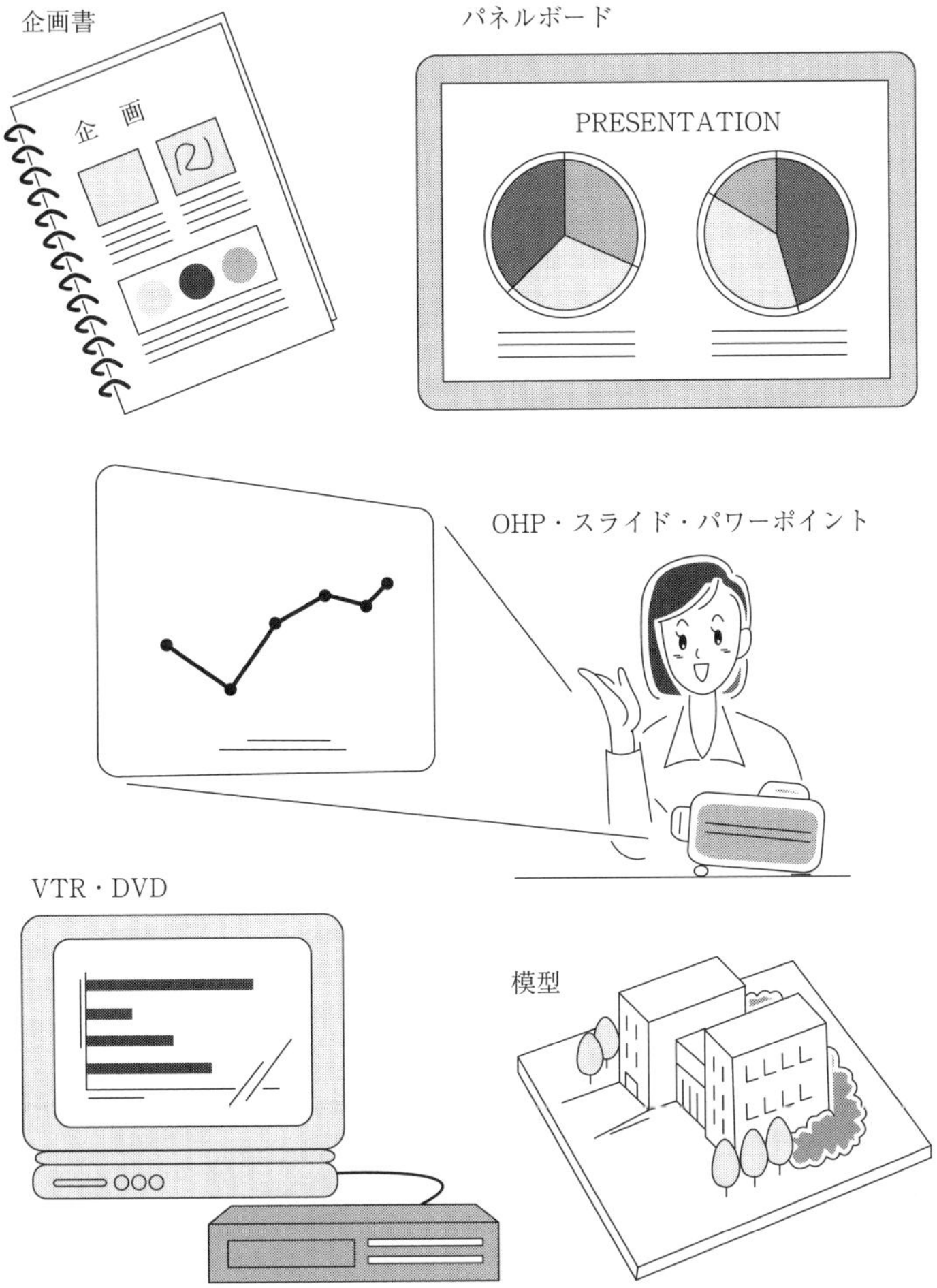

ンテーションのビジュアル化が急速に進んでいます。ビジュアル化がより印象的であることは言うまでもありません。

私たちは、知覚機能の中で視覚から八〇％の情報を得ています。まさに「百聞は一見にしかず」です。ビジュアル化するためのツールとしては、いろいろなものが使えますし、複合的に使うことも可能です。

ビジュアル化のメリットを挙げてみましょう。

ツールの種類と評価

ツール	メリット	デメリット
ビデオ・DVD	・動きのあるもの、時間の流れを紹介するのに適している。 ・ストーリー性のあるものは演出効果を高めることができる。 ・完パケのため、内容が安定し、再生が容易である。 ・面白く飽きさせない。	・制作コストが高くつく。 ・画像が小さいので迫力にとぼしく、大会場にむかない。 ・外部にもれやすい。
OHP	・原稿作成が簡単で制作費が安い。 ・明るい会場で、多人数に対応できる。 ・融通性に富み、対話が可能である。 ・文字の加工など、表現や制作に多様性をもつ。	・大規模な会場では、見えにくくなる場合がある。 ・ランプが切れることがある。
スライド・パワーポイント	・美しく鮮明な静止画が使用できる。 ・同時に多人数の対応が可能である。 ・ハードの持ち運びが簡単で、耐久性がある。	・会場を暗くしなければならない。 ・作成に時間がかかり、修正がききにくい。
コンピューター	・マルチメディアとして活用することができる。 ・情報の保存・加工にすぐれている。	・異なる機種では、データの変換がむずかしい。 ・操作に慣れなければならない。
ホワイトボード	・手間がかからない。 ・聴き手の参加が容易で、彼らのペースに合わせられる。	・書いている間、コミュニケーションが途切れる。 ・１度消すと再現できない。
配布資料	・作成費が安く簡単である。 ・聴き手が内容を把握するのに便利である。	・配布物に気をとられ、聞かない聴き手も出てくる。 ・表現が制限される。
実物資料	・信頼性が高く、理解しやすい。	・持ち運びが不便。 ・会場によっては、見えにくい人が出てくる。

① 多様な表現方法を使うことができるため、聞き手を飽きさせることなく、本論に引き込み理路整然とした論理を展開させられる。
② 複雑な情報や大量の情報を整理して、的確に短時間で伝達できる。
③ イメージ情報は迫力があるため、印象深く記憶に残る。しかも一目見ただけで理解を得ることが可能である。

(2) ツールの種類と評価

現在は多様なツールの使用が可能で、ツールはプレゼンテーションの状況に応じて選択する必要があります。ツールを選択するにあたっては、ツールの特性とともに準備期間、規模、予算などを考慮しなければなりません。

代表的なツールの特性をみてみましょう。

① ビデオ（ＶＴＲ）・ＤＶＤ
ビジュアル・ツールとしては最も魅力的なもので、制作費と期間を検討した上で決めます。ビデオの効果が最もあるものとしては、動きの表現を重視し、ストーリー性を強調したい場合に最適です。

② オーバーヘッドプロジェクター（ＯＨＰ）
これは透明なシートに書いた文字やイラストをスライドに映し出すもので、プレゼンテーションの代表格です。人気の秘密は、速く、安く、お手軽である点です。説明している途中で必要な情報を伝えたい時には、手書きでシートに記入し映し出すという即応性が最大の特性です。現在は、各種の後援会や学会などでよく使われています。

ツールの種類には、ビデオ・ＯＨＰの他に、スライド、コンピュータ、ホワイトボード、ポスター、実物資料、配布資料、パネル板、フリップ・チャートなどがあります。

情報をビジュアル化するためには、相手を説得できる画像をつくることが何よりも大事です。

10　企画書のスキルアップ

(1) 企画の立案

私たちは、日常的に何気なく多くの企画を立てて実行しています。また、「斬新なアイディアこそ企画だ」「素晴らしい案＝good ideaでなければ企画とは言えない」など、企画は多様な切り口で表現されます。企画を専門的に定義すれば、次のようになります。

　ある課題に基づいて、その課題を達成するためになすべき仕事のイメージを描き、全体的な、また細部にわたる構想を練って取りまとめ、提案する時、その提案内容および提案をまとめるに至る過程の作業。

企画は、ひらめきや思いつきである限り、アイディア（着想）の域を出ませんが、それが企画書となって初めて社会の認知を受ける第一歩を踏み出すのです。アイディアに基づく自分の考えがあって、そこから素材を加えることによって企画書の形ができあがるのです。

つまり、企画とは「企《たくら》みを画《えが》く」ことであり、ある狙いがあり、その狙いを実現させるために計画を練る、ということです。企画書を作る上で大事なのは、調査し情報を集めるということです。情報収集には、「人から話を聞くこと」「資料を探し集める」という二つの方法があります。情報は一般に知られていない未公開のもの、人から聞いた未知のものほど価値が高いといえましょう。

企画を立案するにあたっては、基本的なステップを踏むことによって、簡潔にまとめることができます。

企画書

『悠久なるシルクロードから平城京』

～いま、文明が問いかけるもの～

元ＮＨＫチーフアナウンサー
白鳳短期大学教授
児島建次郎

＜趣旨・コンセプト＞

シルクロードは、はるかユーラシア大陸に刻まれた通商の道である。絹や香料、人がラクダの背に揺られて行き交い、諸民族の風俗や文化、宗教がこの道を通って伝えられた。

東西の文明は、ここで融合したり衝突したりしたのであり、いうなれば、思想の道でもある。

その東の最果ての国が日本である。古都奈良の平城京や東大寺大仏は、そのモニュメントであり、正倉院宝物は、シルクロード文化が日本にまでたどりついたことを示す歴史の証人である。

紀元前3000年頃に生まれた四大文明から今日まで文明の発展は、人類を豊かにしたであろうか。20世紀は、革命と戦争と人間変革に象徴される時代であった。私たちは、近代的な政治制度を確立したものの、人々の自然への畏敬の念をうばうなど世界のパラダイムを変えてしまった。

そして、21世紀を迎えた地球文明は、宗教的情熱が民族的エネルギーと結合し、人種、言語、宗教に根ざす不寛容さが地球紛争の発端となっている。この混沌とした時代にあって、いま、人種が築きあげてきた文明を触媒にして民族の融合をめざす動きがでている。

平城京遷都1300年（2010年）を迎えるにあたって、シルクロードの東西文明を再認識するとともに、日本社会に残したシルクロードからのメッセージを考える。

＜内容・項目＞
第１章　シルクロードからのメッセージ・いま、文明が問いかけるもの
第２章　シルクロードのロマンとドラマ
　①漢王朝の成立・シルクロードの開拓者前漢武帝と張騫
　②シルクロードに散った悲劇の将軍・李陵と蘇武
　③匈奴に嫁いだ宮女・王昭君の運命は
第３章　シルクロード・仏教の壮大な足跡にみる世界遺産
　①インド・祈りと修行の岩窟寺院エローラとアジャーンター
　②インド・妻に捧げる霊廟タージマハル
　③カンボジア・神の世界を地上に表わしたアンコールワットとアンコールトム
　④タイ・山田長政も活躍したアユタヤとバンコクの仏教寺院
第４章　失われた文明
　①パキスタン・ガンダーラと仏教誕生
　②アフガニスタン・バーミヤン大仏
　③シリア・隊商都市パルミラ
第５章　熱砂のオアシス都市に展開された文明の興亡
　①流砂に埋もれた幻の王国・楼蘭
　②トルファン・玄奘三蔵も訪れた高昌国
　③クチャ・絢爛たるキジル千仏洞と亀茲国
　④ホータン・玉によって繁栄した仏教国家于闐国
　⑤カシュガル・文明の十字路疏勒国
　⑥トムシュク・前漢時代に栄えた尉頭国
第６章　千年の歴史を刻む民族の祈りの美・敦煌莫高窟
第７章　民族興亡の舞台・河西回廊をゆく
第８章　漢詩で綴るシルクロード慕情
第９章　遊牧国家・チムールの青の都サマルカンド
第10章　シルクロードの出発点・大唐の都として繁栄した長安
　①天子一皇帝の住む長安城

企画立案のプロセス

①オリエンテーション
課題の発生と設定

②情報収集と分析
調査・分析を通して課題を絞り込む

③コンセプトの立案
課題の明確化をはかり、解決への方向づけをする

④企画の構想を構築
問題解決など、アイディアを提案する

⑤企画書作成
構想に基づいてまとめる

⑥プレゼンテーション
クライアントに企画を提案する

⑦企画の実施・評価
企画を実施し評価する

（2）企画書の作成

異業種の交流会などに顔を出すと、「何かいい企画はないですかね」と尋ねられます。企画とは、『広辞苑 第四版』によれば「計画を立てること。もくろみ。」とあります。つまり、企画とはアイディアを実現していくための手順のことであり、アイディアは新しい着想や観念、よい考えのことをいいます。その企画を実現に導くための説得的資料が企画書ということになります。

企画立案者には、すぐれた発想力や構想力、魅力的な表現力、説得力といった多面性を兼ね備えた能力が求められます。それは、言葉であり文字であり話し方です。

@ 関西をテーマにしたキャッチフレーズを考え、3コマの劇画にまとめなさい

。キャッチフレーズ

「皆で楽しむ関西のお笑い」

。コンセプト・要旨

お笑芸人の聖地とも呼ばれる大阪
大阪の劇場では、芸人さんだけでなく、お客さんもがコメディアンになります
そこにいる全ての人達で笑いを作り上げ、皆で楽しむのです
大勢の人達が笑いによって心を通わせ、一体となることの素晴しさと、
人情溢れる大阪の人達の人柄を表現したくて、このテーマにしました

。3コマの劇画

①

・芸人さんが劇場で漫才をしています
・ここまでは関東と変わりません

②

・大阪のお客さん（特に中年女性）は時々
芸人さんに「ツッコミ」を入れます

③

・ツッコミを入れられた芸人さんは
たじたじですが、お客さんは大ウケ
・会場全体が笑い声で包まれます

篠木ひかり（大阪キリスト教短期大学生）

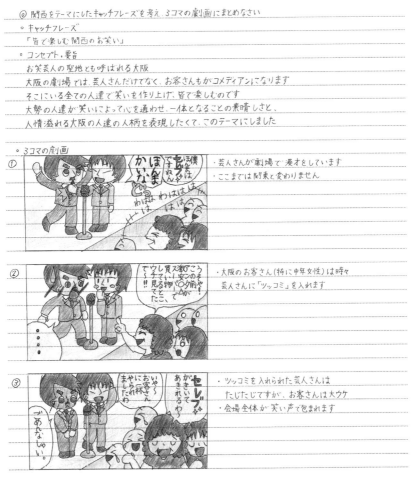

企画書では複雑な論理構成を展開させるのは好ましくありません。読み手が論理を追いかけやすく、理解しやすいのが「良い企画書」といえるのです。

具体的な企画書を紹介しましょう。『悠久なるシルクロードから平城京』の企画書（八七頁）は、二〇〇八年私が本を出版するのにあたって、出版社に提案したものです。

企画書を作成する上での構成要素としては、①タイトル、②コンセプト、③企画の目的や内容、④効果、⑤予算や日程、⑥基礎的資料、などが挙げられます。

私は大学で「プレゼンテーション論」を教えていますが、試験に「キャッチフレーズを考え、それを三コマの劇画に描きなさい」という問題を出します。

学生たちが取り上げるテーマには面白いものがたくさんあります。「大阪人、一家に一台たこ焼き器」「大阪のおばちゃん、イス取りゲーム世界一」「関西人、ねぎってなんぼ」「大阪では赤信号も青信号」など、大阪人の生活に根ざすものからモラルを問うシリアスなものまで多岐にわたります。その中でも、前頁に掲げた「皆で楽しむ関西のお笑い」は、劇画と展開の面白さがかみあった傑作の一つです。

こうした学生たちのセンスが、何らかの形で企画書となって日の目を見る日を楽しみにしています。

主要参考文献

『プレゼンテーション概論及び演習』（福永弘之著・樹林房）
『説明と説得のためのプレゼンテーション』（海保博之著・共立出版株式会社）
『プレゼンテーションの技法』（作山宗久著・ＴＢＳブリタニカ）
『プレゼンテーション』（本多聴行著・ぱる出版）

第5章　ディベートは「知」を創造する能力開発の方法論

児島建次郎

1　ルールによる話し合いの形式

私たちは情報化社会の中に生きています。情報量がふくらめばふくらむほど、知識量は増え、価値観が多様化します。そうすると、私のものの考え方は偏っていないか、私の意見は正しいのかなど、他人と比較してみたくなります。高度情報化社会の進展と共に、お互いの意見を確認したり、知識や知恵を交換しあう場が必要になってきます。

ここに、話し合うことの重要性があるのです。話し合いの場は、お茶を飲みながらくつろいだ気分の親睦を目的にしたものから、一定のルールのもとで問題を解決していく公的なものまで、目的は多種多様です。

ルールによる話し合いの形式を分類してみましょう。

日本の企業は、会議が多く非能率的であるとの指摘がありました。近年その反省から会議を減らす動きがあり、以前に比べれば少なくなってきています。

集団生活を進める上で必要なことは、個人個人の意志の調整と統合です。そこで考え出されたのが会議というコミュニケーション手段で、会議は合意形式のための一つの方法といえます。「小田原評定《ひょうじょう》」ということわざがあります。豊臣秀吉が小田原城を攻囲した時、城中で北条氏直の重臣が和戦について評定しますが、長びいて決まりませんでした。そこから生まれたことばで、「長びいてなかなか決定しない相談」を意味します。

企業が会議をひらくのには、大きく三つの目的があります。

第一は問題解決のための会議です。企業内の経営戦略や重要課題などを討議するもので、真剣にテーマと向き合わなければなりません。

第二は情報伝達のための会議です。企業内の情報を共有するために開くもので、一般的には質問はあっても討議はありません。

第三は雰囲気づくりのための会議です。新商品の販売前や、企業が何か大きなことをする前に、意識の高揚や団結をはかるために開くものです。

会議は出席者の意見を合意に導くための意志疎通手段で、民主主義社会とは、時間をかけて討議し決めることであるとする考え方もあります。

いずれにしても、会議は出席者が問題を解決するために、お互いに建設的な意見を出し合い「意見を合致させる」ことを目的にしています。会議以外の話し合いの形式をみてみましょう。

パネル・ディスカッション（Panel discussion）は、司会者の指導のもとに、決められたテーマについて数人のパネリストが発言、討論するものです。参加者はパネラーに質問することができます。この場合、パネリストの意識過剰が、論争にまで発展することがあります。

フォーラム（forum）とは、古代ローマ時代に公の集会所に使用した広場で、ローマの市民生活の中心にあり、政治や商取引などに使われていました。現在は集団公開討論の意味に用いられています。一つのテーマに対して、参加者全員が加わって討論するもので、テーブル会議を大型化したものと考えていいでしょう。正しくは、フォーラム・ディスカッションといいます。

シンポジウム（symposium）は、ギリシア時代のシンポシオン（饗宴）から生まれたことばで、「酒盛り・うたげ」という意味からして、親愛感情を意識しているのかもしれません。あるテーマを巡って、立場のちがう専門的な知識をもった複数の人が聴衆の前で意見を述べるものです。聴衆も時には討論に加わることができます。

ディベート（debate）は、ある特定のテーマに対し、肯定側と否定側の二手に分かれ、一定のルールのもとで議論するものです。イギリスやアメリカでは、論理的な思考を身につけるため学校教育の中に組み込まれています。低学年からプレゼンテーション教育を受け、ハイ・スクールから大学にかけて、学生ディベート大会に参加します。

セミナー（seminar）は、研究発表や講習会、勉強会などを指します。大学ではゼミナール（seminar）といい、指導教授のもとで数人の学生が研究発表を行い専門的知識を学びます。

名　称	内　容	特　徴
会　議	・司会者のもとで出席者全員があるテーマを討論する。 ・問題を解決するために，建設的な意見を出し合う。	・情報の収集や知識の向上，自己啓発などに役立つ。
パネル・ディスカッション	・決められたテーマについて，数人のパネリストが討論する。 ・聴衆はパネリストに質問することができる。	・テーマの内容を聴衆に理解してもらうのに役立つ。
フォーラム	・一つのテーマに対して，参加者全員が討論に参加する。 ・テーブル会議を大型化したもので，一般的な内容を討論するのによい。	・司会者のリードのよしあしで，盛り上がりが決まる。
シンポジウム	・あるテーマをめぐって，立場のちがう専門的な知識をもった複数の人が聴衆の前で意見を述べる。 ・解説的講演の雰囲気が強い。	・結論を出さなくてもよい。 ・立場のちがう専門家の話が聞けるため，全体を多角的，系統的にとらえることができる。
ディベート	・特定のテーマに対して，肯定と否定に分かれて一定のルールのもとで討論を行う。 ・学校教育の中に取り入れられている。	・肯定・否定の両面から物事を見ることによって真実を求める。 ・論理的思考力を養う。
セミナー(英) ゼミナール(独)	・司会者を中心に，研究発表や討論を行う。講習，また勉強会などをいう。	・人学では，指導教授のもとで，少人数の学生が研究発表や討論を行う。

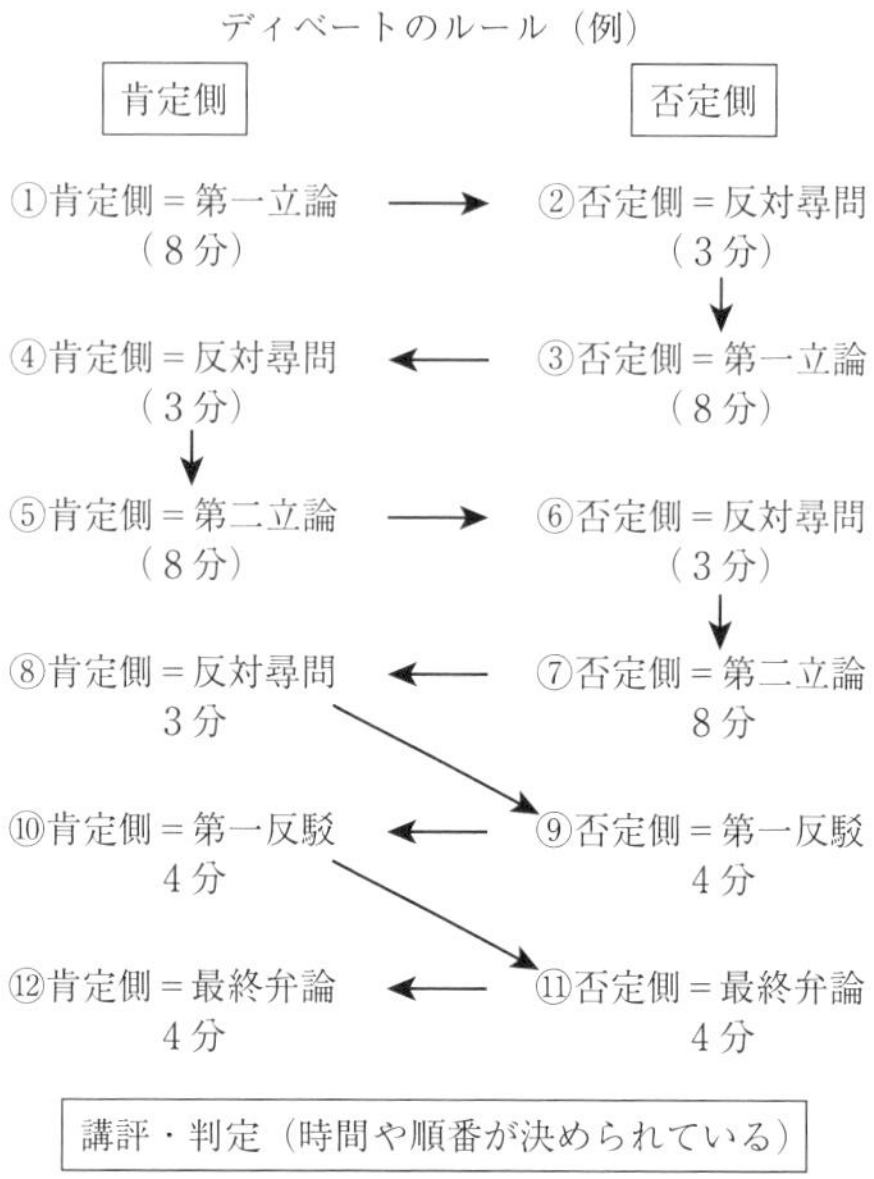

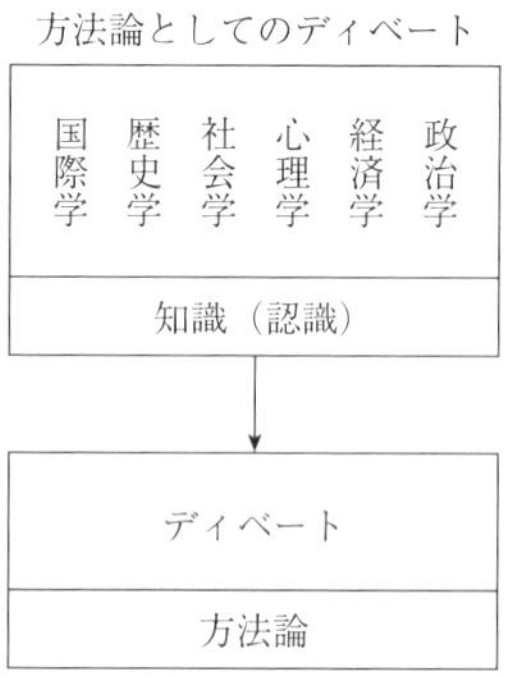

出所：北岡俊明『ディベートがうまくなる法』参照。

2 ディベートの進め方

近年、日本でもディベートが学校教育の中に取り入れられるようになり関心をあつめています。ディベートとは、議論・論争・討議を指す名詞です。

日本の社会では組織の中で議論を避ける風潮があります。議論をするということは相手をやり込めたり攻撃したり、あるいは詭弁《きべん》や強弁を弄することではありません。議論は組織の合意形成をはかり、相互理解を進める上で、きわめて重要な行為なのです。

ディベートが広がっている要因としては、これが新しい知を創造したり、能力開発の手法として役立つ事が認められたからです。

いま、議論技術の訓練としてのディベート教育熱が高まりつつあります。議論の技術を身につければ、他者とのやりとりばかりでなく、自分との対話にも役立ち、自信をもって人前で話すことができるようになります。ディベートがめざすところは、論理的に思考すること、論理的に表現する力を身につけることにあります。

では、論理的とはどんなことをいうのでしょうか。まず、理屈や道理が首尾一貫し、その上に立って議論をおしすめることです。つぎに、命題に矛盾がなく、筋が通っていて主張にぶれがないことです。さらに、科学的、数学的でータに間違いがなく普遍性をもっていること、などを挙げることができます。

ディベートには、四つの過程があります。まず、①論題に始まり②資料などを収集し、それを分析する③資料をもとに論理を組み立てる④討論会へと進みます。

ディベートは、個人であればその人の生涯に劇的な変革をもたらし、企業であればその組織を改革させるほどの影響力をもつ方法論です。

ディベートは、政治学や経済学などの知識の上に成り立っており、各分野の知識（認識）を創造したりする方法といえましょう。

ディベートは、ある論点をめぐってまったく相反する視点から問題をとらえ、分析し本質に迫るもので、あらゆる選択肢を提出することによって解決策を探っていくものです。従って、ディベートの訓練では、あるトピックのもとに、一定のルールに則って議論を進めていきます。

ディベート競技は、一定の時間配分のもとで

・ある論題について肯定側と否定側に分かれ
・第一立論、反対尋問、第二立論、反対尋問
・第一反駁、第二反駁、最終弁論を役割交替しながら行い、最後に審判団が判定するというものです。

3　議論や論争に強くなるディベートの効果

近年、議論や討論に関する本が注目されていますが、それは、日本人が議論下手である事の証左といえるでしょう。ディベートによって身につく能力を三点挙げます。

第一は、論理的に思考し、さまざまな角度から物事を検討する多角的思考力が養われることです。ディベートは論理にのっとって進められるもので、相手側の論理を検証し反駁するためには論理的に考えていかなければなりません。自分の考えを理路整然と述べ、相手の論理の矛盾を厳しく指摘できる能力、つまり、客観的論理展開能力が身につくのです。

第二は、コミュニケーション・スキルが高まることです。ディベートでは、限られた時間の中で臨機応変に対応できる表現能力と合理的で簡潔かつ明快なプレゼンテーション能力が求められます。あわせて、相手側の主張に対し、瞬時に内容を把握し論理を組み立てる傾聴能力が問われます。話の要点や議論の本質を見抜き、コミュニケーションできる力がつくられます。

第三は、客観的な分析能力と情報収集能力が養われることです。ディベートでは肯定、否定の両面から分析し、これまでの価値観をあらためて見直さなければなりません。また情報収集の段階で、重要な文献やデータを調べるうちに、情報量が膨大になります。それらの情報を整理し取捨選択する能力が必要になってきます。情報の重要度をいち早く見極め、素早く集めて活用できる力が身につきます。

ディベートには、論理的な議論をする思考能力とコミュニケーション・スキルが養われる効果があり、論理的に意見を組み立てて主張し、説得する上で役立つのです。

主要参考文献

『プロフェッショナル・プレゼンテーション』（土井哲・高橋俊介共著・東洋経済新報社）
『ディベートがうまくなる法』（北岡俊明著・ＰＨＰ研究所）
『ディベート入門講座』（西部直樹著・ぱる出版）

第6章　人生の進路を決める就職・面接を勝ち抜く

児島建次郎

1　就職試験のスタートラインへ立つあなたへ

就職ということばに、あなたはどんなイメージを抱いていますか。不安・期待・焦燥・元気・ストレスなどのことばが浮かぶかもしれません。なぜでしょう。

それは、あなたが社会という大航海に船出するスタートラインに立つだけではなく、あなたのアイデンティティ（自分が自分であることの認識）に関わる重要な要素をもっているからです。収入が多いとか余裕の時間が持てるというフリーターやアルバイト時代の選択とは異なり、就職はあなたの人生の進路を決めるだけに、この仕事は向かないのではないかとか、自分らしさを生かせないのではないかなど、あらゆる側面から検討しなければならないのです。

あなたは、いま大学生活をエンジョイしていますか。自由な時間があり、誰からも拘束されないあなたは、人生における至福の時を過しているのでしょう。でも、青春を謳歌《おうか》しているだけでいいのですか。あなたは大学生活を送りながら、社会に出たらこんな仕事をしたいなど、将来の夢を抱いているにちがいありません。

実は、一・二年生のうちから、就職に役立つ考え方をもって行動する習慣を身につけなければ、あなたの夢を実現させることはできないのです。

ある大学では、「自己発見レポート」という診断ツールを開発し、就職に役立てています。

性格は熟慮型か行動型か、外交的か内向的か、適性は営業志向か技術志向かなど、五つの項目を設定し分析します。学生は一年生の時点から、自分が興味を抱き関心をもっていることは何か、仕事に対する適性を知り、その後の大学生活を目標を持って送ってもらうことを狙いにしています。目標を持つといえば、高邁《こうまい》な理想を掲げることのように思いがちですが、そんなに難しいことではないのです。

小さな目標でも、忍耐強く継続していくことの重要性を感じます。いまから「就活力」つまり、就職活動をする上での活力アップに力を入れて下さい。その具体例を挙げてみます。

① 社会的出来事に関心を持ち、掘り下げて考える習慣を養う。少子高齢化の問題、シリア難民をめぐる問題は何故おきたのか、イギリスとEUのあり方、グローバリズムとは何か、株の変動と経済など…。

② あなたが好きなこと、ためになると思うことに積極的に取り組む。好きなことに取り組めばエネルギーが発揮できるだけではなく、あなたへの負荷《ふか》が成長へと結びつきます。また、海外旅行、資格取得などを通して自己実現力を養いましょう。

③ 多くの人との出会いを通してコミュニケーション能力を身につける。就職におけるポイントは自己表現力です。学生生活で、いろいろな人と交わり、いかなる場に立ってもコミュニケーションができる力を持って下さい。

④ あなた自身が、好きになれると思える行動をとる。学生とはいえ多くのことを経験することは大事です。その場合「うまくいった」「よかった」とあなたが感じられるような経験を積み重ねるようにしましょう。そうすれば、あなたの人間としての幅ができ、魅力ある人物へと成長していきます。

あなたは「こうありたい」という自我像を持っていますか。あなたの未来像を明確にすれば、日々の出来事に対しての見方も、おのずから違ったものになります。大学生活を一〇〇パーセント燃焼するためには、どうすればいいかを考え、実行して下さい。やがてあなたにやってくる就職活動のスタートラインに自信を持って立つためには、これからの大学生活を充実したものにして、自価《じか》（自分の価値）を高めるべく成長していかなければなりません。

2　自己分析は「自分探しの旅」です

「自己を知る」とは、あなたが何のために生きているのか、どんな望みを持っているかを知ることです。自己分析は、自分の本音を明確にすることで、新たな自分の発見につながるだけでなく、これからの人生にも重要な意味をもちます。あなたは、自分の本音を隠し、建前で就職を考えているようなことはありませんか。本当は中小企業の方が向いているのに、大企業へのブランド志向に気をとられ、自分を見失っているような例を見かけます。自問自答する中で、あなたの見栄《みえ》や雑念はは ぎ取られ、あなたの求めるあるべき姿が見えてきます。

自己分析は就職活動の第一歩となるものです。自己分析をしっかりしておかなければ、ミスマッチをおこし、入社数か月後に辞表を提出する事態におちいってしまいます。

就職はしたもののすぐやめる若者、いわゆる若年早期退職者は年々増えつづけており、いまや、三年以内に退職する若者が新入社員の三分の一を占めるほど社会問題化しています。このようなミスマッチを未然に防ぐためにも、徹底した自己分析をしなければなりません。あなたの得意、不得意は何か。あなたの人生観や仕事観、どんなライフスタイルを描いているかなどを冷徹に分析してみましょう。あなたのこれまでの人生を掘り起こし、将来どんな人生を送りたいかを考えてみて下さい。

「自分を知る」ことは、あなたの人生の進路を選択する前に、一度はしておかなければならないことです。自己分析する項目は、企業の求める人材像を頂点に、あなたの志望動機、学生生活における勉学や体験、そしてセールスポイント、高校、中学、小学校時代のことまで多岐にわたります。自分情報の掘り起こしは、就職活動における、あなたの基礎資料となるものです。

こうした自己分析シートは、繰り返し書き直すたびに鮮度がよくなり、現在のあなたを認識するのに役立ちます。自己分析の基本的テーマである四つの項目を考えてみましょう。

(1) あなたの人生観を知ろう

あなたの生きる上での源は何ですか。生活信条や価値観はあなたらしさをあらわす大事なことです。あなたはどんな

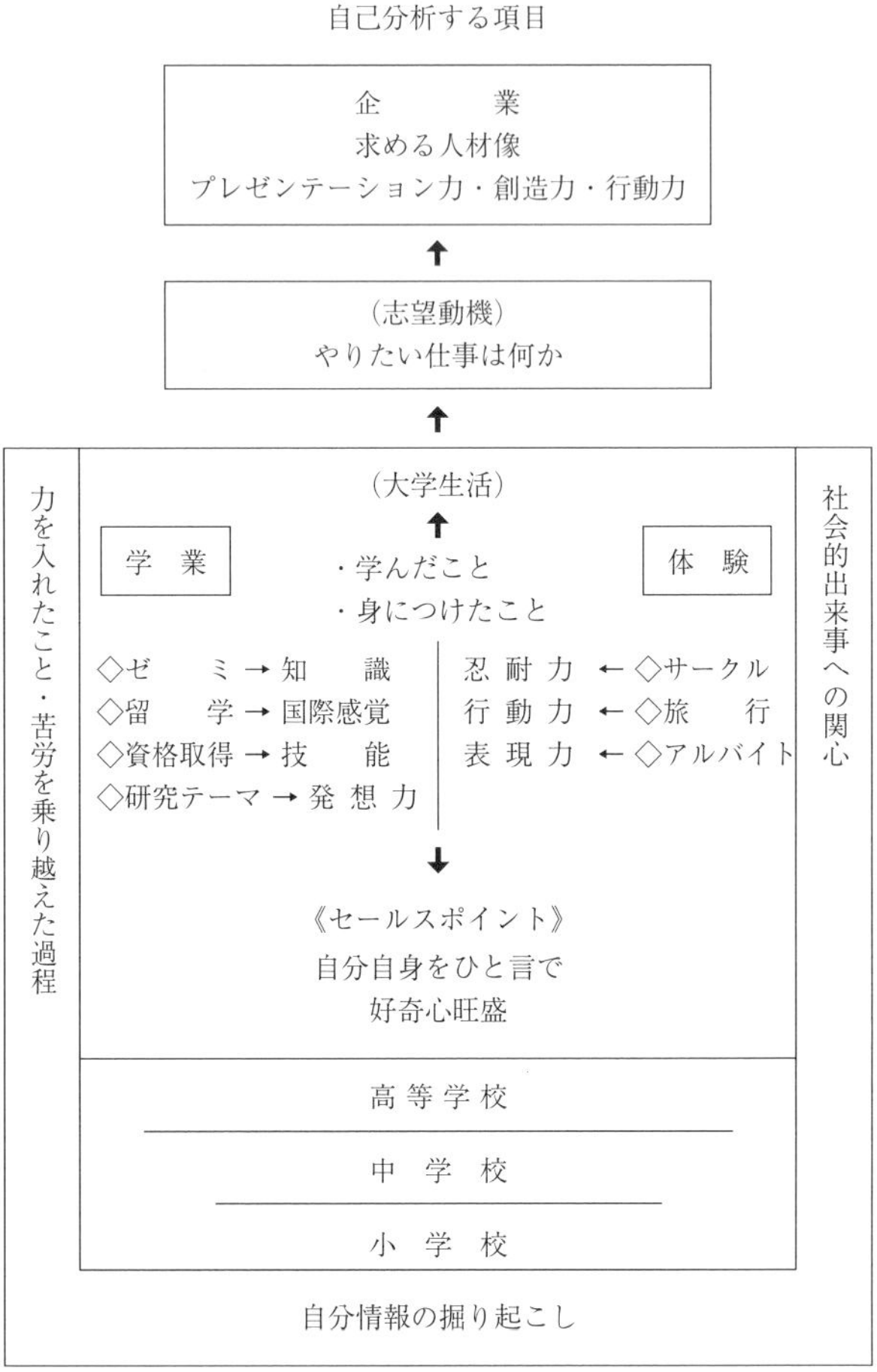

出所：『面接・心にふれる自己表現』参照。

目標をもち、何に幸せを感じて生活していますか。社会のどんなことに関心をもっていますか。平等と自由のどちらかを選ぶとすれば、あなたはどちらを選択しますか。

理想的な社会システムってあるのでしょうか。欲望と理性を調和させるためには何が必要ですか。現在の日本社会で最大の問題は何ですか。さまざまな社会事情に対して、あなたの考え方をまとめてみるのは重要なことです。

仕事に関する目標と仕事以外に関する目標に分けて両面から分析してみて下さい。そして夢・地位・名誉・豊かさ・幸福・貢献といった抽象的なことばを、あなた自身のことばで具体的に語ってみましょう。そこから見えてくるものがあるはずです。あなたは自分に問いかけ、答えをつみ重ねるうちに、あなたの理想や人生観、価値観が明確になってくるのです。

(2) あなたの歴史を知ろう

自分のことを深く理解するためには、自己形成の過程を吟味するのが早道です。小学校から大学までの自分の歴史をふりかえってみましょう。家庭環境や育った境遇、成功体験や失敗体験、恩師や友人関係、クラブ活動や受験勉強などを時系列的にふりかえってみて下さい。

現在のあなたは、これらの要因が重なりあってつくりあげられているのです。あなたを変えた大きな出来事があったかもしれません。二〇数年にわたる自分史をまとめていくうちに、各時代のあなたを特徴づけていたものは何かがわかるとともに、あなたの指向性を見ることができ、自分に合った職業を見つけ出す契機になります。

(3) あなたの性格を知ろう

あなたの「長所は」「短所は」は、面接でよく質問される項目です。性格を的確に分析することは簡単ではありません。包容力のある上司には素直になれる人が、権威主義的な上司には反発するというように、性格はその環境によってちがった形であらわれることがあります。

長所と短所には「表裏の関係」にあるものと、そうでないものがあります。例えば、「協調性がある」は、逆にみれば「主体性がない」ことになるし、「慎重である」は、「優柔不断《ゆうじゅうふだん》」ととられることになります。長所も度が過ぎると短所に変わるわけですが、あなたを深みがあり柔軟性のある人物として見てもらうためには、性格を固定的、単純にとらえないようにすることが大事です。

性格や気質を表現する対照的なことばには、次のようなものがあります。

協調的　⟶独善的	慎重　⟶軽率	楽観的　⟶悲観的
包容力　⟶幅がない	積極的　⟶消極的	温かい　⟶冷たい
個性的　⟶平凡	謙虚　⟶高慢	理性的　⟶感情的
粘り強い⟶淡白	外交的　⟶内向的	落ち着き⟶軽薄
自主的　⟶依存的	意志強靭⟶意志薄弱	開放的　⟶閉鎖的
大胆　⟶小心	熟慮型　⟶行動型	思いやり⟶自己本位

性格の分析には、主観的側面と客観的側面の両面からアプローチするとよいでしょう。あなたの基本的な性格、長所と短所を見つけ出して下さい。

(4) あなたの能力・適職を知ろう

能力にはいろいろあります。自己分析してアピールすべきポイントを確認し、企業の意図を意識して表現しなければ徒労に終わってしまいます。能力には、発想力・企画力・語学力・行動力・実行力・交渉力・判断力・独創性などが考えられます。

独創性を例に考えてみましょう。独創性とは、しっかりした基礎学力のもとで知的好奇心やつみ重ねられた教養を背景にして生まれるもので、オリジナリティのあるものを創り出す能力のことをいいます。国際競争時代に求められる人材といえましょう。

能力とともに、つかみにくいのはあなたの適職は何かということです。自分がどんな仕事に向いているかがわかれば、こんなにありがたいことはありません。私は、三〇年あまりのアナウンサー生活を経て、教壇に立つことになりましたが、私が「教える」という教育的な仕事に合っているのに気付いたのは数年前のことです。職種を分析することは、ミスマッチを防ぐ上からも大事なことです。ただ世間には数多くの職種があり、それらすべてを分析することは難しいため、職種を大きく二つに分類して研究するのがいい方法だと思います。

一つは、あらゆる企業に存在する職種の研究です。営業・総務・企画・販売・生産管理といった仕事は、ほとんどの企業にあるもので、あなたの適性とからめながら検討して下さい。

もう一つは、特殊な業界における専門職の研究です。マスコミ業界のアナウンサーや記者、旅行業界のツアーコンダクター、プログラマーなどがあります。これらの職種は特別な能力が要求されることがありますので、十分な準備が必要になります。

あなたの適職、やりたいことは何かを考えるには、二年生か三年生の夏休みに「インターンシップ」を体験するのがいいと思います。これを体験すれば、①大学生活において何を学ぶべきかをつかむ、②生き生きと働く人たちと接し、働くことに前向きになる、③企業によっては採用に直結することもある、などの効果があります。

あなたがやりたいと思う仕事とあなたができる仕事を土台にして、能力適性や性格適性を考慮し、適職と思えるものを見出していきましょう。

企業選択における視点には、企業の知名度、仕事をする環境や待遇、社会的貢献度、業績、自分との相性などが挙げられます。こうして自己分析シートとしてまとめたものは、あらゆることに活用できます。企業選択の資料としてだけでなく、エントリーシートの作成、面接試験における回答作成などに活かすことができます。

自己分析は、自分の過去を見つめ直し、整理する事です。分析は、過去を振り返るだけのようにみえますが、実は「ビジョン」という未来を見据えた作業でもあるのです。

現在の自分の魅力や人生観、得意分野を知ると、実現したい人生ビジョンや自分へのモチベーションがあがり、自分への期待がふくらんでいきます。自己分析の精度を高め、前向きな姿勢で取り組んで下さい。

3 エントリーシートで第一関門を突破しよう

エントリーシート（Entry Sheet）とは、登録するための用紙で、あなたが就職をめざす会社に「御社の採用予定員の一人になりたい」旨を意志表示するものです。

最近、エントリーシートを導入する企業が増えています。導入理由は、人海戦術的な採用活動を改め、採用コストを削減し、的確な人材を発掘することにあります。これは、企業側には学生に関する情報を比較的容易に収集することができ、学生側には自己ＰＲができるメリットがあります。

あなたが企業の採用アクションに参加するためには、エントリーシートを通して申し込まなければなりません。エントリーするのには、いろいろな方法があります。リクルートブックを見て、直接資料請求ハガキを出す方法、大学の就職課にくる求人票、あなたが個別に企業に電話するかハガキを出して連絡をとり、申し込むなどです。

いま、多くの企業が取り入れているのが、インターネットによるエントリーシートの請求です。自宅にパソコンを備えて就職活動に臨まなければなりません。

エントリーシートは、学生のくわしいプロフィールを手に入れたい企業が履歴書に代わるものとしてつくった応募用紙です。従って、エントリーシートには、パターン化されたものはなく、各企業が独自につくるもので、質問項目も業界が求める人材発掘を意識してつくられます。

ここが履歴書とは違うところで、エントリーシートは就職試験における第一関門と位置づけてよく、後に面接での基礎データとして使われるなど、きわめて重要な意味をもちます。

エントリーシートが、どの段階でどの程度評価されるのかは、企業によって異なりますが、エントリーシートを使った採用手順をみてみましょう。学生はセミナー（会社説明会）やインターネットで入手した申し込み書を作成し企業にシートを送ります。

企業はシートをもとに、大まかな選考をして絞り込みます。つまり、シートが書類選考にあたるわけです。続いて、グループディスカッションや筆記試験を行い、最終段階に個人面接を経て採用内定に至ります。

このエントリーシートを使った選考例は、企業によって多少のちがいはありますが、エントリーシートが採用に至る過程でいかに大事であるかが理解できるでしょう。

エントリーシートを使った採用手順

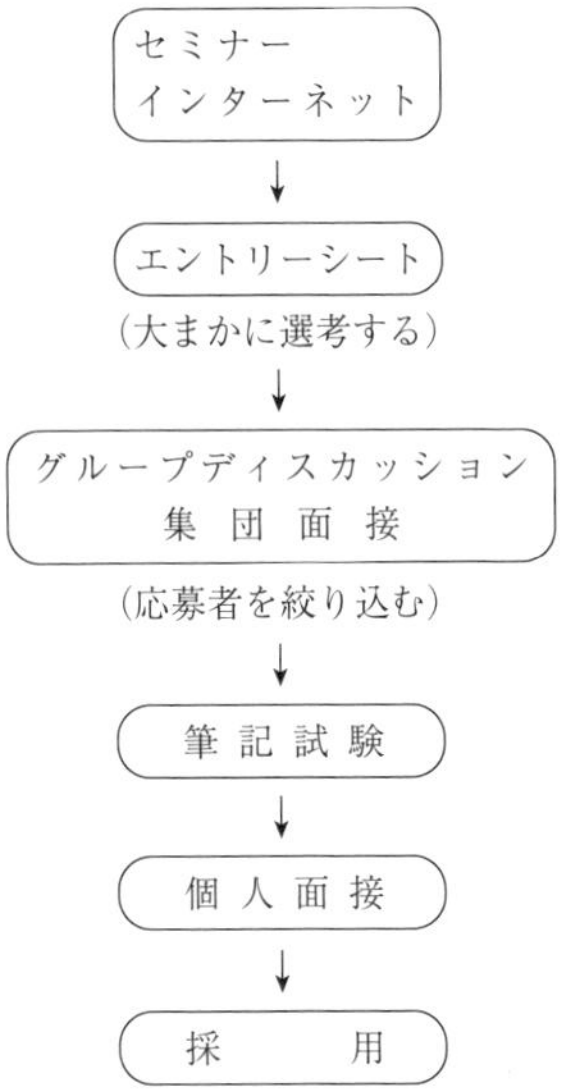

近畿日本ツーリスト・日本テレコムなど各企業のエントリーシートをみると、シートは内容的に基礎データ欄と一般記述欄に分けることができます。

基礎データ欄は、住所や学歴、卒業論文などベーシックな項目でプロフィールです。一般記述欄は、自己PR、志望動機、大学生活で得たことなど多岐にわたります。これ以外に企業が独自に質問することもありますが、これらは二〜四問程度で、記述量は一〇〇〜三〇〇字と詳しく書かなければいけません。

一般記述欄の質問は、企業または業界の特徴に応じて異なってきますが、大きく項目ごとに分けると次のようになります。

①　自己ＰＲ　自己ＰＲして下さい・あなたの得意は何ですか・あなたのセールスポイントを挙げて下さい。

②　志望動機　当社を志望した動機を書いて下さい・当社に関心をもった理由は何ですか・当社の何に魅力を感じていますか。

③　大学生活に関して　サークルやゼミで取り組んだことを詳しく教えて下さい・あなたが「これはおかしい」と感じ自分なりの工夫をすることで改善した経験を一つ、具体的に教えて下さい・学生時代に、あなたが力を入れて取り組んだことは何ですか・今までに何か活発に活動したことがあれば教えて下さい。

④　あなたの性格　あなたの強みと弱みを記入して下さい・あなたの長所と短所を書いて下さい・あなたが苦手とするタイプの人を書いて下さい・あなたの性格をどう思いますか。

⑤　仕事・職業観　今後一〇年間のあなたのキャリアプランと習得したい能力を書いて下さい・あなたの将来について書いて下さい・あなたがやりたい仕事は何ですか・あなたはこれから何にチャレンジしたいと思いますか。

⑥　あなたのこれまでの人生について　あなたの人生で最も印象に残ったシーンは何ですか・あなたにとって今までで最大のチャレンジは何ですか。

⑦　社会的関心事　最近のニュースの中で、あなたが最も関心をもっていることを書いて下さい・国際社会における日本の役割を書いて下さい。

就職活動で選考の第一歩となるのはエントリーシートです。これを作成する上での留意点を挙げます。

第一は、面接における質問を頭におき、エピソードを交えて自分の価値観を伝える。学生時代に取り組んだ事や頑張った事を通して自分がＰＲできる内容を書く。

第二は、企業研究をしっかり行って、その企業が求める人材像を把握するとともに、その企業で取り組みたい事を想像する。

第三に、誤字や脱字がないか確認し、「バイト」や「就活」といった略語は使わない。

第四は、就職活動をする学生が、主張したい事や伝えたい事が、しっかり文章の中に記されており、熱意が感じられるか推敲《すいこう》する。

多くの企業が、エントリーシートを通して行う基本的な質問は、①学生時代に体験したり頑張った事、②自己ＰＲ、③志望動機の三点にしぼられます。

エントリーシートの質問内容の傾向は、近年、大きな変化はないようですが、その一方、企業が面接を通して読み取ろうとしている学生の能力は、変化しています。

例えば、これまでは協調性を重視していた企業が多かったのですが、グローバル化が進む時代を迎えて、価値観の異なる人たちを束ねる力や周囲を巻き込んで外部に影響を与える力があるなどを見る企業が目立つようになりました。

4　面接のスタイルと目的を熟知して対策を練る

(1) 面接の主流はグループディスカッション

就職試験の中で、最も難しいのは面接ですが、企業によって面接のスタイルは様々です。それぞれの面接にはそれなりの目的があり、大きく分けて五つのスタイルがあります。

①　集団面接（複数の学生と複数の面接官）
②　一対一の個人面接
③　一対多（複数の面接官）の個人面接
④　ディベート
⑤　グループディスカッション

面接の方法は企業の採用方針や応募者の数によって異なりますが、最終段階では個人面接になります。それぞれの面接スタイルについて検討してみましょう。

① 集団面接

五人前後の学生と複数の面接官が対面形式で行うもので、第一次面接の時に実施している会社が多くあります。この場合、学生一人一人に同じ質問をして答えさせる方法があります。多人数を同じ基準で公平に評価するためです。また、学生個々に幅広くいろいろな質問をする場合があります。これは学生の個性を見抜き、会社の仕事に応じた人材を求めることがねらいです。わざと難しい質問をする場合もあります。これは学生を緊張させ、短い時間の中で適応力を見るためで、機転がきくか、失敗からの立ち直りが早いかをみるのです。

② 一対一の個人面接

二〇～三〇分にわたって、学生一人に一人の面接官が面接する方法です。中小企業などで実施しています。これはキャッチボールです。答える内容をはじめ表情や態度まで徹底的にみられます。

③ 一対多の個人面接

学生一人に対して複数の面接官が質問する方法で、最終面接などでよく実施されます。また、短期大学の学生などはこの形式が多く用いられています。

学生にとっては緊張の連続です。次々に質問が発せられ、それも内容が異なるものが続きます。頭の切りかえを素早くしないと、答えられなくなることがあります。短い時間の中での適応力や対応力が見られます。従って、あわてることなく、質問の内容をしっかり受けとめ答えなければなりません。

④ ディベート

あるテーマに対して学生を賛成四～五人、反対四～五人に分け、論じ合う形式です。ここでは、賛否両論の意見自体はまったく問題ではなく、論理性や意見の展開などをみていきます。テーマは「夫婦別姓は是か非か」「接待の功罪」

「インターネットは必要か、不必要か」といったように、賛成、反対で論じ合えるような内容のもので、その立場における論の組み立て方がポイントになります。

⑤　グループディスカッション

最近、多くの企業が採用している方法で、数人から十人単位のグループに分けて討論してもらい、数人の面接官がチェックするものです。司会はグループの中から選び、テーマは事前に決められている場合が多いのですが、学生に選ばせたりフリートークの場合もあります。

グループディスカッションの中で、あなたがイニシアティブを発揮しつつ協調性をもちながら、自分なりの視点できちっと発言しているかが見られるのです。他の学生の意見に耳をかたむけ、発言する際は的確に簡潔にまとめているか、あなたの「説明能力」が問われているのです。

複数の面接官は三〇〜六〇分の討論時間内で、学生の発言態度、発言内容、他の学生の意見をどう理解しているかなど、「集団における個性と協調性」を観察します。

面接においては、コミュニケーション能力が重視されます。この能力は、天性のものではなく、慣れる事で備わっていきます。次のような事を通して鍛えて下さい。

第一は、伝える技術を磨くようにして下さい。面接は、就職活動をするあなたの事を知ってもらう場面ですから、明瞭な声で話すとともに、自分のアピールポイントや印象に残る事をコンパクトに説明しましょう。

第二は、自分が話す内容に自信をもつ事です。志望動機や自己PRがしっかりしたものでなければ、面接官に見破られてしまいます。準備をおろそかにせず、エントリーシートをしっかり書きましょう。

第三は、聞く力を身につけ、口癖《くちぐせ》を直しましょう。面接官とのキャッチボールは真剣勝負です。会話が円滑に進むよう聞き上手になるとともに、「えー」や「あー」といった言葉はマイナスなイメージを与えてしまいますので、使わないように訓練して下さい。

（2）事例――印刷会社の採用基準は「コミュニケーション能力」

近年、これまでの採用戦略を変えて、「求める人材」を明確にする採用方針を打ち出す企業がふえています。一部上場の印刷会社では、採用基準を大幅に見直しました。これまでのように総合的に優れた人物を採用するのではなく、「コミュニケーション能力」の一点にしぼって人材を発掘することにしたのです。最大手の印刷会社では、その技術を様々な分野で応用し多角化していこうとする二十一世紀を見すえた経営戦略を立てています。コミュニケーション能力の高い社員を採用すれば、顧客とのやりとりの中でニーズを先取りし、新しい分野のビジネスを開拓できるというものです。

採用のプロセス

インターネット
↓
筆記試験
↓
グループディスカッション
↓
個人面接
↓
採用内定

コミュニケーション能力を評価する基準は、①理解・受容、②納得性、③伝達・説明、④柔軟性、⑤表情・態度、の五つの項目で、採点を四段階に分けています。具体的な採用基準を一本化することで主観を排除するねらいがあります。採用のプロセスは、インターネットによる資料請求に始まり筆記試験を経てグループディスカッションへと進みます。コミュニケーション能力はグループディスカッションで評価されます。一組五～六人のグループに分かれ、「団地の住民が親しくなるためには」をテーマに六〇分かけて討議します。あなたならどんな視点でどんな意見を展開しますか。

面接官は、学生が自分なりの視点や意見をもっているか、協調性はあるか、あるいは、学生の声のふるえや発言する時の視線まで細かく観察します。複数の面接官の採点にくいちがいはないといいます。

5　グループディスカッションを克服しよう

現在、多くの企業が、グループディスカッションを選考に導入しています。これは、エントリーシートによる書類選考や適性検査の後、採用する学生を絞り込むために行われるものです。ディスカッションのテーマは様々ですが、積極的に発言し出席者と協力して結論を導けるかなど、面接では判断しにくい価値観や能力を見るために学生を同じ基準で判断するためのもので、対人能力が問われます。

グループディスカッションで留意すべき項目は、次の通りです。

・まず、話す時は、初めに結論・理由を添える。
・自分の意見だけでなく、周りの意見に耳を傾ける。
・他人の発言に対して、質問し対話する。
・テーマがあいまいな時には、具体的に何を話すか確認する。
・自分の意見に脈絡《みゃくらく》をもつ。
・意見を出していない人に対して、発言を勧める。

近年、企業がグループディスカッションを取り入れる理由としては、他人と良好な関係を築けるかどうかを見極める事、また、大量の応募者を効率的に審査することなどにあります。

それでは、企業は何を基準に評価するのでしょうか。グループディスカッションで評価される項目は次の通りです（高嶌悠人『面接・自己ＰＲ・グループディスカッション』参照）。

・リーダーシップ
　会社でチームを引っ張り、物事の進行に貢献できるか。
・協調性

チームワークを第一に考えて、仕事が進められるか。
・コミュニケーション能力
話す力・聞く力を持っているか。
・主体性・積極性
議論に進んで参加し、考えて行動できるか。
・論理性
自分の発言に、一貫性をもっているか。

これらの力を身につけるためには、日頃から考える力を磨いておく事が大切です。そのためにやるべき事は、新聞やテレビなどのニュースや雑誌などに目を通し、「自分ならどうするか」「なぜ、このような事が起きているか」などを掘り下げて、ビビッドに日常生活を観察し、疑問をもち、自分なりの結論を得ることです。

企業によって評価の基準は異なりますが、多くの企業は、ロジカル（論理性）よりもコミュニケーション能力や協調性を重視する傾向があります。つまり、他人との関わり方を評価基準においているという事で、パネルディスカッションでは、参加している学生に対して、それなりの配慮をし、気遣える姿勢を示すのがよいでしょう。

6　面接四大テーマとは

面接を重視する企業が増えています。あなたはどのような心構えで面接に臨みますか。面接における質問も、おきまりのものから、本質を突く内容へと変わってきています。あなたは、いかなる質問にも答えられる力を養っておかなければなりません。

面接のポイントは、「あなた自身の情報」と「あなたの意見」の二つに集約されます。それをあなたのことばで的確に話すことです。今から自己表現に対するトレーニングを積んでいかなければ、自信をもって就職戦線のスタートラインに立つことはできません。

面接の質問を大別すると、四つにまとめることができます。それらを個別にみていくことにしましょう。

(1) 自己PR・セールスポイントの話し方

あなたの長所やセールスポイントをPRすることは、あなたの人生観を披瀝《ひれき》するもので、あなたが今日まで生きてきた姿勢やこれからどんな生き方をしたいかを語ることです。あなたは「企業の人事はどんな答えを求めているのだろう」など、余計なことを考えてはいけません。

「あなたの長所を一分で話して下さい」といわれたら、あなたは何を話しますか。一分間は短いようにみえますが、結構多くのことが話せるのです。この場合、長い前置きは印象を悪くします。簡単明瞭に、まず「結論を手短に」話しましょう。「自己PR・ことばのキーワード」を参考に、それを裏付けるエピソードをつけ加えれば一分経過します。

私は「根気強くこつこつ取り組むのがとりえです」といって、大学生になってから朝日新聞の「天声人語」を毎日スクラップしていますといい、その結果として、社会的出来事に関心をもつようになったと結論付ければ、まとまった話になります。

自己PRというと、責任感が強いや企画力がある、前向きに取り組むなど、いまの成果だけを話す学生がいますが、それだけでは不十分です。どうしたらそれが出来るようになったのかという努力や過程を話すことが重要です。

自己PR・ことばのキーワードを挙げてみましょう。

・責任感が強く行動力がある。
・忍耐力や粘り強さがある。

・思いやりがあり感謝する気持ちをもっている。
・リーダーシップを発揮できる。
・企画力や発想力に自信がある。
・負けず嫌いで最後までやりとげる。
・柔軟性があり客観的に判断できる。
・誠実で協調性がある。

・洞察力があり追求心をもっている。
・計画性があり向上心が強い。
・好奇心が旺盛で何事にも前向きに取り組む。
・謙虚で相手の意見をよく聞く。
・根気強くこつこつ取り組む。
・目標をかかげてやり通す努力家。

これらは、あくまで一例に過ぎません。あなたの個性を単的に表現できることばを考えて下さい。あなたが「前向き」をＰＲしたければ、あなたが目標を達成するために、どんなに深く思考し行動したかを、エピソードを交えて話せばいいのです。

あなたが努力家であれば、過去を振り返ってみましょう。あなたが目標を掲げそれを達成した時、何のために目標を設定し、どのような手段でやり遂げたかを見直せばいいのです。そこに、ひとつのことに打ち込む、あなたの努力家としての姿が浮かんできます。積み重ねることが、人生にとって大きな成果を生む証拠を示すことができるのです。体験に基づく事実で目立つようにして下さい。

自信をもつことは大事ですが、度を越す自慢話は、傲慢《ごうまん》な印象を与えマイナスです。自信の中に謙虚さがあること、内容に深みを持たせることが面接官の心をつかむことにつながるのです。自慢話や単にあなたの性格を話すのではなく、いろいろな経験から、あなたがいかに成長してきたか、それを社会生活でどう活かそうとしているかを話して下さい。

自己ＰＲのポイントは、エピソードで話せるものを一つ選ぶことです。そして実際の面接場面を想定してトレーニングをつみましょう。

(2) 志望動機を明確にしよう

企業を選択するのにあたって、「どんな企業でもいい」といったような態度では、就職活動はうまくいきません。あなたが仕事に求めるものは何か、働くとはあなたにとってどんな意味をもつか、企業の社会的貢献度、給与や仕事の内容など、多面的に検討していく必要があります。単に「有名企業である」や「給与が高く休暇が多い」といったような理由が志望動機に見えかくれするようでは、採用はおぼつきません。

面接が重要視されるのは、エントリーシートではわからないあなたの人物像を知るためです。あなたの醸し出す雰囲気、あなたが将来、どんな活躍をしてくれるかをみたいのです。

そのためにも、志望動機は「その会社へのこだわり」を述べることが大事です。ただ長々と企業の魅力を話すのではなく、あなたが入社してやりたい仕事を言うのが基本です。当然のことながら、めざす企業や業界への研究、調査、情報収集をおこたってはいけません。

志望動機についての要素を考えてみましょう。

第一は、あなたが働きたい企業や業界に対してのあなたの熱意です。企業が行っている事業展開に関心をもち、社会的貢献度が高く、経営理念や経営陣に魅力を感じていることなどをしっかり自分のものにしておきましょう。

第二は、あなたがめざす業界全体の情報収集です。その業界の将来性、なぜ将来性があるのか、あなたの個性が業界にむいているかどうかなどを調べ、十分に検討することです。

第三は、あなたが希望する企業自体の研究です。その企業はどんな商品を開発しヒットしたか、現在はどんな分野に力点をおいて事業を進めているか、そこであなたはどんな仕事をしたいのかなど、その企業のあらゆる情報を集め、あなたが親近感をもち、かつ必要な人材であることを説明できなければなりません。

志望動機にマニュアルはありません。知識よりもあなたの本気度とセンスや発想の新しさ、問題意識の鋭さを面接官に吐露《とろ》して下さい。

企業は「志望動機」に関してどんな質問をするのか、いくつかの例を挙げてみます。

・強い企業とは、どんな企業だと考えますか。
・当社でやってみたい仕事について話して下さい。
・当社を志望する理由を話して下さい。
・企業選びの基準はありますか。
・一〇年後、あなたは何をしていると思いますか。
・企業選びの軸は何ですか。
・〇〇職で生かせるあなたの強みは何ですか。
・社会人として活躍するために必要な資格は何であると思いますか。
・あなたのセールスポイントと、弊社でそれをどのように活かせるかを説明して下さい。
・どんな会社に魅力を感じますか。
・就職活動をするにあたって、企業を選択する基準は何ですか。
・当社に関心をもった理由と、入社後どのような仕事に取り組みたいですか。
・当社の将来に何を望みますか。

志望動機を採用決定の基準にしている企業があります。なぜかといえば、自己ＰＲは学生それぞれの内容があるため、それをもって比較するのは難しいところがあります。

ところが、志望動機は、すべての学生が企業の同じ情報をもとにしているため、学生の能力と熱意が比較できます。

つまり、ある情報をいかに読み解き分析するか、情報からみえてくる洞察力、情報から相手の立場に立って考える力などをみることができるのです。

企業情報をしっかり集め、分析して、あなたらしい志望動機を話して下さい。

(3) あなたの成長過程を掘りおこす大学生活

あなたの大学生活は、どんなものでしたか。授業やサークル活動、友人、アルバイト、ゼミ旅行など、それぞれ充実したものだったにちがいありません。あなたは何を考え、どう過ごしてきましたか。

企業が「大学生活をどう過ごしたか」という質問をするのは、あなたにとって大学生活とは何だったのかを聞いているのです。別の言い方をすれば、「あなたの大学生活にタイトルをつけて下さい」ということです。三年間余りのあなたの大学生活についてタイトルを考えてみて下さい。

あなたは大学生活で「自分のテーマ」を持って過ごしてきましたか。どんなことに関心をもってきましたか。振返ってみましょう。あなたの大学生活で楽しかったこと、力を入れたこと、つらかったことなどは、企業にとって知りたい情報の一つです。

「特に打ち込んだものは」については、単に何をやったかよりも、どんな役割を演じ、あなたが経験したことから得たものは何かを話さなければなりません。そして打ち込んで得た果実の喜びを積極的に話しましょう。あなたの前向きな生き方や素直な性格をわかってもらうことが大事です。

「何かつらいことがあり、それをどう克服したか」という質問は多くの企業が用意しています。そこで、「すべてが順調にいき、つらい経験はありません」の回答は、得策ではありません。つらい体験、苦労したことは個人によって差があります。しっかり自己分析し、体験をあなたの中で消化しておかなければなりません。「つらかったこと」「それをいかに乗り越えたか」の二つの要素を、具体的に話すことで、あなたがいかなる大学生活を送ったかの姿勢を示すことができるのです。

ポイントは、大学生活の感想ではなく、大学での経験、取り組む姿勢、成長という過程を把握することです。抽象的な話は印象に残りません。具体的なエピソードと、そこから学んだことを簡潔に話せるようにまとめておきましょう。

大学生活に関しての質問で面接官が重視するのは、あなたがどんな学生生活を送り、体験から何を得たかを知ることです。いくつかの例を挙げてみます。

・あなたは友達からどう評価されていますか。
・クラブ活動を通して何を学びましたか。
・大学生活で何か目標を設定し、それを達成した経験がありますか。
・クラブ活動で一番つらかった出来事を話して下さい。
・学生生活で特に打ち込んだものは何ですか。
・自分を五文字であらわして下さい。
・アルバイト先での人間関係で最も大切なことは何ですか。
・あなたが一番苦労して手に入れたものは何ですか。
・あなたが一番楽しいときは何をしているときですか。
・現在の研究テーマとその概要を述べて下さい。
・最近読んだ本の中で、印象に残ったものはありますか。
・いままでで、一番感動した事は何ですか。
・学生生活にどんな苦労をし、それをどう乗りこえましたか。
・自信をもっているあなたの強みを話して下さい。
・困難に遭遇したとき、どう対処しますか。

（4）時事問題への取り組み

あなたは社会的出来事にどの程度関心をもっていますか。

時事問題に関して何も話せないようでは、社会人になることへの不安を企業に与えてしまいます。あなたは、遅くとも三年生になったら、テレビや新聞、インターネットなどで毎日のニュースを知っていかなければなりません。ビッグニュースから小さなニュースまでいろいろありますが、ビッグニュースについては、そのニュースの本質を、小ニュースについては関心をもったことを、知識として身につけていきましょう。

政治や宗教など個人の思想や信条にかかわるテーマについては、当り障りのない範囲で話せる程度のことを知っていればいいと思います。むしろ、経済や社会の動きが取り上げられることが多いので、継続して知識を積み重ねていって下さい。

ニュースに対しては、あなたの感想で終わるのではなく、意見をもつことが大事です。ビッグニュースは分析する能力を、身近な話題は、あなたの体験から大きな問題を含んでいるような内容を選ぶのがよいでしょう。

時事問題に関しての質問をいくつか挙げてみます。

・最近のニュースで印象に残っていることを話して下さい。
・中国はこれから発展していくと思いますか。
・グローバリズムについてどう思いますか。
・最近気になる社会現象は何ですか。
・温暖化についてあなたの考えを話して下さい。
・少子高齢化社会についてどう考えますか。
・イギリスのＥＵ離脱をどう思いますか。

・貧困について、あなたの考えを聞かせて下さい。
・待機児童を解決するためにはどうすればよいと思いますか。

就職は企業とあなたのお見合いです。双方が気に入り結ばれてこそ、長続きするのです。企業は打たれ強く、今までの社員が持っていない想像力がありエネルギッシュなタイプの人材を求める傾向がみられます。企業が採用するにあたって検討することは、どのような人材をどのくらい採用するかということです。

あなたが面接に臨む上で押さえておかなければならないことは、めざす企業がどのような人材を求めているのかをつかむことです。

面接で、こんな例があるといいます。自己PRで一字一句間違えないように丸暗記したことを言おうとして、途中で突っかえると、「もう一度やり直しさせて下さい」と初めからやり直す学生がいたそうです。これでは、採用はおぼつきません。丸暗記する必要はなく、要点を整理し頭の中の引き出しに入れておいて小出しにしながら話を進めればいいのです。

面接官の質問に対しての答え方も重要です。質問に答えるスピード、内容の確かさから、その学生の論理的思考能力が判断されます。質問に考え込んでしまうようでは印象を悪くしますが、熟慮タイプの学生もいます。

最近の学生は、マニュアル頼みや情報に踊らされすぎる傾向があります。マニュアル本はあなたの個性を発見する上での資料の一つとして使う分にはいいのですが、それにとらわれていては、あなたらしさを表現することはできません。自分のことばで話せない。受け売りのことばを並べる。セールスポイントを原稿を読むように丸暗記して話す。これらから脱し、あなたの「光るもの」を伝えなければ、採用にこぎつけることはできません。

企業によって面接の評価基準は異なりますが、おおむね、①態度・外見、②表現力・論理性、③積極性、④協調性、⑤個性、の五つの項目に分けて評価する企業が多いと思われます。

評価は、Ⓐ優れている、Ⓑやや優れている、Ⓒやや劣っている、Ⓓ劣っている、の四段階です。「普通」という評価を入れてないのは、あいまいさや甘さを排除し、徹底的に厳しく評価することで、人物像を見極めようとするねらいがあります。

二〇一七年度に大学を卒業し、就職を希望した人の就職率は、二〇一八年四月時点で九八パーセントで、統計を取り組み始めた一九九七年の春以降で、過去最高を更新しました。これは、厚生労働省と文部科学省の発表によるもので、厚生労働省では、「景気が回復基調にある事や企業の採用意欲が改善した事で、学生の希望にあう機会が増えた。」ことによるものと分析しています。

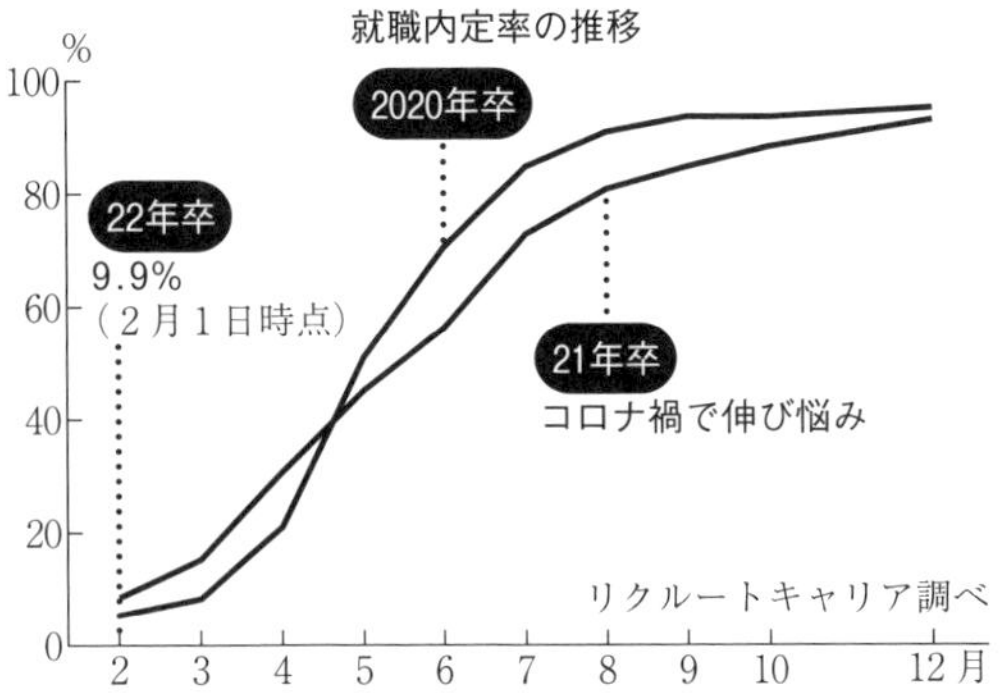

出所：「讀賣新聞」2021年3月2日付。

二〇二〇年春に卒業した大学生の就職率は九八パーセントで、二〇一八年卒業と並んで過去最高でした。一方、新型コロナウイルスの影響で高校生・大学生の内定を取り消した企業は四〇社以上にのぼり「生活関連サービス業」や「娯楽業」に多く見られました。

二〇二一年春に卒業した大学生の就職率はこれまで最高だった前年より二パーセント低下し、九六パーセントでした。これはリーマン・ショックの影響を受けた二〇一〇年に次ぐ過去二番目の下げ幅となりました。

二〇二〇年から蔓延している新型コロナウイルスの影響で、産業界の採用計画の遅れや変更などが低下した理由と考えられます。また志望業界を変更したり内定取り消しを受けた例もみられます。

数年前までは「売り手市場」で人手不足などもあって就職率は高い水準を維持していましたが、厳しい状況が生まれ、文部科学省では「未就職のまま卒業した学生だけでなく、希望する企業に就職できない学生にも寄り添って支援していき

2022年卒業予定大学生の
就職活動の日程

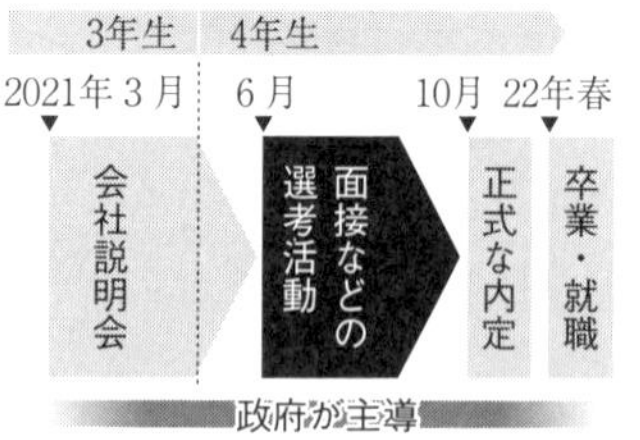

出所：「奈良新聞」2021年５月26日付。

たい」とコメントしています。

二〇二二年卒業予定の大学生らに対する就職活動の面接などの選考が、政府主導による日程ルールに従って六月一日に解禁されました。二〇二〇年から世界を席捲している新型コロナウイルスの影響で、これまでの「売り手市場」の状況は薄らいだものの、人手不足に備えたいという産業界における採用意欲は強いものがあります。

就職活動の動向は早まる傾向があり、デジタルに強い学生が注目され、人材を巡る競争は激しくなっています。

就職活動日程は示されているものの、企業による選考は解禁前に早くも活況をみせており、マイナビの調査によると、面接のピーク時を三月から五月と答えた企業は七〇パーセントを超え、多くの企業がオンラインで対応していて、デジタル分野に強い学生が注目され人材をめぐる競争は特に激しいと分析しています（「奈良新聞」二〇二一年五月二六日付参照）。文部科学省は二〇二一年五月、コロナ禍の学生生活に関する調査結果を公表しました。それによりますと六〇パーセントの大学生が二〇二〇年度後期の授業について「ほとんどオンラインだった」と回答しており、そのうちの半数以上の学生がオンライン授業に満足しているとしています。

ただ、オンライン授業が中心となったキャンパス生活に不安を抱える学生も多く、「友人を思うようにつくれない」「友人との交流がない」などの面で悩んでいる学生が目立っています。

二〇二二年春入社の就職活動について変化が起きています。コロナ禍の影響を受けて大学での授業も就職活動もオンラインが取り入れられ対面の機会が制限されて、学生たちは不安を抱きながら内定を目指しています。

ある企業は筆記試験の通過者にエントリーシートとともに一〜二分の動画を求めたところもあります。将来はＡＩで動画を評価することを検討しているといいます。

第7章　変わりゆく就職戦線への取り組み

児島建次郎

1　景気回復に伴い就職活動に光さす

ここ数年、学生の就職戦線に明るさが戻っています。リーマン・ショックによる景気の落ち込みで、企業は大学新卒の採用を絞り込んでいましたが、株高による景気回復や東日本大震災の復興需要が重なり、幅広い業種で人手不足がおきています。就職戦線は「雪解け」にむかっているといえます。

二〇一四年三月に卒業した大学生の就職率は、九四・三パーセントで、過去最低だった二〇一一年ののち、三年連続で改善しました。

就職率とは、卒業生のうち就職希望者数に対する就職者数の割合を示すもので、過去最高だった二〇〇八年の九六・九パーセントの水準には及んでいません。

二〇一六年の動向をみてみましょう。文部科学省が二〇一六年一月二〇日に発表した二〇一五年の就職内定率は、八〇・四パーセントと五年連続の上昇で、リーマン・ショックの影響前の二〇〇八年同期と同じ水準に戻り、卒業時の内定率は九六・七パーセントになりました。しばらく「就職氷河期」が続いていただけに、企業の採用意欲の高まりは歓迎すべき事です。

ただ、中長期的な戦略に伴う新卒者の採用増加については、まだ慎重な傾向が見える点は気がかりです。

一方、せっかく就職しても三〇パーセントほどの新卒者が三年以内に離職している状況は憂慮《ゆうりょ》すべき事です。

二〇一五年採用（一六年春入社）では、就職活動における日程の共通ルールを変更して説明会の解禁を三月、面接の解禁を八月へと後ろ倒ししました。これに対して、学生や企業から活動が長期化するなどの不満が高まり、二年連続で採用指針を変更しました。

そして、二〇一六年採用（一七年の春入社）では、会社説明会などの広報活動は三月、面接解禁は六月に前倒しして期間を二カ月短縮しました。

これは、あくまでも紳士協定に過ぎないため、経団連に加盟していない企業は、解禁日に拘束される事なく、早く内定を出す企業がみられ、「売り手市場」となって企業は、優秀な学生の囲い込みに走ったようです。

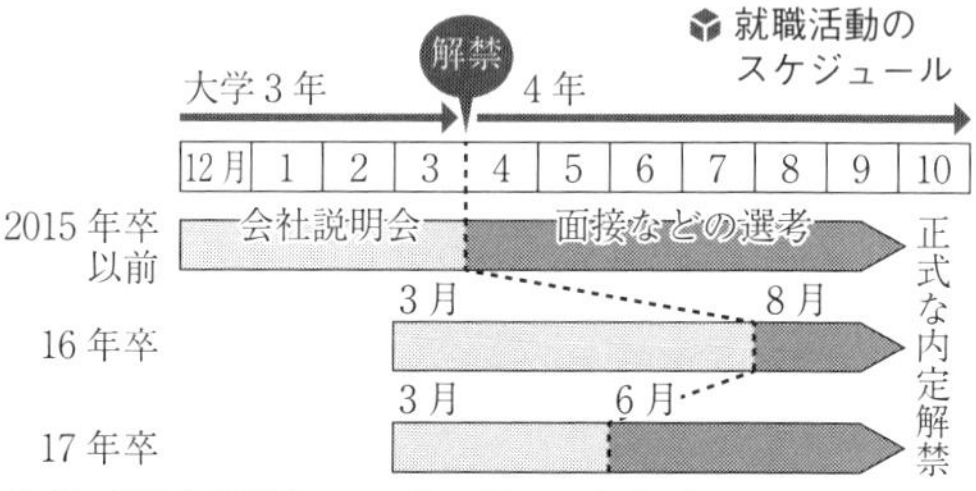

出所：「読売新聞」 2016年６月２日付朝刊。

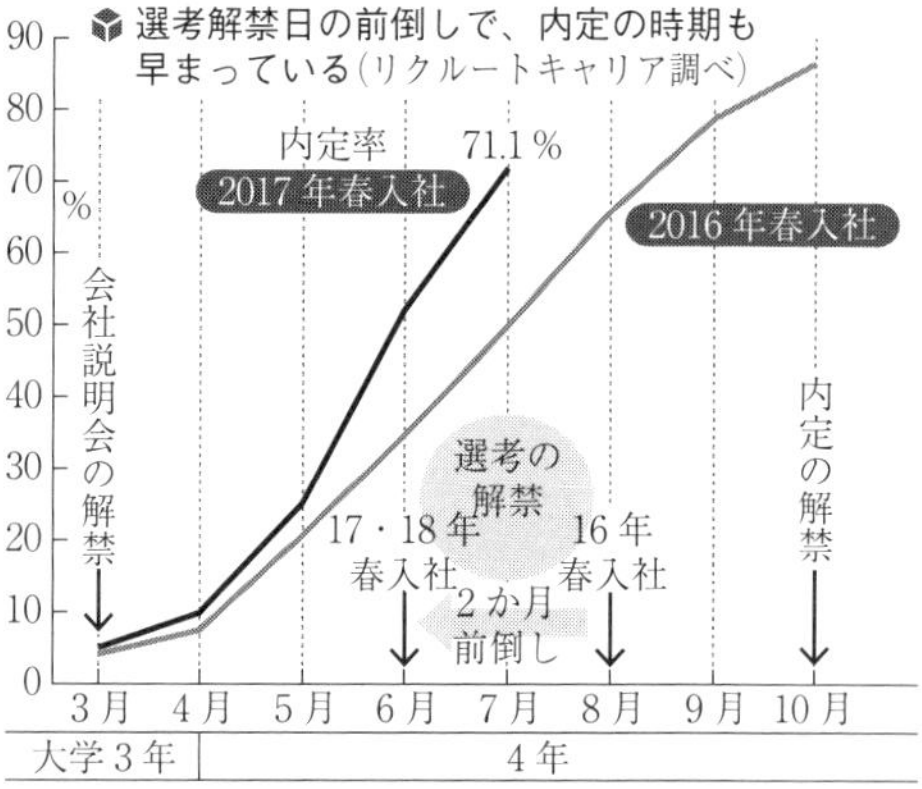

出所：「読売新聞」 2016年８月11日付朝刊。

二〇一七年春入社の内定率は、二〇一六年一二月一日現在で八五パーセントになっています。これは、調査を始めた一九九六年以降で最高だった一九九七年度の八四・八パーセントを上回る過去最高の水準です。文科省の担当者は「好景気で採用に積極的な企業が増え、売り手市場になった」ためとみています。選考解禁日が二カ月短かくなった事について、大手企業の人事担当者は、

十分に企業や業界を知らずに受けに来る学生が増えた

と話しています。

一方、学生側には焦りもみられます。多くの企業が六月の第一週に選考を集中させるため重なってしまい、希望企業を受ける事ができない状況が生まれました。このため、企業は会社説明会を土曜日や日曜日に設定したり、セミナーの内容に工夫を凝らしたりしています。

意中の企業から内定を得て就職活動を終えた学生がいる一方、内定がもらえず、志望する業界や職種の見直しを迫られる学生もいます。

まだ、内定が出ていない学生や内定先に満足していない学生は、納得がいくまで活動を続けるのがいいでしょう。ただ、内定を得ていない学生は、就職に対してモチュベーションを維持していかなければなりません。

そして、志望業界に関連する会社や中小企業などにも目を向け、興味が持てる企業はないか、調べてみて下さい。さらに、これまでの就職活動を振り返って自己分析をやり直したり、面接の時の質問を思い出し、対策を立て直しましょう。就職活動に正解はありません。納得いくまでチャレンジして下さい。

2　就職活動の日程は「正解のない難問」を解くパズルか

ここ数年の採用活動の変更は、就職をめざす学生を悩ませています。就職情報会社が行った調査によりますと、望ましい会社説明会の解禁時期として、「三年生の一二月以前」を挙げた学生が、五〇・二パーセントに上っています。

一方、大学側は三年生のうちから就職活動をする事に対して慎重です。二〇一六年は政府の要請を受けて「一二月―四月」の日程が変更されただけに、今後の見直しについては不透明といえましょう。

当面、経団連では、二〇一七年（入社は一八年春）の就職活動について「三月説明会解禁」「六月選考解禁」と前年を踏襲《とうしゅう》する事を決定し、学生や企業の混乱を避けるため三年連続の変更は見送りました。

選考開始を六月一日に前倒しした事については、今のところ概《おおむ》ね好評です。ただ、企業が内定を出すかわりに、他社への就職活動をやめるよう学生に迫る「オワハラ」の問題が表面化しています。

二〇一六年八月二九日の関西テレビ「就職制度に怒る学生達・会社側が悪いのか？　学生が甘いのか？」という番組で生激論が交わされました。

学生側からは、「オワハラ」や採用案内と内定条件が異なる問題が提起され、企業側からは、内定を出しても辞退する学生が多かったり、学生が連絡してこないといった嘆きの声が聞かれました。

二〇一六年は、面接解禁前に水面下で面接を行う企業があって、解禁前に五〇パーセントの学生に内々定を出したり、三年生の時点で内定を出すところもあって、就職活動の日程の共通ルールは形骸《けいがい》化が進んでいます。

経団連が加盟企業を対象に行った調査でも、就職活動の日程が「あまり守られていない」「ほとんど守られていない」と答えた企業が八七・五パーセントに上っています。

経団連加盟の企業の中には、現在のような日程では、非加盟の外資やＩＴ系企業が早期に採用活動を開始し、優秀な学生を囲い込んでしまうという危機感を抱くところもあります。

このため、大手企業を中心に以前の「会社説明会は一二月、面接などの選考は四月」に前倒しするよう求める声があがっています（「読売新聞」二〇一六年九月一三日付参照）。

もう一度、ここ数年の就職活動の日程を振りかえってみましょう。経団連は、二〇一五年採用（一六年春の入社）で「学業優先」を理由に二〇一四年の「一二月―翌年四月」の日程から「三月―八月」に大きく変えました。八月の採用解禁は、学生にとっては猛暑の中でリクルートスーツを着なければならず、中小企業からは人材が確保できないという不満が噴出し、二〇一六年は解禁を二カ月前倒しせざるを得ませんでした。経団連加盟の企業のうち七〇パーセントが、八月に比べて六月解禁の方がよいとしています。

ただ、経団連は、現在の日程には課題が多いとして、二〇一九年春入社組以降については変更を視野に入れているとしています。就職活動の日程は、学生、企業、大学の三者の思惑が絡んで「正解のない難問」を解くパズルのようなものかもしれません。

いずれにしても、毎年変更する事のない日程の固定化は、学生側からすれば計画的に就職活動に取り組めるメリットがあります。経団連には、学生の勉学における事情を充分に考慮して日程を決める事を切望します。

3　インターンシップで実際の仕事に触れよう

最近の就職活動では、二～三年生を対象にしたインターンシップ（就業体験）が取り入れられています。

二〇一六年の動向をみますと、六月頃から各企業がインターンシップの実施内容を説明するイベントを開き、八月頃から本格化しました。

リクルートキャリアの調査では、学生の参加率は、三九・九パーセント、インターンシップを実施した企業は、六

参加期間によるインターンシップ

参加期間	主な内容	特徴
一日～二日	会社説明 社内見学	企業は自社をＰＲし、多くの学生と接触。学生は短期間のため参加しやすい。
一週間～一カ月	グループ作業、補助事務などを体験する	学生は、職場の中で実際の仕事などに接する。そして、企業や業界の実体を見て、就職活動への目安をつける。
数カ月以上	企業で働く人たちの業務と同じ実務を体験	実務を体験することによって、企業への理解を深める。企業によっては、学生の意見を製品開発に生かす場合もある。

出所：「読売新聞」2016年５月31日付朝刊を参考に作成。

一・一パーセントに上りました。実施日数は、「一日」が三五・二パーセント、「一週間～二週間」が二三パーセントでした。

大学側も、インターンシップを充実させるところが増えており、二カ月に及ぶ有給型を新設したり海外に飛び出す仕組みをつくるなどして、ミスマッチの防止に務めています。

日本学生支援機構が全国の大学を調査したところによりますと、大学七一八校（九〇パーセント）が、インターンシップを実施したと回答しています。学生は、およそ五人に一人が参加しており、授業科目として単位認定している大学もあります。

アメリカでは、大学が目標達成などの就業プログラムを策定し、実習期間中は、給与を受け取り、実習後は、発表会を開くなどして単位を認定しています。

ただ、インターンシップと採用活動は別です。経済産業省などは、二〇一四年にインターンシップに関する指針を見直し、取得した学生情報は採用活動に原則使用できないと明示しました。実質的な採用活動になる事を懸念したためです。

一方、インターンシップを採用に結びつける動きも出ています。人材不足に悩む中小企業では、早く学生を確保したいとしてこれを活用していますし、外資系企業ではインターンシップを実質的な採用活動の場にしています。このため、政府では規制改革実施計画で、この問題を議論することを決めました。

学生が様々な業界を知り、自分に足りない点を実感する事は重要です。目的を明確にして積極的にインターンシップに参加しましょう。

大学によっては、一～三年生を対象に、将来の進路を考える講座を新設したり、働くのに必要な能力をみるテストを実施するところもあります。

テストは、大手予備校の河合塾が開発した「ＰＲＯＧ《プログ》テスト」などを使います。これは、設問に答えていくという方法で、段階に応じて知識や課題発見力、計画立案力などが判定され、自分の強みや弱みが把握できるものです。

大学のキャリアセンターなどが、このようなテストの取り組みを行う背景には、就職活動が始まる時期を迎えても、将来の自分の進路を真剣に考えたりせず、出遅れる学生が後を絶たないという事情があるからでしょう。

学生の就職活動の期間が短かくなりますと、企業研究が十分できない状況が生まれます。雇用のミスマッチが起きないよう、就職をめざす学生は、早くから準備をして就職戦線に臨むようにして下さい。

4　産業界が求める人物像とコミュニケーション能力

(1)　コミュニケーション能力を重視する面接

経団連による二〇一〇年三月卒業の新卒採用に関するアンケートの選考時に重視する要素を見ますと、「コミュニケーション能力」が八一・六％と断然高く一位を占めています。

調査を開始した二〇〇一年は、五〇・三%だった事からみますと、一・六倍上昇しており、企業がいかに「コミュニケーション能力」を重視しているかがうかがえます。

その他には、「主体性」「協調性」「チャレンジ精神」「誠実性」「責任感」の順に、重視する要素を挙げています。

また、毎日新聞社が二〇一二年三月に実施した主要企業一〇〇社の採用調査でも同じ傾向がみられます。採用にあたって重視する点を複数で選んでもらったところ、「行動力」の七五社についで「コミュニケーション能力」が六八社とつづき、「会社への熱意」が三五社となっています。

二〇一〇年一一月二九日号の『AERA』に、就職活動コミュニケーションの要諦《ようてい》として

① 傾聴力を鍛えよ

選考時に重視する要素（日本経団連による調査）

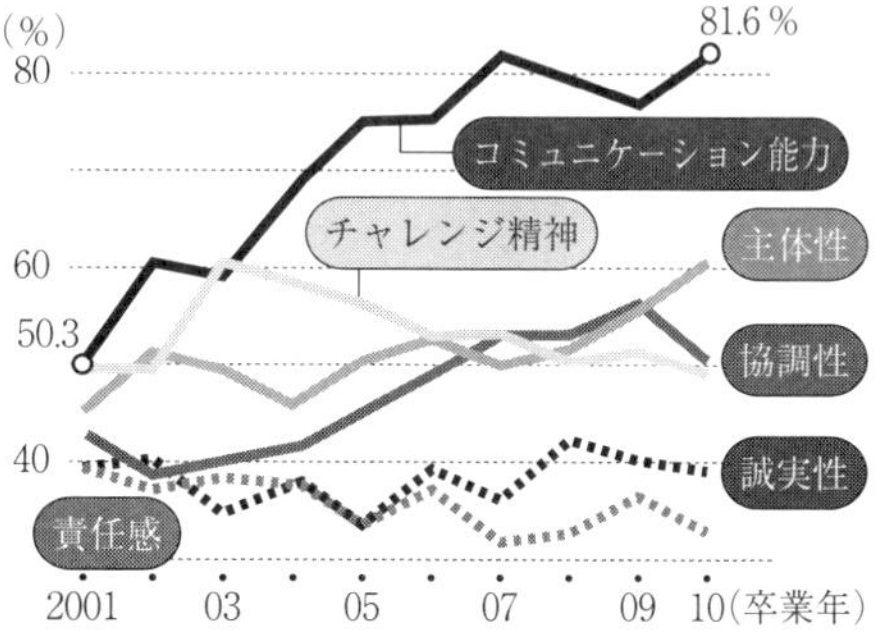

出所：『AERA』 2010年11月29日号。

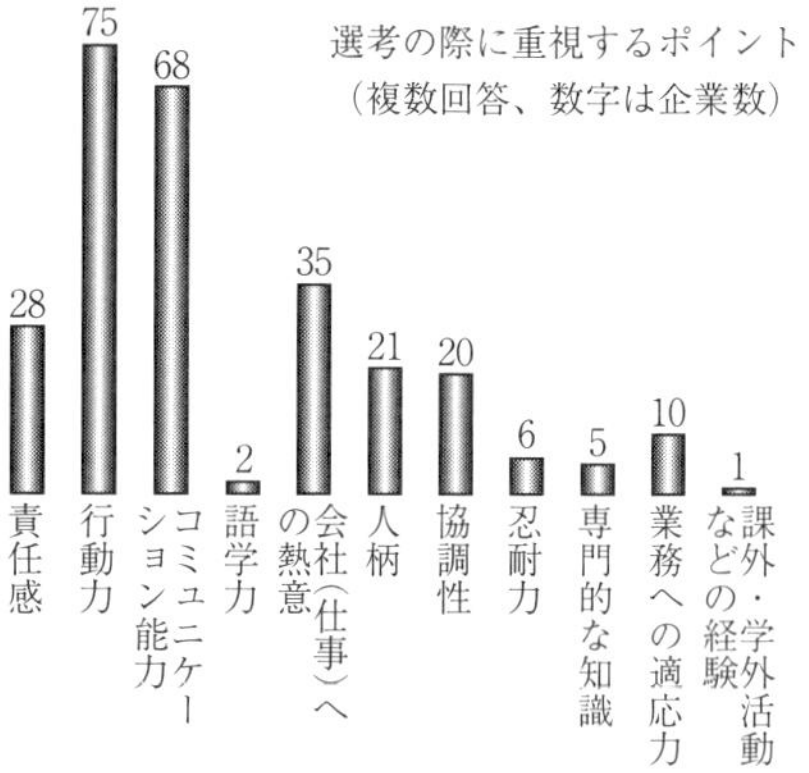

出所：「毎日新聞」 2012年3月18日付朝刊。

② 相手（企業）の土俵を学べ
③ 目配り、気配り、心を飛ばせ
④ 常に質問を用意せよ
⑤ 会話でキャッチボールせよ

の五つを挙げています。

自分の気持を相手にきちんと伝え、相手が言いたいことを理解できる力は、一朝一夕に育つものではありません。社会経験の少ない学生たちが、これらを身につけるのは並大抵のことではないでしょう。

そのような意味からも、学生時代に「自分のテーマ」を持ち、その蓄積を通して「自分のブランド力」を養い、コミュニケーション能力を高めるトレーニングを積んでいく事が、厳しい就職戦線に勝利する道だと思います。

(2) 内定がとれる人、とれない人

経団連教育問題委員会企画部会長を務めた宇佐美聡氏は、産業界が学生に求める人物像について、次の三つの「力」の必要性を説いています。

第一は「志と心」、別の言い方をすれば、倫理観と責任感ということです。社会の一員としての規範を整え、物事に使命感を持って取り組むことができる力です。

第二は実行力やコミュニケーション能力を含めた「行動力」です。情報を集めて調整し目標を達成できる力です。

第三は「知力」。基礎学力に加え独創性をもち物事を考え抜く力です。

経団連が毎年行っている新卒者採用に関するアンケート調査によりますと、企業が新卒採用時に最も重視する要素のベスト5は次の通りです。

①　コミュニケーション能力
②　主体性
③　協調性
④　チャレンジ精神
⑤　誠実性

この結果から、企業の人事戦略が見えてきます。新卒者は、その企業のコアになる人材として、また、企業の社風などを担う存在として嘱望《しょくぼう》されています。働くといってもアルバイトの経験しかない学生を企業が選考するにあたって重視する点は、学生の「潜在能力＝可能性」、そしてコミュニケーション能力です。

企業の仕事が多様化している中で、他社との協働において成しうる仕事が増えていることが、近年の採用基準に影響を与えていることは間違いないでしょう。

会話のキャッチボールを通して、飾らない学生の本音を聞きたいとする企業に対し、学生はどうでしょうか。学生は、覚えてきた自己ＰＲをひたすら話すのみで、こちらが興味を持ったところでも突っ込ませてくれない。話し終ると学生は満足げな表情をするといいます。人事担当者の話から、マニュアルに頼った学生の姿が浮かび上ってきます。

人生経験の少ない学生に、飾らない自分を出しなさいといっても、素顔の自分を日常的でない面接の場で出すことは至難の技といえましょう。マニュアルに頼る気持ちも分からないではありません。ただ、その呪縛《じゅばく》から自分を解き放つ力があるかないかが内定がとれるかどうかの分れ目になるといえます。

私は、旅行会社の面接を担当したことがありますが、自分の言葉で話をする学生が少ないのに驚きました。体験にもとづくリアルな話は、あなたしかできない説得力のある話です。ところがマニュアルに頼ったストーリーで話をする学生に、より突っ込んだ質問をすると、しどろもどろになったり、口をつぐんでキャッチボールができなくなる場面に遭遇します。

丸暗記した情報を棒読《ぼうよみ》したり、目を合わさずに記憶をたどるように視線が右上を向いたまま話をするのは好ましい態度とはいえません。いくら化粧を厚くして、笑顔とかで取り繕おうとしても、熟達した面接官は、あなたを丸裸にしてしまいます。あなたは自分の「素」を知っておかないと、身動きができない状態になります。

最近の学生気質《かたぎ》について、学生と接していて気づくことがあります。それは失敗から何かを学びとり、へこたれない力を持って何かにチャレンジする精神に欠けていることです。傷つくことを避ける、壁に向かわないで逃げる学生が目立ちます。

面接に勝つためには、会話力を磨くことです。面接における会話のポイントは、いくつかの質問項目に対する答えを、「なぜ」「どうして」を繰り返しながら掘り下げていくことにあります。

面接官は同じテーマであっても、肯定から入ったり否定から入ったりして質問の形をかえ、あなたの「真の姿」を浮かび上がらせようとします。したがって、あなたは、あなたが面接官に伝えたい明確な「コア＝核」を持っていなければなりません。これは「マニュアル本」に頼るということではなく「伝えたいあなた」をしっかりつくっておくということです。

あなたは、学生生活を通してぜひ、会話力を身につけて下さい。面接に勝つには、いかにスムーズに会話の流れに入って、面接官の心をつかむかにあります。そのためには自分の言葉で語ることのできる「言語力」を養っておかなければなりません。

5　経団連の「就活指針を廃止」をめぐって

経団連は、大手企業の採用面接などの解禁日を定めた指針を、二〇二一年春入社の学生から廃止することを正式に決定しました。経団連は現在、就職日程に関する指針を「三月に説明会解禁」「六月に採用面接など選考解禁」と定め、約一六〇〇社の会員企業に順守を求めていますが、形骸化《けいがいか》が進んでいます。

指針を取り止めると、大学や学生に大きな影響を与える事になります。就活ルールが廃止されると、「一定の秩序が失われ、学生や企業の双方に混乱が生じる」として反対する声がある一方、「新卒・一括採用を見直す一歩になる」という意見もあります。

政府は、急な廃止は学生に混乱を招くとして、二〇二一年春に入社する学生以降も、当面現行の日程を維持する方針を固め、大学側や経済界と調整するとしています。

今後予定される国や大学側との話し合いが注目されますが、政府は、中長期的に通用採用の普及や新卒一括採用の見直しも進める考えです。ただ、日本の雇用の在り方が大きく変わる事も予想されるとともに学生の就職に対しての取り組みへの影響は計り知れないものがあります。

主要参考文献

『自己分析』（中村一樹著・一ツ橋書店）
『面接の常識』（新星出版社編集部・新星出版社）
『面接・心にふれる自己表現』（小沼俊男著・日本放送出版協会）
『エントリーシートの書き方教室』（コミュニケーション・ファクトリー編著・実務教育出版）
『面接力』（梅森浩一著・文藝春秋）
『面接・自己ＰＲ・グループディスカッション』（高嶌悠人著・成美堂出版）

第8章　パブリック・スピーキング、自己紹介、スピーチ上手になるために

山田匡一・児島建次郎

1　話の場面を認識しよう

音声によってコミュニケーションが行われるところを「話の場」または「話の場面」といいます。話の場面は、話す人（話し手）と話を聞く人（聞き手）の両方が存在して成立するものです。話の場面にはいろいろなものがあります。会話・討論・会議・説明・報告・質問・答弁・説得・面接・講演・授業・案内・司会・放送・演芸……などの場面です。形態は様々ですが、そこでは、意志や感情、情報や判断が音声表現によって示されます。

話の場面の中で、私たちはことばの音声化、つまり、話すという行為を通して、情報や判断、意志や感情を伝達し合います。話し手は頭の中に描いたイメージをことばという記号に変え、その記号を音声化します。聞き手は音声化された記号を聞くことによって受け取り、そのことばにより頭の中にイメージを再現します。このようにして聞き手は話し手の話の内容を理解するのです。

話の場面は、話し手（情報の送り手）と聞き手（情報の受け手）が存在して成り立ちます。スピーチのように、話し手と聞き手の役割が特定される場合もありますが、日常の会話や会議のように、話し手と聞き手が時間の経過の中で役割を交代する場合とがあります。話し手にとって大切なのは、話の場面を正しく認識することです。

その手がかりとして、T・P・Oを考えるとよいでしょう。

・T は Timing で、時

・P は Place で、場所

・O は Occasion で、場合

です。Occasion（場合）は、具体的には、話し手の立場、聞き手の立場、話し手が話をする目的などと考えるとよいでしょう。

話し手として話の場面に臨むとき、何のために話すのか、その目的を確認し、話し手としての役割をしっかり認識しなければなりません。そうでなければ、話はしどろもどろになり、目的を達成することはできません。また、単なる時間の浪費になってしまいます。

聞き手は話し手の送る情報に期待をよせています。話し手の考えや気持ちを知りたがっています。話し手はそれに応えなければなりません。

時間の浪費と思われるような日常の会話でも、会話自体を楽しむという立派な目的があります。おしゃべりをして、ことばによるスキンシップを行うという場合です。このような場合には、話し手と聞き手との間には気持ちが通じ合い、心が交流しているのです。このような会話を「毛づくろい会話」といいます。

話すことの最大の目的は人間関係を調整し、話し手と聞き手がよい人間関係を持つようにすることです。そして、平和で幸せな生活を送れるようにすることです。ことばはキャッチボールをしているときのボールであり、また、人間関係を円滑にする潤滑油といってよいでしょう。

2　プライベート・スピーキングとパブリック・スピーキング

(1) プライベート・スピーキング

私たちは、家族・友人など接触の機会が多い人達や親しい人とは、緊張せず思うように話すことができます。多少聞きづらい話し方でも、相手は一生懸命に聞いてくれますし、多少間違ったことを言っても、許してもらえるという安心感があるからでしょう。

日本人には、親しい人間同士であれば何でも許し合えるという考えがあります。お互いに余り気配りをしない方がくつろげるという感覚があります。このことには確かに利点もありますが、これが習慣になってしまうと、話すときのことばづかいにも気配りをしなくなったり、わざとぞんざいな表現をしてしまったりということにもなりがちです。

プライベートな話の場面で話すときにはそれでよいのですが、社会人として複雑な社会生活をしなければならないようになると、これだけでは対処できません。プライベートな話の場面で話すプライベート・スピーキングは、私たちのすでに身につけている、使い慣れたことばを話すのですから、誰でも熟練しており、特に練習などをしなくても話すことができるでしょう。しかし、話の場面は、プライベートなものばかりではありません。

(2) パブリック・スピーキング

話の場面には、公的なもの、パブリックな場面も数多くあります。社会人になると、パブリックな話の場面に立たされることが多くなります。パブリックな話の場面で話すパブリック・スピーキング（公的な話し方）では、わかりやすく話さなければならないでしょう。いつでも、どこでも、誰にでも理解されるようにするためです。

パブリックというと、何か大ごとの場面が想像されますが、ここでいうパブリックは普段と違う「少し改まった」という意味です。少し改まった話の場でも終始パブリック・スピーキングを話さなければならないという訳ではありません。その中には一部分、私的会話の行われる時間が含まれることもあるからです。

パブリック・スピーキングを定義すると、「少し改まった場で、限られた時間に、話し手の意図することを、聞き手に正しく伝わるように話す話し方」ということになります。パブリック・スピーキングは、社会人として身につけていなければならない話し方なのです。

3 上手な自己紹介を身につけよう

(1) 礼儀正しく

私たちが安心してコミュニケーションを行い、人間関係を持つことができるのは、相手が自分に好意的であり、嫌がることを無理強いしない人であるという確認ができた場合です。

人間関係を成り立たせるためには、相手に信頼されなければなりません。しかし、一口に信頼されるといっても、それは容易なことではありません。信頼はその人の言動から判断されるもので、それにはある程度の時間が必要です。その判断の材料となる言動には、その人のものごとに対する考え方や人格があらわれます。ですから、日ごろの言動が大切ということになります。普段から、言動には気をつけていなければなりません。

人は誰でも、自分の言動に責任を持たなければなりません。ことばとして口に出したことは、大げさな言い方ですが「天下に公言」したのですから、周囲の人に対して約束をしたことになります。約束は守らなければならないものです。「あの人は言うだけ」「あの人は口ばかり」という人がいますが、これは約束の守れない人といってよいでしょう。さらに、ことばにして口に出したことは、行動の裏づけがないと何の価値もありません。これでは他人の信頼は得られないのです。約束を守れない人は、私たちがこの世を住みやすい社会にするため定めたルールさえも無視しがちです。最低の社会のルールであるエチケットさえも守れないのでは、他人からの信頼は得られないでしょう。
エチケットを身につけ、誠実に守る人は、礼儀正しい人として評価され歓迎されます。人々に評価され歓迎される人間像については後に詳しく述べますが、自己の周囲の人々とよい人間関係を築くためには、まず、礼儀正しい人間になるよう心がけなければなりません。

(2) 名前を印象づける

自己紹介は、仲介者がなくてできる簡単な紹介の方法です。自己紹介がきっかけとなって、相手の名前を知り、趣味や人柄などに興味を抱いて、さらに、コミュニケーションが行われ、交友関係が深まります。自己紹介は、ビジネスの場でも行われます。職場で新入社員や転勤者を迎えたり、会社を代表して取引先を訪問したときに行われます。新しい取引先を開拓する営業関係の仕事では、自己紹介の連続になるでしょう。

自己紹介の目的は、「自分を他人に知ってもらうこと、そして、人間関係を持つこと」です。自分を知ってもらう上で大切なのは名前です。自分の名前をいかに相手に印象づけ、記憶にとどめてもらうかということです。

名前を印象づけるには、それなりの工夫が必要です。よく行われるのが字の説明です。また、一般によく知られている有名人、政治家、作家、芸能人、スポーツ選手などの名前を引き合いに出したり、よく知られた地名を例に出したりしてもよいでしょう。名前の意味や由来、名付け親、名前にまつわるエピソードといったものを、短く添えるのも効果的です。

表現の方法にも工夫が必要です。ちょうど選挙の行われているときでした。窓の外を宣伝カーが通り過ぎた直後、宣伝カーのアナウンスの口調そっくりにやって、大きな拍手を受けました。

また、最初に名前をいわずに、性格や趣味の話をしてから、最後に、はっきりと名前を告げて話を締めくくるのも効果的な演出といえましょう。ところが、日本人の自己紹介を観察すると、名前をはっきり発音しない人が多いようです。

これも日本人特有の性格からくる照れなのでしょうか、ほとんどの人が、小さく声を落とし、しかも、早口でつぶやくように名前を言います。紹介の中身でユーモアを交え、楽しい話をしても、肝心の名前がわからずじまいになってしまうことがよくあります。これでは、何のための自己紹介なのかということになります。

とにかく、名前だけは丁寧に「ゆっくり」「はっきり」発音して、一度聞いただけで聞き手の印象に残るようにしたいものです。

（3）自己紹介のポイント

自己紹介をするといっても、話の場面はさまざまで、その場面にふさわしい自己紹介の仕方を考えなければなりません。取り立てて「自己紹介をします」と言わなくても、挨拶やスピーチの前に肩書きや名前をいうのも広い意味での自己紹介です。

短い時間の中で、大勢の人が自己紹介をするときには、一人一人が名前を告げるだけという場合もあります。このような場合に、自分一人だけ、長々と話すのはよくないことです。多少時間にゆとりがあり、自分の裁量で話せる場合には、その話の場面にいる人々が自分に何を期待しているのか考えて、それに合わせる配慮が必要です。

例えば、学生同士で自己紹介をする場合、新しい学校に入ってきた新入生同士であれば、出身高校や、高校でのクラブ活動の経験、この学校を志望した理由、これからの学生生活に期待しているもの、住んでいるところ、趣味や嗜好《しこう》などを材料に話すとよいでしょう。

他の学校の学生との合同コンパであれば、現在通学している学校名や学年、専攻、所属クラブ、趣味や嗜好のほか、この集いに参加した理由やいきさつ、この集いに期待するものなども話の材料になります。

自己紹介をするにあたっては、自分の伝えたいことを過不足《かぶそく》なく伝えることも必要です。それには、日ごろから、自己紹介の機会があったなら、自分の言いたいことは何なのかを考え、表現の仕方についても工夫をしておく位の心構えが必要でしょう。

限られた時間の中で、あれもこれもと並べ立てたのでは、印象が薄くなり効果的ではありません。焦点を絞っていくつかのポイントをおさえておくとよいでしょう。

いくつかの場面を想定し、場面に合わせてのモデルを考えておくのもよいでしょう。準備したからといって、準備した内容を丸暗記する必要はありません。無理に暗記しようとすると、かえって緊張して、うまくいかないものです。それに話の自然さが失われます。一度しっかりと考えておくと、何も考えなかったときよりも、ずっと楽に話せるものです。自己のセールス・ポイントとなると思われるものには、次のようなものがあります。

・性　格…明朗、親切、落ち着き、粘り強い、活動的、協調的、進取的
・特　技…スポーツ、語学、楽器の演奏、料理、車の運転、ワープロ、イラスト
・趣　味…音楽鑑賞、美術鑑賞、スポーツ観戦、旅行、読書、コレクション
・好き嫌い…色彩、飲食物、植物、ペット、人物、小説、映画、演劇
・信　条…早起き、健康、親切、節約、無遅刻、無欠勤、モットー、座右の銘
・その他…生育、住所、家族、過去の体験、現在の関心事、未来への夢など

これらはほんの一例にすぎませんが、参考にしてください。この他にもいろいろあります。

4　筋を通して話すための5W1H

(1) 何を伝えるのか

私たちが、話の場面で何を伝えるかというと、大きく分けて、事実、判断、情感の三つになります。話し手は、話し手の持っている知識や体験、直面している現在の状況、新しく得た情報などを事実として伝えます。事実を伝えるとき大切なのは、正確さです。正確さを裏づけるための根拠を示し、正確さを証明します。具体的にいうと、その情報源は何なのかということです。

公理・公式のようにすでに万人が認めていること、科学的合理性が認められること、論理的整合性があること、自分の目で確認したこと、信頼できる人から得た情報であることなどは事実を裏づける有力な根拠となります。

話し手は自分の考えたことを判断として伝えることがあります。判断を伝えるときに大切なのは、なぜそのような結論になったのかを示すことです。判断の結論だけを示すのではなく、話し手の思考過程を明らかにし、わかりやすく伝えるようにします。

情感は、話し手の抱いた気持ちを伝えることです。ものごとの感じ方は人により様々で、その人の個性や感性にかかわる問題です。ことばで言いあらわすことは難しいものです。適切なことばや表現を探し出し、具体的に表現しなければなりません。話し手の気持ちが、聞き手にそのまま伝わるよう工夫することが必要です。

情感は身ぶりや顔の表情、目の動きなどで伝わることも忘れてはなりません。音声表現の補助手段として上手に使いましょう。

話し手が話すとき、事実・判断・情感を意識して分け、話を組み立てていかなければなりません。そうでないと、話の筋立てがはっきりせず、何を話しているのか、何を伝えたいのか分かりにくくなり、話し手の意図は、聞き手に正しく伝わりません。

（２）５Ｗ１Ｈ

筋を通して話すためには、５Ｗ１Ｈを話のチェック・ポイントとして考えるとよいでしょう。５Ｗ１Ｈは、英語の疑問詞の頭文字をもとに考えられたものです。

・Ｗｈｅｎ　（いつ）
・Ｗｈｅｒｅ　（どこで）
・Ｗｈｏ　（だれが）
・Ｗｈａｔ　（なにを）
・Ｗｈｙ　（なぜ）
・Ｈｏｗ　（どうなる・どうする）

人の場合は「いつ、どこで、だれが、なにを、どうする、それは何故なのか」。また、ものの場合は「いつ、どこで、なにが、どうなる、それは何故なのか」。これを順序立てて話すと、話の筋が通りわかりやすくなります。順序は必ずこの通りでなくても構いません。

複雑な内容の話をするときには、一つの文に、これらの要素をすべて盛り込ませようとせず、いくつもの文に分けて表現するとよいでしょう。

5　スピーチ上手をめざして

(1) スピーチのいろいろ

話の場面にはいろいろなものがあることをすでに学びましたが、会話でも、討論でも、また、スピーチでも話を上手にまとめることは大切なことです。ここでは、スピーチを例にとり、話のまとめ方について考えていきます。

スピーチは一人の話し手が、多数の聞き手に対して話をするものです。一般に会話や対話に比べ、体験する機会が少なく不慣れなことと、聞き手の数に圧倒されてあがってしまい、思い通りに話せないことが多いものです。折角、機会が与えられても、尻込《しりご》みして辞退してしまう人もいます。これでは、いつまで経っても、スピーチは上達しません。苦手のままになってしまいます。このようなスピーチも、手順を踏んで準備をし、練習を繰り返し、体験を積み重ねていくと、誰でもスピーチができるようになります。一度でもうまくできて、成功体験が得られれば、それが弾みとなって、スピーチは加速度的に上達し、おしゃべりと同じように楽しみながら話すことができるようになります。

スピーチは話を形の面からとらえたものですから、内容の面から見ると、自己紹介をはじめ、説明、報告、発表、解説、講演、講義、卓話（テーブル・スピーチ）、祝辞、弔辞、集会の挨拶などいろいろあります。それぞれの話の場面には特徴があり、目的も異なります。まず、目的をしっかりつかんで、目的に合ったスピーチになるように心がけましょう。

スピーチを成功に導くためには、話し手の話すことに対する強い意欲が必要です。話し手は目的をしっかりつかみ、話すことに意義を見出すようにつとめ、意欲をかきたてるようにします。

自分の立場や役割を理解して、使命感を持つようにするのもよいでしょう。話し手が強い意欲や使命感を持つときには、話に取り組む姿勢が積極的になるばかりでなく、話し方にも熱がこもり、聞く人の心をとらえます。

（2）テーマを決める

スピーチの機会が与えられたとき、話し手として、まず、考えなくてはならないのは、何を話すか、つまり、話の主題（テーマ）を決めることです。そのためには、与えられた話の場面を正しく認識しなければなりません。

話し手の自由裁量によって、話の主題を決めてよい場合もありますが、聞き手が、このような話が聞きたいと期待や要求を持っている場合もあるでしょう。このような場合には、できるだけその聞き手の期待や要求に応えることです。

話の主題を考えるときには、作文に題をつけるときのように、タイトルになるようなことばを探すとよいでしょう。そのタイトルのことばを聞いたときに聞き手が話を聞きたくなるよう、興味を起こさせるように工夫します。新聞の見出し、テレビ番組の字幕などは、よく工夫されたものが多いので参考になるでしょう。

このように工夫することは、聞き手のためばかりでなく、話し手にとっても役立ちます。それは話の目的の確認となり、必要な話の素材を思い出す手がかりとなるからです。

話の材料は私たちの周囲にたくさんあるのですが、気づかないものです。話し手が好奇心や感動する心を失っていると、話の材料はなかなか見えてきません。普段から、ものごとに関心を持って、自分の問題として考える習慣をつけましょう。

季節の移り変わり、天候の変化、趣味・嗜好、世の中の動き（政治、経済、社会、科学、技術、歴史、文化、国際問題など）、旅行での見聞、家庭内の出来事、健康、仕事、衣・食・住に関することなど、話のタネは私たちの身のまわりにたくさんあるのです。

話題に困ったとき、つぎのようなことを思い浮かべると、よい話題を思いつくことがあります。キドニタテカケシ（木戸に立て掛けし）衣食住と語呂もよく記憶しやすいでしょう。

・キ　　郷土（ふるさと・生育）

・ド　道楽（趣味・楽しみ）
・ニ　ニュース（世相・人々の関心事）
・タ　旅（旅行体験・出会い）
・テ　天候・天気（気候なども）
・カ　家族・家庭
・ケ　健康・健康法
・シ　仕事（職業・専門的知識）
・衣　衣服（服装・ファッションに関すること）
・食　食物（食べ物・グルメなどに関すること）
・住　住居（住宅・住んでいる場所に関すること）

6　聞き手をひきつけるためには

（1）話し上手は積極人間を育てる

人生は自己表現の連続で、人間関係は話し方によってつくられるといってもいいように、私たちは日々いろいろな人とことばを交わし生きています。

話がうまいとは「立て板に水」のように美辞麗句をならべ流暢《りゅうちょう》に話すことではありません。話すとは自分の考えや意見を的確に表現する手段であり、人間が幸福になる道に通じるものなのです。潜在的な力を人前で発揮する自己表現力は、現代に生きる一人一人が身につけておかなければならないスキームといえます。

話し手と聞き手は、人と人との関係ですから、好き嫌いがあるのは当然でしょう。あなたが聞き手の信頼を勝ち取る道は、熱意をもって対応することにつきます。

初心者の話が好評を博すことがあるのは、話し手がしっかり準備し、懸命に伝えようとする熱意が聞き手に伝わるからです。「伝えたい」という熱意は、話す技術をこえて訴える力を持ちます。

私たちは何のために話すのかという目的をしっかり認識して話の場に臨まなければなりません。ただ、自己表現とは、虚像をあたかも実像のようにみせる演出ではなく、その人全体からにじみでる人格に裏打ちされたものです。あなたの人間性や考えが自然にでてくることなのです。あなたのことばや声に誠実さや熱意が感じられた時、聞き手は心を動かされ聞く気持ちがおきるのです。

では、話し上手とは、どんな人をいうのでしょうか。話し上手な人の特質として次のような点を挙げてみたいと思います。

①　相手の権利を認め、相手との利害が異なっても意見を調整しながら合意点を見つけだすことができる。

②　客観的に自己を分析し、自分の意見を的確に伝えることができる。

③　自分の信念や気持ちを一方的に押しつけるのではなく、相手の立場を尊重する。

④　責任感があり、公平で共感がもてる。

話し上手は、前向きに物事をとらえる積極人間をつくりだし、自信に満ちた生き方を通して豊かな人間関係をつくりあげ、世の中が

話し上手は積極人間を育てる

> 話し上手はプラス思考をする
> ・心をひらいて自分から接近する。
> ・あらゆることに自信が持てる。
> ・他人の関心事に目を向け、他人にとけ込む。

↓

> プラス思考は積極的な生き方を後押しする
> ・未来思考的に物事を考える。
> ・人との交流を苦にしない。
> ・活力のある生き方が共感をよぶ。

↓

> 積極人間は人間関係を切りひらく
> ・仕事を成功させるのに役立つ。
> ・世の中が楽しくなる。
> ・ポジティブな生き方を通して人との交流が深まる。

楽しくなります。

（2）聞き手をひきつける切り出しと結びのことば

話し手は、なによりもまず、聞き手の注意を喚起《かんき》し聞こうとする気持ちを起こさせなければなりません。話の最初のところを「切り出し」といいますが、ここで聞き手の気持ちを、ぐっとつかみましょう。切り出しにはいろいろな方法があります。

・天気のことや身近で親しみやすい話を「まくらことば」に取り上げる。
・ホットなニュースや関心を呼んでいる文化的出来事など新しい情報を伝える。
・主題に結びついた諺《ことわざ》や格言を使う。
・その場の雰囲気で気付いたことを話す。
・聞き手に質問をなげかける
・ショッキングで意外性のある事柄を頭にふる。
・聞き手に関連する話題を取り上げる。

切り出しを工夫して、いち早く聞き手の心をとらえなければなりません。誰もが驚くような事柄を頭にふる場合を考えてみましょう。

例えば、「数十年後に世界の五〇億の人は水が飲めなくなります」と切り出します。聞き手が「えっ」と驚き耳をそばだててくれれば、イントロダクションは成功です。聞き手の関心が集まったところで、地球温暖化の話を展開させていけばいいのです。

この手法は、経験豊富な話し手でなければうまくいかないかもしれません。初心者の場合、身近な話や自己紹介から入るのがいいと思います。

話し手の口調としては、聞き手の反応を確かめながらゆっくりとおだやかに笑顔で話しはじめるのがいいでしょう。初めから、声を大きく出して早口で話しますと、聞き手を威圧するのみならず、雰囲気がかたくなってしまいます。

印象に残る話をするためには、結びをしっかりしたものにする必要があります。結びには、意志集約型、決意・説得型、問題提起型が考えられます。

話には目的があります。説得、説明、人間関係をつくる、聞き手を楽しませるなどの目的や話の内容に応じて、結びを工夫しなければなりません。結びでは主張したい要点をもう一度まとめ、その理由を繰り返すことです。衝撃と感謝で終わるのがよいでしょう。問いかけや熱いメッセージ、新しい提案などあなたが一番伝えたいことをメモにしてまとめておきましょう。

結びの口調は、元気で爽《さわ》やかに明るい声がいいと思います。聞き手への感謝の気持ちを忘れてはいけません。話しことばは、瞬時に消えていくものですから、最後の三分が印象深い話になるかどうかの分かれ目になります。話の効果は時間に逆比例するといわれるように短いことばで締めくくりしましょう。

意志集約型
- 話を集約しまとめる。
- 大事なポイントを復唱して結ぶ。
- 余韻を残してまとめる。

決意・説得型
- 力強く願望や決意を刺激する。
- 自尊心や欲求を刺激する。
- 説得し賛同してもらう。

問題提起型
- 現状を認識しあるべき方向を示す。
- 呼びかけて行動をおこさせる。
- 問題点を理解してもらい展望する。

竜頭蛇尾《りゅうとうだび》で、終わりが印象の薄いものになっては、せっかくのいい話が無駄になってしまいます。余韻《よいん》を残して結ぶように工夫して下さい。あなたが話を終えた時、あなたの心に達成感が得られればうまくいったことになります。

7　人前であがらないためにはどうすればいいか

(1) あがる原因をさぐれば

人前でうまく話せないと悩んでいる人が大勢いることでしょう。人前で話す機会があったにもかかわらず辞退し、口惜しい思いをした人もいると思います。気のおけない仲間うちの少人数の場では、あがることもなくスムーズに喋《しゃべ》れるのに、パブリックな場では思うことの半分も言えない、あなたはどうでしょうか。

社会に出るとは、より広い世間に身をおくことを意味します。日本社会では「私は話ベタなので」といって猶予してもらうことができますが、アメリカでは、そんな甘えは許されません。

「あなたがこの世で一番怖いものは何ですか」とアメリカのビジネスマンに質問したところ、なんと「人前で話すのが一番怖い」という回答がよせられたとのことです。アメリカ社会では、上手な話し手でなければ一流のビジネスマンとはいえず、プレゼンテーション能力が人生を左右するほど、高度な話し方の技術が求められているのです。

日本人は人前で話すことに不慣れで、苦手意識が強く働き、ついつい消極的になってしまいます。茶髪の目立ちたがり屋の若者も、いざ人前で話すとなると気おくれしてしまいます。

人前で話す場合、あがってしまい頭が真っ白になって何を言ったのか覚えていないという人がいます。また、緊張のあまり心臓がドキドキしたり、体が震えたりして、話す前には考えてもいなかったことが口をついてでてしまい、収拾がつかなくなり恥をかいたという経験をした人がいるかもしれません。

私たちのまわりには、話しはじめると顔が真っ赤になってあがってしまうという悩みを持っている人がいると思います。あなたはどうでしょうか。あがり過ぎは話ベタに通じます。話の内容よりもあがり過ぎが話ベタに思われるからです。

では、あがる原因はどこにあるのか、考えてみましょう。あがる原因としての第一は自意識過剰が挙げられます。人前で恥をかきたくない、自分をよく見てもらいたい、低く評価されたくないなど、意識が過剰になりますと、精神的に余裕がなくなりあがってしまいます。

第二は自信喪失です。この最大の要因は、話すテーマを自分のものにしていない場合です。原稿を見ることに神経が集中し、会場をみまわすアイコンタクトをする余裕がなくては熱気が生まれません。ユーモアを交えることもできません。話すテーマについては絶対的な自信をもって下さい。

第三は緊張感と経験不足です。人前で話した経験のない人は、会場に入っただけで雰囲気にのまれてしまいます。また、よそゆきのことばや普段使いなれていないことばを使ったりすると緊張と不安が増幅していきます。何よりも大事なのは、ひっこみ思案にならないことです。

あがりの原因

緊張感・経験不足	自信喪失	自意識過剰
・知らない人ばかりで雰囲気にのまれる。 ・未知のものに対して不安を感じる。 ・人の前で話した経験がない。 ・よそゆきのことばを使う。 ・あらたまった場が苦手である。	・話すテーマを自分のものにしていない。 ・出席者にえらい人が多い。 ・話し方に完全を求める。 ・十分な準備をしていない。	・人前で恥をかくことをおそれる。 ・聞き手が自分より上と思い自分を低く評価されたくない。 ・人からよく見られたい。

(2) あがりを克服する秘訣《ひけつ》

デール・カーネギーは『話し方入門』（市野安雄訳・創元社）の中で、ひっこみ思案を克服する道について、次のようにいっています。

> 自分のことを卑屈になったり、ひっこみ思案になったりしがちなのを克服する最上の方法は、他人に興味をもち、他人のことを考えることだ。気おくれなど嘘のように消えてしまう。他人のために何か尽くしてやることだ。常に親切をつくし、友人のような心で接すれば、あなたはそのす

ばらしい結果に驚くであろう。

自分の心を素直にして勇気をもって話の場に立つことです。ひっこみ思案になりますと、その精神状態があがりを呼び込んでしまいます。

私はアナウンサーになって間もないころ、過《あやま》ちをおかしてしまいました。五百人の高齢者の集いに招かれ十分な準備もせず講演に臨んだ時のことです。頭の中で考えてはいたものの、話の展開が思うようにいかず、「あー」「えー」「うー」を連発する始末で、冷汗をかきながら話の盛り上がりのないまま無事?終わったのです。おおいに反省しました。人前で話すことの重要性と準備をしないで話すことの怖さを肌身に感じました。

それ以後、私は講演を頼まれた場合は、一時間三〇分の講演ですと、二時間分の準備をするようにしています。これですと、自信をもって話すことができます。

あがりを克服するのにはどうすればいいか、次の点を挙げたいと思います。

・自分の力に見合ったテーマを選ぶ
・心をひらいて素直に
・ひっこみ思案にならず勇気を出して前向きに
・多少の緊張感はかえってよい結果を生む
・準備をおこたらない
・あがるものだと自己暗示をかける
・場数をふむ
・得意な分野をもつ

あがりと真正面から向きあうのではなく、あがりと仲よくすることが大事です。仲よくするとは、あがりを当然のこととして受けとめ、あがりを良き友とすることです。

あがるまいと気持ちをおさえていれば、逆にあがってしまいます。あがりは怖いものですが、その一方で思ってもみなかった潜在能力を引き出してくれるのです。

8　記憶に刻まれる六つのメッセージ

アメリカでベストセラーとなったハース兄弟のビジネス著『アイディアの力』に、記憶に刻まれるメッセージの原則が掲げられています。各原則を示す英語の頭文字をとり「SUCCESS」の法則といわれています。

六つの法則とは、①単純である、②意外性がある、③具体的である、④信頼性がある、⑤感情に働きかける、⑥ストーリー性がある、です（「毎日新聞」二〇一一年五月一三日付参照）。

一方、その逆は、①くだくだと冗長《じょうちょう》なこと、②分かりきった紋切り型で話が抽象的なこと、③信頼できず心に響かず、想像力を刺激する物語も感じられないこと。これらが駄目なメッセージの例だといいます。

パブリック・スピーキングにおいて、心がけておかなければならない内容といえましょう。

第9章　思いやる心を伝える敬語をあなたは使えますか

山田匡一・児島建次郎

1　幸せに生きるための工夫——大切な人間関係を認識する

私たちがコミュニケーションを行うのは、情報を交換し合いながら充実した社会生活を営むことです。しかし、その目的の大半は人間関係の調整や相互の信頼を得るためといってよいでしょう。なぜならば、どんなに価値のある有益な情報を提供したところで、信頼関係の裏づけがなければ、相手は聞く耳を持たずその情報は生かされないからです。

人間関係を円滑にして相互信頼を築き上げることは、利害関係が生じる人間関係ばかりでなく、どのような人との人間関係においても当てはまることで、親子関係や友人関係、地域での隣人関係や会社の同僚関係も同じです。また、人間関係というと自分の周囲のこれまでに接触のあった人だけを考えがちですが、現実には接触のない人やこれから接触するであろうと思われる人、はじめて接触が行われた初対面の人々を敬語表現の対象に入れることも忘れてはなりません。

つまり、コミュニケーションに敬語表現を取り入れるかどうかを考える前に、自分と他者との位置関係をしっかり認識することが大切です。話の場面に登場する人と自分との位置関係を正しく認識し把握しなければなりません。次頁の図は自分を中心にして周囲の人々の位置関係を示したものです。

この位置関係は、相対的なものですが、自分から左側の人たちは、いわゆる「身内」で右側の人たちは「他人」です。

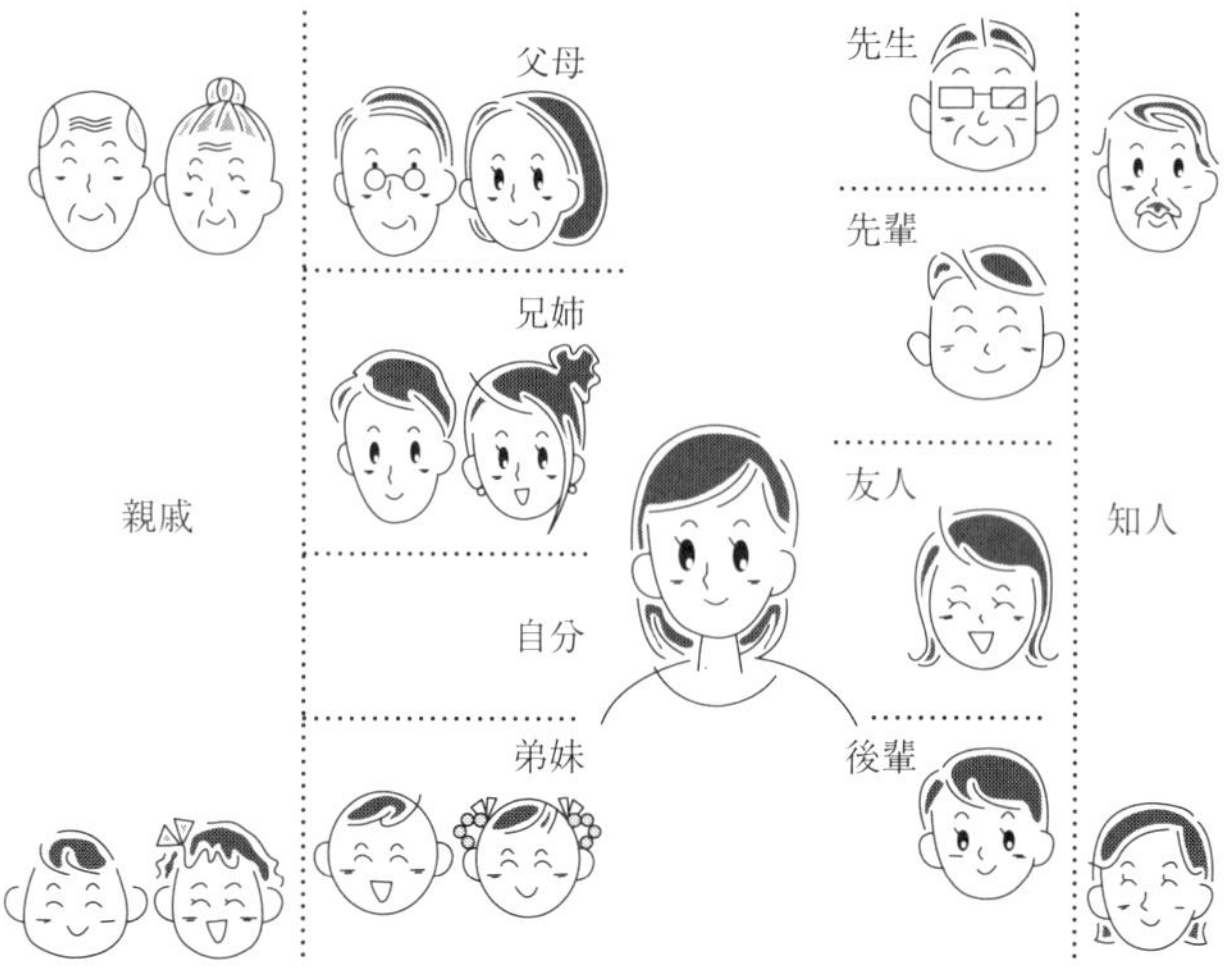

相手との位置関係

また、自分より上の位置にいるのが、いわゆる「目上」で、下の位置にいるのが「目下」です。これは、すべてを網羅《もうら》したものではありません。後輩、先輩といっても個々には、距離や位置に大きな差があることですし、そのあたりもごく大まかに示したものです。

しかし、このような一般的尺度を持つことによって、人間関係がしっかり把握できると思います。これにより話の場面に対する認識が深まると思います。

2　話題の人を優遇する表現——尊敬表現

(1) 表現が必要な人間関係

尊敬表現は、話し手が話題の中に登場する人、ここでは「話題の人」と呼びますが、その人をことばの表現の上で優遇する表現なので、尊敬表現といわずに待遇表現と呼ぶこともあります。つまり、巷《ちまた》で話題になる人ということではありません。コミュニケーションの会話の中に出てくる人ということです。

国語学者の大石初太郎氏は、尊敬語を次のように定義しています。

尊敬語とは、話題の人を高く待遇し、その人に敬意を表する敬語である。話題の人、その人に属する物・事、その人の行為・

状態などを言うのに用いる。

①　話の中に登場する「話題の人」

自分のことを話している時は自分が話題の人になるし、相手のことを話題にしているときには相手が話題の人ということになります。また、話し手、聞き手以外の第三者が話題になっているときには、その第三者が話題の人です。話が進行する中で、話題の人が移り変わっていくことも当然あることです。

二人の会話の場合には、聞き手と話題の人とは同一の人となることが多いので、その場合、話し手は聞き手との関係を認識して、聞き手を優遇することになります。

また、聞き手と話題の人が異なる場合、話し手は話の中に出てくる第三者と自分との関係を認識して、話題の人を優遇する話し方をすればよいのです。その第三者が、会話が行われている話の場面の近くにいるかいないかは関係ありません。話題の人が会話の聞こえる範囲にいるときだけ敬語を使い、会話の聞こえる範囲にいないときには敬語を使わないというのでは失礼な扱いになります。

②　尊敬表現の対象になる人

尊敬表現を使う対象となる人とは、どのような人なのでしょうか。わかりやすく整理すると次の三つになります。

・自分よりも能力が優れていると思われる人。
・自分が世話になった、また、恩恵を受けていると思われる人。
・自分にとって初対面の人、また多くの人たちから高い評価を受けている人。

自分よりも能力が優れていると思われる人というのは、いわゆる「目上の人」で、年上の人、勤務先の上司、社会的に認められている職業や立場にいる人などです。
自分が世話になった、また、恩恵を受けていると思われる人ですと、両親をはじめ、祖父母や、恩師、先輩、指導者、買い物に来たお客、いろいろな人が対象になります。
三番目の初対面の人は、その時点では未知の人ですから、自分より能力が優れているかもしれませんし、後に恩恵を受ける人となるかもしれないからです。さらに、多くの人たちから高い評価を受けている人となると、学識経験者をはじめ、芸能人、スポーツ選手といったような、よく知られた人々が敬語表現を使う対象となります。このように考えると周囲のほとんどの人が尊敬表現の対象者ということになってしまいます。

③　話題の人が聞き手である場合
次の例は話題の人が聞き手の場合です。

《例》・先生、クラスの忘年会には、ご出席になりますか。
・チーズケーキとエクレアがありますが、どちらを召し上がりますか。

④　話題の人が第三者の場合
次の例は話題の人が第三者の場合です。

《例》・川口さん、先生が、宿題の締め切りは八日だとおっしゃっていました。
・先生のご都合で、来週は、学校にいらっしゃらないそうです。
・店長、いつものお客様は、今日は、お見えになりませんでした。
・先輩の内田さんは、夏目《なつめ》漱石《そうせき》の「坊っちゃん」を中学生のとき読まれたそうです。

（2）話題の人の呼び方

①　名前で呼ぶ場合

名前＋敬称（敬称）

名前がわかっている場合はできるだけ名前で呼ぶようにします。その方がその人に対しての親密度を感じさせる効果があるからです。フルネームでなく姓だけ、固有の名（いわゆる下の名）だけにでも敬称を付ければ尊敬表現ですが、丁寧さの点ではフルネームに比べてやや劣ります。

しかし、重ねて何回も呼ぶ場合や日常よく接触する人については、話の場面に応じて

姓＋敬称　**固有の名＋敬称**　のいずれかを使うとよいでしょう。

さらに、名前を呼ぶ頻度が多くなるようならば、後に述べる「あなた」を使って表現します。敬称にはこの他「さん」「様」「殿」「君」などがありますが、「さん」が一般的で、ほとんどの話の場面に使えます。したがって、

・パブリックな場面では「姓＋さん」、
・プライベートな場面では「名＋さん」

というように使えます。

状況に応じて「様」「殿」「君」などを使いますが、「殿」「君」を使う時には注意をする必要があります。「殿」には

堅苦しさばかりでなく、封建的な意識が感じられます。以前は役所からの文書に「殿」が使われましたが、最近は意識的に避ける傾向にあります。

「君」は、主として男性に対して使いますが、これも封建時代の名残を感じさせるものです。もちろん、女性にも使われますが、高めるというよりも、仲間としての親しみをあらわすというニュアンスが込められているようです。議会では「君」をこれまで慣用的に使ってきました。しかし、女性議員が増え、議長に土井たか子さんが就任して以来「さん」を使うようになりました。

また、敬称の代わりに「課長」「部長」「社長」などの社会的に評価されている役職名などが使われます。「～先生」「～教授」「～医師」「～関《ぜき》」（関取）「～棟梁《とうりょう》」「～殿下」「～師（匠）」などがその例です。

② 名前で呼ばない場合

名前がわからない人を呼ぶ場合や日常的に接触の多い人を呼ぶ場合に、人称代名詞の、

あなた

は便利なことばです。一般的には、姓名、職業、地位などが不明のときに、男女の別に関わりなく使えます。

しかし、両親や先生に「あなた」といえますか。社会人になっても、上司に対して、特別の場合を除いては「あなた」といえないでしょう。話の場面によって「あなた」は冷たい響きを感じさせることがありますので、「あなた」を使うときには注意が必要です。名前や職業、自分との関係などが、手立てを尽くしてもわからないような場合に限定して使った方がよいでしょう。その場合でも、声の出し方、顔の表情、態度などには十分な配慮が必要です。「ご主人」「奥さま」「お子さん」「学生さん」「お嬢さん」「お客様」など、自分との関係がはっきりしていれば、これらを使う方がよいでしょう。もちろん、前出の「課長」「部長」「社長」をはじめ「先生」「教授」「ドクター」「関取《せきとり》」「棟梁」「殿《でん》

下《か》」「師匠《ししょう》」なども使えます。

(3) 話題の人に関するもの・ことの表現

話題の人の持ちものや考えなどについての表現は、丁寧表現と同じに接頭語「お」「ご」をつけて表現します。「お」や「ご」のほかに「よい・美しい・優れている・貴重な」というような意味をあらわす接頭語「芳《ほう》」「高《たか》」「尊《そん》」「令《れい》」「御《おん》」「御《み》」「貴《き》」なども使われます。

また、「お」「ご」の使い分けについては、「お」には和語や日常よく使われる語、「ご」には漢語が付きやすいという法則が当てはまります。

《例》
「お宅」「お鞄《かばん》」「お乗り物」「お考え」「お力添え」「お叱り」
「ご邸宅」「ご著書《ちょしょ》」「ご感想」「ご尽力《じんりょく》」「ご立腹《りっぷく》」「ご機嫌《きげん》」
「芳名《ほうめい》」「芳情《ほうじょう》」「尊顔《そんがん》」「高説《こうせつ》」「令室《れいしつ》」「令兄《れいけい》」
「貴社《きしゃ》」「御社《おんしゃ》」「御身《おんみ》」「御御足《おみあし》」「御旗《みはた》」「御影《みかげ》」

「ご芳名」「ご尊顔」「ご高説」「ご令室」「おみおつけ」「おみ足」などは、よく出会う表現ですが、二重敬語といわれるものです。接客関係の職場をはじめ、一般でもよく使われています。しかし、敬語を簡素化する立場からは避けたい表現です。それに「客」を「お客」というのは敬語表現なのですが、いまでは、「お客様」といわないと丁寧さを感じなくなってしまいました。「ことばの価値低減の法則」のよい例です。

「ことばの価値低減法則」というのは、ことばが繰り返して使われているうちに、聞く人に対しての刺激が失われ、より刺激の強いことばが取って代わるようになる現象をいったものです。

二重敬語が一般化し普通に使われるようになると、ことばの価値が下落して「お前」「貴様」「お客」といったことばのように、敬語としての意味が薄れてしまい、さらに、新しい表現を求めていかなければならなくなります。これでは、追いかけっこになり、煩わしいことになるので、二重敬語の使用は最小限に抑える方がよいと思われます。

(4) 話題の人の動作・状態の表現

① 「れる」「られる」の形で表現する

話題の人の動作・状態の表現をする場合には、述部に使われる動詞に助動詞の「れる」「られる」を付けて行う方法があります。

動詞＋れる　の形

五段活用、サ行変格活用の動詞には、未然形に「れる」が連なります。

《例》
- 部長はいつも日経新聞を読まれます。
- こんど先生は本を書かれるそうです。
- 総理大臣が壇上に立たれました。

動詞＋られる　の形

上一段活用、下一段活用、およびカ行変格活用の動詞には、未然形に「られる」が連なります。

《例》
- 先輩は毎朝何時に起きられるのですか。
- 食べられた後の食器は洗い場に運んでください。
- 寝られる前に火の元を点検しましょう。

この表現は、定型化された使い方のため多用されますが、尊敬表現のほか、受身表現、可能表現、自発表現としても用いられます。聞き手に誤解されないよう配慮が必要です。

最近、上一段活用、下一段活用、カ行変格活用の動詞には「られる」を付けなければならないのに、「れる」をつける人が増えています。若い人達がよく使いますが、若者の「ラ抜きことば」といわれ、ことばを乱す現象として、識者の顰蹙《ひんしゅく》をかっています。正しい話し方を身につけたい皆さんには、注意しなければならないことの一つです。

《例》「起きれる」「食べれる」「寝れる」「見れる」「来れる」など。

②「お〜になる」「ご〜になる」の形

話題の人の動作・状態の表現をするもう一つの方法は、「お〜になる」「ご〜になる」の形を使うことです。

お〜になる・ご〜になる　の形

「〜」の所に入ることばは、動詞に限りません。名詞や形容詞も入れることができます。また、「お〜になる」の方の「〜」には、前に述べた和語や日常語が入りやすく「ご〜になる」の方の「〜」には漢語が入りやすいという法則がここでもいえます。

《例》・先生が源氏物語をお読みになりました。
・課長は取引先に手紙をお書きになります。
・年頃になってお嬢様はおしとやかになりました。

この形を使うときには、後で述べる謙譲表現の「お～する」「ご～する」と間違えないようにする必要があります。

③　その他のよく使われる表現

前の二例の他、話題の人の動作・状態の表現には、「いらっしゃる」「おっしゃる」「なさる」のように、よく使われている表現があります。

行く、来る、いる　↓　いらっしゃる
いう　↓　おっしゃる
する　↓　なさる
与える　↓　下《くだ》さる・賜《たまわ》る
食べる、飲む　↓　召《め》す・召《め》し上がる

中でも「いらっしゃる」「おっしゃる」「なさる」「くださる」は使用頻度《ひんど》の高いものです。これらの表現を上手に使えるように心がけましょう。

「おっしゃられる」「なされる」などは、よく耳にする表現ですが、これらは、「おっしゃる＋れる」「なさる＋れる」であり、二重敬語です。二重敬語は前にも述べたようにことばの価値低減を招きますし、発音しにくいので避けた方がよいでしょう。

《例》　・直接、部長が交渉にいらっしゃいます。（行く）

　　　・お客様は今日も店にいらっしゃいました。（来る）

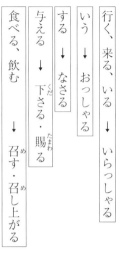

・明日、先生は一日中家にいらっしゃるそうです。（居る）

このように、話題の人の動作・状態の表現にはいろいろありますが、安易に同じ方法ばかりを使わず、話の場面に応じて選択し使い分けるとよいでしょう。その場合、聞く人に理解しやすく、ことばの響きのよいものを使うとよいと思います。

3　話題の人を控えめに表現――謙譲表現

(1)　謙譲表現の人間関係

謙譲表現は、話題の人を低めて表現するものです。話題の人が話し手、または、話し手側に近い関係の人の場合は、聴き手との関係認識で、比較的簡単に理解できるでしょう。しかし、話題の人が複数であって、話の中に別に登場する他の人と聴き手との関係認識を必要とする場合は、ちょっと複雑になり理解が難しくなります。

次のイラストは尊敬と謙譲の違いをあらわしたものです。

尊敬の場合

謙譲の場合

話題の人は、もともと自分よりも高いところに位置します。したがって、「話題の人に一段高い位置にあがってもらう」というのが、話し手の心情です。話題の人を高めるための台に相当するのが尊敬語と考えると理解できると思います。

それに対して、謙譲の場合は、「話題の人を元のままの位置にとどめて、自分が一段低いところにひきさがる」ということです。イラストでは、話し手が膝《ひざ》を折り姿勢を低くしています。このように自分を控えめに表現するのが、謙譲語を使う心情なのです。大石初太郎氏の定義をみてみましょう。

謙譲語とは、話題の人を低く待遇し、聞き手あるいは話題の人の相手に敬意を表する敬語である。話題の人、その人に属する物・事、その人の行為・状態を言うのに用いる。

自分を低く表現することによって、話題の人を、間接的に高めることができるのです。

話題の人が話し手と異なる場合は、話題の人と聞き手のいずれがより自分に近い（身近の）人なのかで判断します。しかし、話題の人が複数の場合には、話題の人同士や話題の人と聞き手の関係も考慮して表現しなければならないので、複雑で難しくなります。どちらを優遇するかではなく、どちらを控えめに表現すればよいのか判断する必要があります。話の場面によって違うので、話の場面をしっかり認識し、落ち着いて考えながら対処しなければなりません。

《例》
・部長に就職の世話をしていただく、わたくしの友達は山田幸子と申します。
・田口部長、部長のお考えをお伝えしたところ、みな賛成だと申していました。
・お客様のご意見は、間違いなく、私どもの責任者にお伝えします。

話している最中《さいちゅう》には判断がし難《にく》いので、日ごろから、いろいろなケースを想定し、尊敬表現と謙譲表現の使い分けを研究しておくとよいでしょう。

（2）話し手または話し手側の人の呼び方

① 名前で呼ぶ場合の表現

敬称などをつけず、名前を呼び捨てにするのが原則です。フルネームが最も丁寧です。姓・名（下の名）のどちらかだけを使う場合は、パブリックな場面では姓を、プライベートな場面では下の名を使うのが一般的です。

敬称をつけず名前をそのまま

《例》・私の名前は市川義雄と申します。
・松田芳子は私の義母でございます。
・私が案内役の篠原です。

② 名前を使わない場の表現

話し手自身の場合には、性別、年齢に関係なく、「私」が一般的です。どのような話の場面でも使えます。「わたくし」と発音する方が、「わたし」と発音するより、より丁寧な印象を与えます。この他「ぼく」「おれ」「わし」「あたし」「あたい」「われ」などを使いますが、これらは主にプライベートな話の場面で使われるものです。「小生《しょうせい》」といった古めかしく気取った言い方もあります。手紙など書きことばとしても使われます。さらに、「本職《ほんしょく》」「本官《ほんかん》」「マイクロフォン」「ジョッキー」「司会者」といった職分や役目で表現することもあります。「自分」は軍隊用語として使われましたが、今でも一部の地方（近畿圏や新潟など）で使っています。面白いことに、相手の状態などを聞く時に「あなた」と同じように二人称としても使われています。

③ 話し手の身内の表現

話し手の家族や親戚といった身内のものは、そのまま表現すればよく、敬称や愛称はつけません。

《例》
・父の職業は公務員です。
・母は今デパートへ買い物に行っております。
・祖父は三年前に亡くなりましたが、祖母は健在です。

話し手の学校の友達や会社の同僚も、聞き手が先生や会社の得意先の人など尊敬表現を使う対象となる人であった場合には、家族や親戚と同じように身内意識を持って謙譲表現を使います。

さらに、普段は敬語表現で接している会社の上司でも、得意先の会社やお客様に対しては謙譲表現を使います。

《例》
・吉田が山下先生を探していました。
・先生、私たちのクラブの部長には田村が決まりました。
・続いて、総務部長の川崎武夫が皆様にご挨拶申し上げます。

謙譲表現を上手に使うコツは、まず、家族や身内を敬称なしで表現することをしっかり身につけ、次に、お客様の前で、上司を呼び捨てにすることに慣れるようにすることです。

(3) 自分または身内の人に関する表現

自分または身内の人に関するものごとの表現をする場合は、たとえ、それが優れたことやものであっても控えめに表現します。

「小社《しょうしゃ》」「小著《しょうちょ》」「弊社《へいしゃ》」「弊店《へいてん》」「拙宅《せったく》」「拙文《せつぶん》」「愚見《ぐけん》」「愚問《ぐもん》」「愚策《ぐさく》」「粗品《そしな》」「粗茶《そちゃ》」「粗飯《そはん》」などいろいろありますが、話しことばとしては、かなり堅苦しい感じになりますので、話の場面を選んで使わなければならず、書きことばとして使う場合が多いようです。

《例》・これは小社が自信をもってお勧めする品物でございます。
・私の最近の小著を差し上げます。
・「お客様に誠実に」が弊社のモットーでございます。

（4）自分または身内の人の動作・状態の表現

① 「お～する」「ご～する」の形の謙譲表現

尊敬表現で学んだ「お～になる」「ご～になる」の形と混同し、間違わないように注意してください。

お～する・ご～する　の形

具体的には「お知らせする」「お読みする」「お届けする」「お電話する」「ご通知する」「ご協力する」「ご紹介する」「ご案内する」のようになります。

このように、自己の行為・動作であっても、それが相手のためにする場合や相手によい影響を及ぼす場合には、このような表現が成り立ちます。自分の動作の表現なのに「お」「ご」が入るので、ちょっと違和感があるかもしれませんが、これでよいのです。

《例》・参加される皆さんに詳しいことは後ほど（私が）お知らせします。
・字が細かくて読みにくいので、私がお読みしましょう。
・父がこの書類を「五時までにお届けするように」と申しておりました。

動作や状態を表す謙譲表現を正しく使うためには主語の示す人が誰なのかを明確にすることが必要です。日常の話の場面では主語を省いて話されることが多いので、例文のように主語を補ってみると理解しやすくなります。

② その他の動作・状態の謙譲表現

尊敬表現の「いく・くる・いる」「いう」「する」などに対応する謙譲表現です。

行く、来る → 参《まい》る
いる → おる
言う → 申《もう》す、申《もう》し上げる
する → 致《いた》す
もらう、食べる、飲む → いただく
聞く、訪ねる、尋ねる → 伺《うかが》う
見る → 拝見《はいけん》する
聞く → 拝聴《はいちょう》する

《例》
・交通渋滞のため母は少し遅れて参ります。
・これから菊地部長が皆様にお詫びを申し上げます。
・そのままにして置いてください。後始末は私がいたします。

このほか「おほめに預かる」「お見せねがう」「お待ちいただく」などもあります。

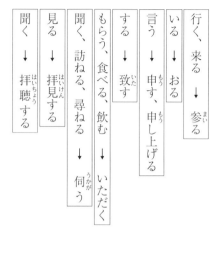

《例》・部長のおほめに預かり光栄です。
・会員証をはっきりお見せねがいます。
・あと10分程お待ちいただきます。

また、「申す」は丁寧表現として使われることがありますし、「存ずる」は、使い方で謙譲表現ばかりでなく、尊敬表現にも使われます。

《例》・奈良、京都と申しますと、神社仏閣の多い所です。（丁寧表現）
・あの方の住所をご存じではありませんか。（尊敬表現）
・私は、その件についてよく存じています。（謙譲表現）

最後に、尊敬表現と謙譲表現の区別をわかりやすくするために、表にまとめてみました。

普通の表現	尊敬の表現	謙譲の表現
行く・来る	来られる	参ります
いる	いらっしゃいます	おります
言う	おっしゃいます	申します・申し上げます
する	なさいます	いたします
知っている	ご存じです	存じております
会う	お会いになります	お目にかかります

食べる	召し上がります	いただきます
聞く	聞かれます	伺います
思う	思われます	存じます
見る	ご覧になります	拝見します
見せる	お見せになります	ご覧にいれます
五段・サ変活用動詞 一段・カ変活用動詞	未然形＋れる 未然形＋られる	
和語・日常語 漢語	お～になる ご～になる	お～する ご～する

●注　五段は五段活用のこと、サ変はサ行変格活用のこと、一段は上一段活用と下一段活用のこと、カ変はカ行変格活用のことです。

4　誠実な気持ちの表現——丁寧表現

（1）ことばに対する気配り

皆さんは友人の誕生日にプレゼントをするときに、包装にまで気を配りませんか。また、品物が宅配などで届けられたとき、包装が汚れてしまって、いやな気分になったことはありませんか。この両方のことから、「人に品物を贈るときには中身は変わらなくても少しでも多くの喜びを相手に感じてほしい、そのために包装にまで気を配るのは当然のこと」と、誰もが考えるにちがいありません。敬語の基本である丁寧表現はこの中の品物をことばに置き換えてみれば、包装が丁寧語、ないしは、丁寧表現に相当すると理解できると思います。

話し手はことばに対して気配りをしますが、それにより聞き手には話し手の誠実な気持ちが伝えられます。聞き手は自分が丁重に扱われたことを心地よく感じて喜び、話し手の誠実な気持ちに対して感謝の念を抱くようになるのです。また、話し手の表現や話し方を上品なものにする効果もあり第三者からも認められます。さらに、他の人に好感を持って迎えいれられ、丁寧表現を身に付けるだけでも、人間関係の改善に効果が上がります

ことばに対する気配りは、人間関係をよくする第一歩、社会人としての基本マナーと考えてよいでしょう。誠実な気持ちの表現ということになりますと、単にことばづかいだけの問題ではありません。「明るく張りのある声で応答する」ことも誠実な気持ちの表現であることを忘れないでください。

(2) 文体の選択

丁寧表現の方法の一つとして、話の文体の選択があります。

文体には、文の終わりを「～である」や「～だ」で表現する「デアル・ダ調」、「～です」や「～ます」で表現する「デス・マス調」、「～ございます」で表現する「ゴザイマス調」などがあります。聴き手が最も丁寧な印象を受けるのは、「ゴザイマス調」で、次が「デス・マス調」、そして「デアル・ダ調」の順です。

社会人として、一般的な話の場面では、性別、年齢に関係なく「デス・マス調」を使って話すのがよいでしょう。これを身につけ実行するだけでも、あなたの敬語能力はかなり高い評価を受けるはずです。

また、特に丁寧な表現を必要とする場合は、「ゴザイマス調」を使って話すとよいと思います。特に丁寧な表現を必要とする場合というのは、話題の人と大きな年齢差がある場合、話題の人との間に距離のある場合、話題の人に非常な恩恵を受けている場合などです。

また、具体的な話の場面としては、ＶＩＰ（大切なお客様）の応対、重役との会話、結婚披露宴や式典での司会や挨拶、大勢の聴衆を前にしてのスピーチなどです。

しかし、日本社会の会話の場面においては、親しい間柄では「ゴザイマス調」や「デス・マス調」で話すと、相手と

の距離を意識させ、よそよそしさを感じさせてしまいます。気をつけなければなりません。必要なのは話の場面に対するバランスのとれた認識でしょう。

(3) いろいろな丁寧表現

丁寧表現をするためには、他のことばづかいについても配慮が必要です。その主なものを挙げてみましょう。

① なるべく省略をしない

ことば自体を縮めていうのもよくないことです。特に「テ・ニ・ヲ・ハ」などは省略せずに使いましょう。

《例》・桃、おいしいね。→ この桃は甘くておいしいですね。
・早く行こう。→ 遅れるといけないので、早く行きましょう。
・学食をよく利用するよ。→ 私は学校の食堂をよく利用します。

ただし、省略は絶対にいけないという訳ではありません。テレビやラジオのニュースなどでも日常的に行われていて、一般に周知されているような省略語は、そのほうがわかりやすくもあり使ったほうがよいのです。

② 聞き手にわかりやすく正確に発音する

《例》・やっぱ行く。→ やはり行きます。
・わりかし好調だ。→ わりあい好調です。
・見してください。→ 見せてください。

ただし、ギプス（Gips）などは、ほとんどの人がギブスと間違って発音しているのですが、自分ひとりが正しくギプスと発音しても浮き上がった存在になってしまいます。最近はお医者さんも、一般の人にわかるように「ギブス」と発音する人が多いようです。ここでも大切なのは話の場面認識とバランス感覚です。

③　接頭語の「お」「ご」をつける

これは皆さんもよくご存知のことです。ただ「お」と「ご」をどのように使い分けたらよいかといいますと、和語（本来の日本語）や身近なものごとには「お」が付きやすく、漢語には「ご」がつきやすいということがいえます。

お＋和語・日常よく使われることば

ご＋漢語

「お」「ご」は漢字で表すと「御」であり、発音に違和感のないものを使った方がよいという考え方もあります。「お」「ご」の使い過ぎには注意してください。使い過ぎると、聞く人にこっけいな感じを与えますし、敬語の本来の使命である心の表現がおろそかになっている印象を与えてしまいます。

《例》
・菓子　↓　お菓子　　・飯（めし）　↓　ご飯
・飲み物　↓　お飲み物　　・飲食物　↓　ご飲食物
・知らせ　↓　お知らせ　　・注意　↓　ご注意
・食事　↓　お食事　　・邸宅　↓　ご邸宅

「お肉」などは、食べておいしそうに思える肉に対して使うのはよいのですが、ゴミ箱に捨てられた腐《くさ》った肉や、ダイエットしたいと思っているような身体の太りすぎの肉についての表現に使うのは適切ではありません。

④　よい印象を与えることばを選んで使う

語感や語呂《ごろ》のよいことばを使い婉曲に表現するようにします。下品で粗野な表現は極力避けることです。

《例》　・お父さん　↓　ご尊父《そんぷ》

・やばいぞ。↓　危ない／危険だ。

・ざけんじゃねぇよ。↓　ふざけないでください。

・めじゃない。↓　気にしないです。

⑤　美しいイメージを抱かせることばを使う

これは、どちらかというと、特別の話の場面にふさわしいことばの使い分けです。あまり度が過ぎるとこっけいになったり、ことば遊びになったりしてしまいます。

《例》　・醤油　↓　むらさき

・塩　↓　浪《なみ》の花《はな》

・梨　↓　有《あり》の実《み》

・するめ　↓　当たり目

5　文化審議会が示した新しい「敬語の指針」

二〇〇七年、敬語の基本的な考え方や使い方を示す「敬語の指針」が決まりました。これは、日本語の豊かな財産ともいえる敬語が的確に使いこなせなくなっている実情に応えて、文部科学大臣の諮問機関である文化審議会国語分科会が、「正しい敬語」の目安となる指針をまとめたものです。指針は、コミュニケーションを円滑に行い、スムーズな人間関係をつくるためには、敬語は欠かせないものであるという視点から、敬語の使い方がわからないという人たちを対象にまとめたものです。

（1）戦後にみる敬語指針の変遷

敬語の歴史は古く、八世紀に著された『古事記《こじき》』や『日本書紀《にほんしょき》』に出てきており、尊敬語と謙譲語はその頃から使われていましたが、丁寧語は中世に生まれ近代になって発展してきました。

一九四五年以降、国語については、歴史教育とともに、概念や教育法の刷新が試みられてきました。戦後の敬語に関する足どりをふりかえると、三つの指針が示されました。

国語学者の野村敏夫氏は、戦後の国語政策を、

①　民主思想による国語改革期（一九四五〜一九六六年）。
②　現代表記の再構成（一九六六〜一九九一年）。
③　国際化・情報化社会への対応（一九九一〜現在）。

の三時期に分けています（野村敏夫著『国語政策の戦後史』大修館書店・参照）。

一九五二年、当時の国語審議会が「これからの敬語」について建議していますが、それによりますと、

これまでの敬語は上下関係に立って発達してきたが、これからの敬語は相互尊敬の上に立たなければならない。


と改革期を象徴するように、敬語は各人が基本的人格を尊重する上に立たなければならないといっています。

この背景には、戦後の日本社会の変化があります。高度経済成長の中で人口が都市に集まり、核家族化が進み、これまでのように祖父母の世代から、敬語の使い方や微妙な意味合いを生活の中で身につける機会が失われたことが挙げられます。さらに、私たちの生活様式の中に、日常的な儀礼と縁遠くなっていることも敬語使用を難しくさせている理由かもしれません。

敬語を封建的な身分観念から引き離し、平明化をめざした一九五二年の建議は、二〇〇〇年に国語審議会が「現代社会における敬語表現」を答申するまでの半世紀、敬語についての指針として教育・一般社会に深く浸透してきました。ところが、敬語の使用は、平明化・簡素化とは逆の方向に進み、乱れが指摘されていったのも事実です。

文化庁では、一九九五年度から「国語に関する世論調査」を行っていますが、敬語使用について混乱が起きている実態が浮かび上ってきました。

世論調査では、九六パーセントの人が敬語の必要性を認めているものの、「敬語を使うことを難しいと感じることがある」人は六八パーセント。社会生活を送る上で敬語が必要かどうかについては、九三パーセントが「必要だから使いたい」「使わざるを得ない」と答えています。

さらに、「正しい敬語を使っているか自信がない」人が三七パーセント、「正しい敬語の使い方がわからない」人が二〇パーセントに上っています。

敬語の新分類

従来の分類	新分類	敬語の性質	具体例
尊敬語	尊敬語	相手または第三者の行為・物事・状態などについて、その人物を言葉の上で立てて述べる。	いらっしゃる（行く・来る・いる）。召し上がる（食べる・飲む）。おっしゃる（言う）。お使いになる（使う）。（立てるべき人物からの）お手紙。
謙譲語	謙譲語Ⅰ	自分から相手、または第三者に向かう行為・物事などについて、その向かう先の人物を立てて述べる。	申し上げる（言う）。伺う（訪ねる・尋ねる・聞く）。お目にかかる（会う）。拝借する（借りる）。存じあげる（知る）。差し上げる与える。（相手への）お手紙。
	謙譲語Ⅱ（丁重語）	自分の行為や物事などを、話や文章の相手に対して、丁重に述べる。	参る（来る・行く）。申す（言う）。いたす（する）。存じる（知る・思う）。拙著、弊社、愚見や物事など、話や文章の相手に対して、丁重に述べる。
丁寧語	丁寧語	話や文章の相手に対して、丁寧に述べる。	です。ます。ございます。
	美化語	物事を美化して述べる。	お酒。お料理。ご祝儀。お化粧。物事を美化して述べる。

（２）敬語を三分類から五分類へ

人間関係が変容し、敬語使用に多くの人たちが難しさを感じている中で、文化審議会の国語分科会は、二〇〇七年二月、敬語の基本的な考え方や具体的な使い方を示す「敬語の指針」を答申しました。敬語に関する建議・答申としては戦後三回目になります。

指針の最大の特徴は、これまでの尊敬語、謙譲語、丁寧語の三つの分類を、より厳密に五つに分類し、使い方の混乱を防ごうとした点にあります。

内容は、謙譲語をⅠとⅡの二種類に分け、丁寧語の中から美化語を独立させたもので、分け方を厳密にして理論的に敬語を身につけてもらうことをねらいにしています。

尊敬語は従来通りで、謙譲語Ⅰは、「申し上げる」「伺う」など相手を立てて敬意を表し、謙譲語Ⅱは、「参る」「弊社」など話し相手に自分の行為を丁重に表現するとしています。

丁寧語は語尾に「です」「ます」をつけ相手に丁寧に話す丁寧語と、「お酒」「ご祝儀」などのように、ものごとを美化して上品さを表す美化語に分けています。

（3）敬語を使う場合のQ&A

指針づくりにかかわった文化審議会の敬語小委員会の委員は、小説家の阿刀田高さんら一四人でした。委員会では、具体的な質問に答える形で敬語への理解を深めてもらおうとしたといいます。

例えば、こんな質問が寄せられました。

自分よりかなり年下の取引先の若い社員や、子どもの担任をしている教師に敬語を使う必要があるか。

これに対して、敬語小委員会では、

敬語は年齢にかかわらず使われる。相手の立場や役割を考え、自分が年長であっても相手を立てて使う場合がある。

と、敬語の基本的な考えを説明しています。指針では、様々な場面を想定して「Q&A方式」で三六の具体事例を取り上げ、適切な敬語の使用を紹介しています。それらの中から、六つの例を紹介しましょう。

質問①：大きな会社なのに「小社」、優秀な子どもなのに「愚息」、自信がある原稿なのに「拙稿」などと表現するのは卑屈に感じる。

解説①：伝統的になされているもので、自分にかかわりのあるものを小さく表すことによって、相手への配慮を示す言い方で、必ずしも実際にそう思うわけではない。自己表現として気持ちに合うものを用いる。

質問②：会社の田中部長のことを、取引先の社員に話す時、「田中」と呼び捨てにするのには抵抗がある。

解説②：心理的な抵抗があるかもしれないが、日常的に呼び捨てにするのとは異なる。「弊社の部長」など名前に触れない場合もある。

質問③：訪ねた会社の受付で「担当者に伺って下さい」といわれたが、客に対する言い方として妙な感じがする。

解説③：「伺う」は謙譲語Ⅰにあたり、客の動作に用いる敬語ではない。客を立てる場合には、尊敬語を用い、「お聞き下さい」「お尋ね下さい」が正しい。

質問④：社内の忘年会で司会する時、「社長からごあいさついただきます」「社長からごあいさつ申し上げます」のどちらを言えばいいか。

解説④：社員だけの会ならば、社長を立てる敬語を用いて「社長からごあいさついただきます」。社外の人が多い場合は、その人々を立てる敬語を用いて、「社長からごあいさつを申し上げます」という。

質問⑤：駅のアナウンスで「ご乗車できません」というのは適切か。

解説⑤：「お（ご）～できる」は謙譲語Ⅰにあたり適切ではない。乗客の行為に尊敬語を用いて「ご乗車になれません」という。

質問⑥：レストランで働いているが、客に「ご注文の品はおそろいになりましたでしょうか」というのは妙な感じがする。

解説⑥：「お～なる」は尊敬語なので、注文の品を立てている。「ご注文の品はそろいましたでしょうか」という。

これらの内容は文化庁のホームページにあります（http://www.bunka.go.jp/pr_fr3.html）。六〇頁ほどの枚数で、字数にすると新書一冊分に相当する分量ですが、ダウンロードしてみてはいかがでしょうか。

（4）教育現場での取り組みをめぐって

敬語を五つに分類した「敬語の指針」については、当然の事ながら賛否両論が起きています。代表的な意見を挙げてみます。

賛成意見は、「指針は現代敬語の使用実態に即し丁寧に作成された資料である」といい、反対意見は、「難解である。一読して頭に入るものでなければ、良い指針とはいえない。謙譲語をⅠとⅡに分けるのに有効性はあるか」というものです。

日本語研究の第一人者で、『日本語ウォッチング』などの著書がある明海大学教授の井上史雄氏は、指針は移ろいゆくことばの途中段階を固定的にとらえたものだと指摘しています。

二〇〇六年一二月一日付の「朝日新聞」朝刊に「敬語の指針を問う」という井上氏の意見が掲載されていたので、それをまとめて紹介しましょう。


敬語の五分類は混乱をおこす。ことに謙譲語ⅠⅡの区別は必要ない。謙譲語Ⅰは「伺う・申し上げる」などで、謙譲語Ⅱは「参る・申す」などだが、ささいな違いだ。そもそも尊敬語さえ使えない若者に、もっと難しい謙譲語を二分してまで教えるのは厄介だ。従来の三分類が分かりやすい。

謙譲語Ⅰの「上げる」は、「やる」に代わって使われ敬語的な意味合いを失っている。若い女性の多くが「植木に水をあげる」を使うのが例である。

同じく謙譲語Ⅰの「伺う」「いただく」も用法を広げている。「リヤドは今が一番しのぎ易《やす》い時期とうかがっておりますす」の類《たぐい》で、「うかがう」は相手が特定しにくく、単にことばを丁寧にしようという意識で使われている。

謙譲語が変化の過程にあることは、この報告案でも「お（ご）〜いたす」が謙譲語ⅠⅡの両方の性格を持つと説明していることに表れている。つまり、謙譲語ⅠⅡの用法は連続的で、境界不明瞭だ。

現代語は尊敬語も謙譲語も丁寧語（です・ます）に連動して使われる。友達には「先生は来るか」というくせに、先生の前だと「先生はいらっしゃいますか」などというのが典型である。敬語の使い方自体が丁寧化しているのだ。

また、美化語の「お」も必要がない。「おやつ」の「お」は、取り去って「やつ」にしたら無意味になるわけだから、敬語ではない。同様にいつも「お茶」「おかゆ」という人の場合の「お」は、美化語とされるが、本来の敬語ではなくなったのだ。

少し長い引用になりましたが、井上氏の意見はきわめて明解です。表現の多様さが日本語の妙味の一つであるがゆえに、敬語は難しい。

大学生、短期大学生、さらに留学生に「日本語表現」を教えている私としては、井上氏の意見に同感です。国語学者の中には「学生に敬語を教える時、三分類ではグレーゾーンが二〇％残るが、五分類なら五％に減らせる」との考え方もあります。

教育の現場に立つ者として実感するのは、若者たちの敬語離れです。現代は言葉がやせ細る時代といってもいいでしょう。要因の一つは携帯電話の普及が挙げられます。

携帯電話は、その場の雰囲気にかかわりなく、無造作に相手とつながります。それによって周囲への気配りが失われ、敬語表現は意識の中から消えてしまうのです。そのような学生たちに、敬語を教えるのには、できるだけ単純化するのがよいというのが私の考えです。

若者たちが敬語を日常生活の中から身に付けるのは、アルバイトを通してが圧倒的に多いのです。

中学二・三年の国語科の学習指導要領には、

敬語についての理解を深め生活の中で適切に使えるようにすること。

とありますが、中学校で敬語教育が実際にどの程度行われているか不明です。

教育現場の中学校の先生からは、五分類について、「謙譲語を分けたら、かえって混乱をまねく」「生徒が違いを理解できるか」といった事を危惧《きぐ》する声もきかれます。

国語分科会総会では、委員の中から、「教育現場の混乱は避けられない」という意見も出されたようです。

小学五年・六年の国語科の学習指導要領には、

日常よく使われる敬語の使い方に慣れること。

とあります。小学校で時間をかけて敬語を教えている学校は少ないのが現状で、小学校で五分類を教えるのは、きわめて難しいといえましょう。

ただ、このような指針が示された以上、これからの教科書づくりや辞書づくりに反映されていくことは間違いなく、その流れが加速し、教育現場でも五分類をよりわかりやすく教えていく取り組みが必要になってきます。いずれにせよ、敬語をどのように分類しても、現代の敬語を明確に分類することは不可能といえましょう。

敬語の重要性は、どのような場面でどのように使うかがポイントであり、そのような意味からすると、今回の指針は、具体的な内容を盛り込んでおり、核家族化が進み、家庭内で敬語が学べない現状にあって、一つの目安《めやす》を示したものとして評価すべきでしょう。

人と話す上で最も大切なことは、敬語をどのように使うかということもさることながら、相手に対して配慮の気持を抱き、心をこめて話すことです。相手を思いやる気持ちで相互に尊重し、理解しあい努力することが豊かな日本語を育てることになります。形式に固まることなく、これを契機に柔軟で心のこもった敬語が広まることを期待したいと思います。

私は思います。社会を動かすのは権力者ではなく、敬語を使うことにあると。

第10章　ロジカルシンキングを身につけよう

児島建次郎

1　演繹法・帰納法・弁証法とは

ロジカルシンキング（logical thinking）とは、日本語で論理的思考といい、物事の筋道や構造を指します。つまり、「論」＝主張や認識と、「理」＝理由や論拠が存在すると考えればわかりやすいでしょう。

ロジカルであるためには、

・主張が存在する

・論拠が存在する

・主張と論拠の関係が適切である

の三つの要素がなければなりません（日沖健著『ロジカルシンキングトレーニング七七』参照）。

論理的な思考の基本となるものには

・演繹法

・帰納法
・弁証法

の三つがありますが、一般的に役立つのは、演繹法と帰納法です。

古代ギリシア時代に生まれた論理学は、プラトンの弟子・アリストテレス（前三八四〜前三二二）によって形式論理学（経験によらずに真偽を見きわめる）にまとめられます。アリストテレスは、古代最大の総合哲学者で、その学説は中世スコラ学に影響を与えることになります。

2 演繹法

一七世紀になると、キリスト教会の教義を理性的に弁証するスコラ学が発展します。スコラ的教育を受けたフランスのデカルト（一五九六〜一六七九）は、真理の認識に達する方法として、明確な事実をもとにして論理を進めていく新たな科学方法を提唱しました。これが演繹法です。

演繹法とは、万人が認める定理から、特殊な未知の事柄を、経験によらず、必然的、論理的結論として導くために推論することをいいます。演繹的思考は、大前提をつくり、つぎに小前提をつくり結論を導き出します。

まず、誰もが納得する「人間は必ず死ぬ」という万人が認める定理をおきます。次に「私は人間である」と視点を変えます。この大前提↓小前提の過程から導き出されることは「私は必ず死ぬ」という結論です。一般的法則を基にして、それを個別にあてはめるという論理的形式が演繹法です。演繹的方法とは、実証の過程の中で類推をたくましくする

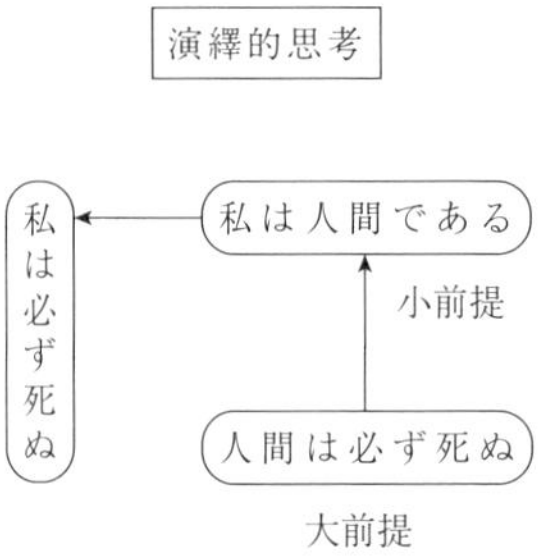
演繹的思考
私は人間である
小前提
人間は必ず死ぬ
大前提
私は必ず死ぬ

ことであるといえましょう。

演繹法では、ある事実を一般的に認知されている原理に当てはめて結論を導き出すので、事実・原理・結論というパーツに分けられます。

演繹法は、大前提に依存しているため、大前提が間違っていたり共有できないと説得力に欠けてしまいます。

演繹法で導き出される結論は一つですが、一つだからといって正しいとはいえません。結論が正当性、説得力をもつための絶対的条件は、大前提がゆるぎないものである事が大事です。

3　帰納法

一方、科学的方法と経験論の先駆者であるイギリスの哲学者・ベーコン（一五六一〜一六二六）は、演繹法は独断的前提に基づいた特殊な事実を取り上げているだけだと批判しました。そして、多くの事実の間の共通本質を求める方法こそ、科学的な方法論であると提唱しました。これが帰納法です。

帰納法とは、多くの事実から共通点を探り出し、これらを統一して一般に当てはまる原理・法則を導き出すことをいいます。

帰納的思考は、共通する事実をいくつか挙げて、その実例に共通する命題は正しいと結論づけます。「ソクラテスは死んだ」、「孔子は死んだ」、「聖徳太子は死んだ」。これらの事実を観察して、「人間は必ず死ぬ」という結論を導き出します。

帰納法は、集めた要素から共通点を見つけてまとめる論理パターンです。帰納法で留意したい事は、結論はあくまで推論だという事です。なぜなら、すべてのサンプルを集める事は不可能だからです。ただ、サンプルが多いほど導き出される推論は、信憑性《しんぴょうせい》が高くなります。

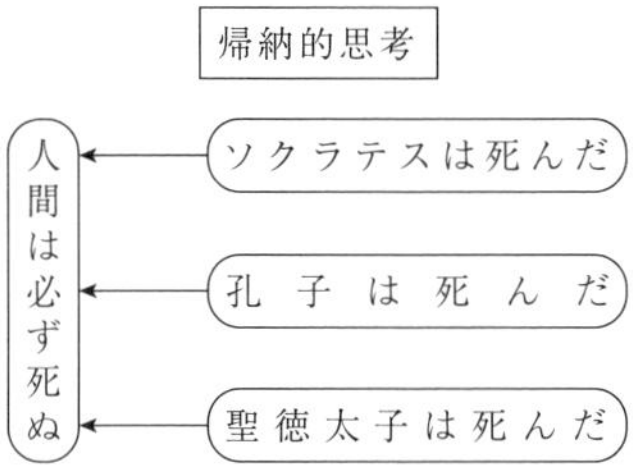
帰納的思考
ソクラテスは死んだ
孔子は死んだ
聖徳太子は死んだ
人間は必ず死ぬ

帰納法で注意したい点は、偏《かたよ》りのあるサンプルばかりを集めたり、都合のよい情報ばかりを集めたりしない事です。帰納法は、複数の事実の集合から共通していえる事を結論にする方法です。すなわち、事実と結論という二つのパーツがあり、そこには複数の結論があり、確からしいものと確からしくないものが出てきます。

演繹法は、大前提・小前提が正しければ、結論は正しくなるというロジックです。つまり与えられた命題からその命題に含まれている意味を引き出せば、結論はおのずから正しいものになります。

これに対し帰納法は、わずかでも例外があれば、論理が破綻《はたん》するという崩壊の危険性をはらんでいます。

4 弁証法

論理的な思考には、もう一つ弁証法があります。弁証法は、テーゼ（肯定）とアンチテーゼ（否定）とに対立した物事を統合して、より高次元の見識に達することを目指す論法です（大石哲之監修『ロジカルシンキング』参照）。

ヨーロッパやアメリカのように、民族、言語、文化など多様な価値観が複雑な利害関係を生む社会では、論理的に相手を説得しなければ成り立たない状況にあります。考え方や文化が異なる多民族社会では、それを束ねるために納得のいく高い共通ルールが必要になってきます。納得するとは、論理的に整合性があるということです。

これに対し、日本人はロジカルシンキング（論理的思考）が苦手です。日本社会は、以心伝心、阿吽の呼吸、腹芸といったことばに象徴されるように、論理的に説明しなくても、何となく理解しあって物事を進めてきました。

ところが、グローバル化が進み、国際的な経済活動が潮流となっている中で、日本企業が世界を相手にするためには、論理的な説明能力が強く求められるのです。

主要参考文献

『ロジカルシンキング』（大石哲之監修・宝島社）
『ロジカルシンキングトレーニング七七』（日沖健著・産業能率大学出版部）

第11章　情報に振り回されないためのインテリジェンス

寺西裕一

1　メディア社会における情報とは

現代は高度情報化社会といわれています。テレビ・新聞・ラジオ・雑誌などのマスメディアをはじめ、パソコン・携帯電話・スマートフォン・タブレットを通じて情報を得る機会は増える一方です。博報堂ＤＹメディアパートナーズの「二〇一六年メディア定点調査」によると、一日のメディア接触時間は過去最大となる三九三・八分でした。一日の睡眠時間を平均七時間とすると、起きている時間の約三分の一は何らかのメディアにかかわっている時間ということになります。

このように日常生活に深く入り込んでいるメディアに対して、我々は「メディアとの正しい接触」を学ぶことが必要不可欠になってきました。この接触に際して個々が発揮すべき能力が「メディアリテラシー」です。

リテラシー（literacy）とは「読み書き能力」、元々は「ある分野に関する知識やそれを活用する能力」（『大辞林』三省堂）という意味です。日本では「識字率」「識字教育」の意でも使われました。近代国家を形成するにあたり、国の言語を国民に充分に習得させ、一定の知識水準に引き上げることを目的に識字教育に力を入れた時代がありました。この考えがリテラシーという言葉の根底にあるといわれています。そして、一般的に「ある分野で用いられている記述体系を理解し、整理し、活用する能力」として使われるようになりました。

中でも、放送や新聞といったマスメディアの発達は、人々の日常生活・思考・行動に大きな影響を与えるようになり「メディアリテラシー」の重要性が説かれるようになったのです。

「メディアリテラシー」とは「メディアが発する情報を評価・識別・判断する能力」のことです。

メディアジャーナリストの菅谷明子氏は「メディアリテラシー」を「メディアが送り出す情報は『構成されたもの』として情報をクリティカルに捉え、主体的に関わっていく能力」と定義しています。尚、「クリティカル」は本章では「適切な基準や根拠をもとに論理的で偏りのない思考」という中立的な意味で使います。

2　メディアリテラシー教育の広がり

「メディアリテラシー」は、テレビの普及を前提として映像文化に対する理解を深めるものとして広がっていきました。アメリカの文化に大きな影響を受けたカナダは、テレビの商業主義に対する批判などから、一九八七年に世界で初めて教育現場に取り入れました。「メディア教育　発祥の地」といわれるイギリスは一九八八年の全国カリキュラム制定を機に「国語」の授業に、映像の読解などを盛り込んだ「メディア教育」を加えました。

「メディア王国」アメリカでは一九七〇年代に教育プログラムが開発され、全米の学校に教材が配布されたのが始まりです。その時には浸透しなかったものの、一九九〇年代に入り、メディアの商業化や不祥事、映像による性・暴力描写の急増が問題視され、一九九四年に「メディアリテラシー」が一部の高校のカリキュラムに取り入れられました。その後、ヨーロッパ各国、南米、アジア地域に広がり、日本でも公共的な教育の場で取り上げられるようになってきたのです。

このように「メディアリテラシー」が各国で積極的に取り入れられたのにはどのような背景があったのでしょう。それにはメディアが、自国の文化の育成や保護、他文化への関心や多様性の理解、道徳観の保持などに深くかかわり、その影響力の大きさを認識したことが考えられます。

メディアリテラシーが教育現場で広がりをみせる中で、メディアが発信する情報を解釈する能力（メディア受容能力）だけでなく、パソコンなどの機器を正しく扱う能力（メディア使用能力）、メディアを通して表現する能力（メディア表現能力）の三つの能力を高めていくことがメディアリテラシー教育であると言われています。

パーソナル・コンピューターやスマートフォン、携帯電話など情報を送受信する機器を扱う能力を身につけるメディア使用能力は、ますます拡大する高度情報化社会を快適で機能的にするために欠かすことのできない能力です。幼少期からメディア機器に触れる機会が多い若い世代が、リテラシーを牽引《けんいん》していく立場であるべきです。

では、メディアリテラシーを高めていくためには何が必要になってくるのか。メディア受容能力、メディア表現能力を更に深く考察していきましょう。

3　受信者としてのメディアリテラシー

メディアが送り出す情報の多くは、送り手側の観点から捉えられた思考・主張が入り込んでいたり、制作側の視点で構成されたものです。メディアに登場する人物が「特定のイメージ」「決められたキャラクター」として人間性を設定されて伝えられることも珍しくありません。インタビューやコメントも編集の仕方によって、伝わる印象は大きく変わります。賛否が分かれる事象を扱う場合も、賛成と反対のどちらかの情報量が多くなれば、受け取る側の判断に大きな影響を与えるかもしれません。

情報には誰かの、何らかの思考が混じっています。まずは、受け取った情報が何を根拠に発しているものなのか、自分で判断する眼を養うことが大切です。

判断の指標として見極めてほしいのが、「オピニオン（主張・意見）」なのか、「ファクト（事実・真実）」なのか、ということです。世の中に出回っている様々な情報の中には、データ・数字などを事例に「事実」を伝えているものもあれば、その「事実」を元に「意見・主張」を交えているものもあります。それに加えて、裏付けもなく「憶測《おくそく》」で「意見・主張」を伝えているものも見受けられます。

例えば、プロ野球の人気球団の成績が悪い場合、必ずといっていいほど「主力選手の成績不振」が原因とされます。「その選手の成績が例年より悪い、昨年は打率三割を打っていたのに今年は二割しか打っていない」。これは数字に表れている「事実」です。

ところが、その原因を探るにあたり、公式に発表されていないにもかかわらず「脇腹を痛めている?」とケガを匂わせる報道をしたり、「夫婦間の会話が少ない」といった私生活の影響を理由に挙げる場合があります。

これは「憶測による意見・主張」です。技術的な問題を、専門家が分析することによって不振の理由を探るのは、「裏付けのある主張」であり、「専門家の意見」として「ファクトに近いオピニオン」と考えてもいいかもしれませんが、「?」付きの憶測報道は受け取る側も注意深く接していきたいものです。

このようにメディアの発信した記事を鵜呑《うの》みにするのではなく、事実に基づいた正確な情報を示しているのかをしっかりと精査し、その上で賛否を含めた自己判断をしていくことで「主体的に関わる能力」が養われていきます。「テレビで放送されていた」「インターネットに載っていた」から正しい情報だと簡単に判断するのではなく、幅広い情報収集と正確な知識を加えた上で取捨選択していくよう心がけましょう。

また、インターネット情報の中には、センセーショナルなタイトルで興味を引こうとするジャンクフード（＝栄養価の低い食べ物）・ニュースと呼ばれるものがあります。

これは社会的な意義としては重要性が低いにも関わらず、ウェブサイトのアクセス数を上げることを目的として頻繁《ひんぱん》に情報発信するものです。一方、大手の新聞社や放送局は、その豊富な資金力・ネットワークを駆使して情報を収集します。

現場では、報道マンとして教育を受けた人材が取材をし、デスクなどの編集担当者がチェックをし、情報としての重要度に応じた情報整理をして新聞紙面を構成したり、放送するニュースの優先順位を決めたりします。

ただし、それらの過程で「発信側の主張」や「報道側の論理」でニュースが伝えられる可能性もはらんでいます。テレビや新聞などのマスメディアが長年培った信頼性や影響力、情報の蓄積を認めつつ、その発信が偏っていないかを確認するために、同じ情報でも新聞各社の記事を比較したり、ニュース番組を放送局別に見比べたりする習慣を身につけることも必要です。

4　発信者としてのメディアリテラシー

インターネットの普及に加え、いまや国民の七割以上がスマートフォンや携帯電話を所有する時代に突入しています。タブレットも含めたIT機器の急速な拡大と普及により、インターネットを通した情報に触れる機会が増大しています。一日あたりの若年層におけるメディア接触比率は、テレビの約二五パーセントに対して、スマートフォンが四五パーセント超（五年前の全世代ではテレビが五〇パーセント超、スマホが約一〇パーセント）となるなど、接触するメディアも確実に変化を遂げています。

より簡単により速く多くの情報を入手できるスマートフォン人口が急激に増えていく昨今、情報の送受信が気軽にできる生活面でのメリットが享受できる反面、情報モラルや情報セキュリティに関する知識を高めていく「インターネットリテラシー」「情報リテラシー」が不可欠な時代にもなっています。

近年はSNS（ソーシャル・ネットワーキング・サービス）を通じて、常に気の合う仲間同士でつながりを確認することができます。また、趣味・嗜好《しこう》・居住地域・出身校が共通する、直接会ったことのない人と簡単に情報交換できるようにもなりました。実際の行動範囲外の人ともつながることで、友人や知り合いの輪が広がるSNSの世界。「もっと自分のことを発信したい」「もっと自分のことを知って欲しい」という発信の意欲が強くなるのは自然なことかもしれません。

しかし、過度な情報発信や仲間内への「受け狙い」の発信が、思わぬ社会的なトラブルを招いたり、周囲の人に大きな迷惑をかけてしまったり、知らない間に人を傷つけていたりする恐れがあります。

投稿したコメントや公開した情報は、完全に消すことができない場合もあり、実名を露出《ろしゅつ》していなくても人物の特定は可能です。「社会的に常識の範囲を逸脱《いつだつ》したものではないか?」と投稿前に考え、確認してから発信することが「発信者の義務」といえるでしょう。

社会問題化した投稿例

・回転すし店で客が、しょうゆ差しを吸った写真を公開→店舗を特定できなかったため、その地域の全店舗のしょうゆ差しを洗浄、しょうゆを入れ替え

・少年が交番のパトカーの屋根に乗った写真を投稿→器物損壊の疑いで逮捕

・少年が地下鉄の線路に立ち入り、ピースサイン姿を投稿→即刻、警察に通報

気軽に写真や動画で自分の行為を発信できるからこそ、発信者としてのモラルが問われます。自分は親しい友人やSNSを通じて、わかり合った人のみに向けて発信したつもりでも、その他の多くの人の目にさらされている可能性があります。あなたが何気なく発信した言葉が人を傷つけているかもしれません。気心の知れた仲間だけがあなたの情報を見ているわけではないのです。また、匿名性《とくめい》に乗じて行き過ぎた発信をすれば、「サイバーストーカー」として訴えられる可能性もあります。例えば、特定の人をバッシングしたり、根も葉もないデマを投稿したり、嫌がらせを繰り返す行為などがそれにあたります。匿名のつもりでも人物特定は可能な時代です。

二〇一六年九月一〇日付の「読売新聞」「今日のノート」の欄に、「貧困たたき」という見出しでネットの怖さを示す記事が紹介されていました。

また、これより少し前の八月一八日NHK「ニュース七」で、進学をあきらめざるを得ない高校生の苦しさが取り上げられました。このニュースに対して、「NHKが貧困を捏造《ねつぞう》した」などと攻撃する情報がネットにあふれました。ところが、ネットに「高校生の部屋にはエアコンらしきものが映っている」と書かれていたのはウソで、内容まで取材記者の捏造だった事が判明しました。

最近のネットメディアの中には、弱い立場の人をたたく風潮が強まっており「手段を選ばない社会現象」にジャーナリストや多くの人達が警鐘を鳴らしています。匿名のつもりでも人物特定はほぼ可能な時代です。匿名性に依存した自己形成・人格形成をしないように気をつけ、実社会では学生であり、決して社会的立場が確立されているわけではないということを理解しましょう。

リアルな自分像を常に意識し確認しながらネット社会に携わりたいものです。発信する情報に対して責任を持ち、自分の行為や発信情報が周囲（家族・友人・所属する大学）に影響を与える可能性があることを肝に銘じ、健全に情報化社会とかかわっていきましょう。

総務省の「インターネット利用におけるトラブル事例等に関する調査研究」によると、ネットを通じた様々な問題が例記されています。一部を紹介しましょう。

・「不審な無線LANのアクセスポイントへの接続に伴う通信内容の流出」
・「不正アプリのインストールによる個人情報の流出」
・「なりすまし投稿」

このようなトラブルを回避するためには、

① 自分のＩＤ・パスワード等の管理は十分に気をつけ、必ず自分にしかわからない複雑なものにする。
② 知らない人のメールや広告メールを安易に開いたりせず、フィルタリング機能を上手に活用する。
③ 無料、もしくはパスワード不要の無線ＬＡＮ通信は、なるべく短時間にとどめる。
④ 無料アプリのダウンロードやクリック画面では慎重に対処する。
⑤ 利用していないサイトなどからも請求があった場合は速やかに周囲の人や警察等に相談する。

警視庁の調査によると、日常生活において、保護者や友人などとのコミュニケーションが良好な場合の方が、そうでない場合よりも、インターネット上の危険回避行動は上回っているというデータがあります。自分なりにネット上の交流とリアルな交流をしっかり区別して、上手にかかわっていくことが「高度情報化社会に求められるリテラシー」といえるでしょう。

主要参考文献

『メディアリテラシー〜世界の現場から〜』（菅谷明子著・岩波書店）
『テレビメディアの世界』（戸村栄子・西野泰司著・駿河台出版社）
『メディアリテラシーの方法』（アートシルバー・ブラット他著／安田尚監訳）
『送り手のメディアリテラシー』（黒田勇編・世界思想社）
総務省ホームページ

第12章　話し上手は聞き上手・気づく力を養う

児島建次郎・寺西裕一

1　聞く力の復権・聞く力を鍛えよう

歴史上の人物で智恵者として知られているイスラエルのソロモン王（前九六〇～前九二二年頃）は、「賢者は聞き、愚者は語る」ということばを残しています。

私たちの日常的な言語生活のうち、多くの時間を費やしているのは「聞く」ことです。ＮＨＫの「国民生活時間調査」によれば、聞く時間は話す時間の三倍以上の六〇～七〇パーセントにのぼるとの結果が出ています。ソロモン王は賢者の資格は聞くことにありといっていますが、現代社会でも通用する格言といえましょう。

コミュニケーションは、「話す」「書く」という情報発信の部分と「聞く」「読む」という受信の部分から成り立っています。従って、情報を伝える発信者とそれを受ける受信者の間に共同作業の認識がないと、コミュニケーションは機能しません。ヒューマン・コミュニケーションは、発信者のメッセージを積極的に受けとめる聞く力が求められるのです。

「きく」ということばを辞書でひくと、「聞く」「聴く」を挙げており、さらに「訊く」を加えることができます。

聞く（hear）とは、音や声が自然に入ってくる生理作用をいいます。

聴く（listening）とは、人の話を理解し、心に受け入れることをいいます。

訊く（question）とは、答えを求めて人に尋ねることで、聞いた話への理解を深めることをいいます。疑問やあいまいな点を質《ただ》すということでしょう。

英語の hear は、聞く、聞こえるとあり、listening は、耳を傾ける、努力して意欲的な態度できくとあります。「聞く・聴く」についてのことわざとしては、「きくは一時《いっとき》の恥・きかぬは末代の恥」「きく耳持たぬ」「話し上手は聞き上手」など、いろいろあります。上手な話し手とは自分のことを話すだけでなく、上手に聞くことのできる能力をもっている人のことであるといっていいでしょう。

では、人の話を聞くためには、どのような心構えをもてばいいでしょうか。義理で聞くのではなく、真底から聞く気持ちにならなければなりません。留意すべき点を挙げましょう。

① 先入観をもたず白紙で臨む

予断をもって臨んだり対立感情をもっていたりすると、真実をゆがめることがあります。あなたに合わない情報を排除することなく、防御の鎧《よろい》を脱ぎ捨てて臨みましょう。

② 共感をもち真意をくみとる

話し手への最高の賛辞は共感です。あなたは話の中に共感できる点を見つけるように努めましょう。そして、話全体から雰囲気を読みとり真意をつかみたいものです。存在価値が認められることほど話し手にとってうれしいことはありません。

③ 話に関心をもち、いたわりの心をもつ

話に関心をもっていることを表現するため、相づちを打ったり、うなずいたり、やわらかい視線をおくりましょう。聞き手の態度が積極的ですと、話し手の発想も豊かになり、ボディランゲージを使って情熱的に話すようになります。話の内容に、多少稚拙さがあったりトチッたりしても、いたわりの心をもって真剣に話を受けとめたいものです。

④ 話の腰を折らず根気よく

話の途中でさえぎったり話題を変えたりすることは、聞き手のマナーとして最も慎むべきことです。日本語のはなしことばは、最後のところに肯定か否定かなど重要な部分がでてきますので根気よく聞き、正確な意味を聞き取るようにしましょう。

⑤　謙虚さと寛容さをもつ

話し手と聞き手は対等の立場にあります。どちらかが傲慢な態度をとったり、地位や年齢などによる上下関係を感じさせたりしては、真実や真意を汲み取ることができません。話し手の感情を否定するのではなく、寛容さをもって受けとめたいものです。

漫然《まんぜん》と聞くのではなく、話全体の構成や論理の展開をしっかりつかんで聞くためのチェックポイントを挙げてみましょう。

①　何をいいたいのか、論旨を理解する。
②　論理にこじつけや無理がなく、納得できる結論になっているか。
③　論理に矛盾がなく、自然の流れに沿って話が進んでいるか。
④　事実と推論を混同することなく、きちっと区別しているか。
⑤　話し手の体験か、それとも引用かなど、論拠を裏づける実例やデータは正確であるか。

2　聞くことのメリットとメモの効用

人に共感を感じ興味が持てる人は、自らも自然に発信できる人のことをいうのでしょう。私たちは話を聞くことによって、話し手の存在を認め敬意をはらい、考え方や情感を知るわけです。

聞くことのメリット

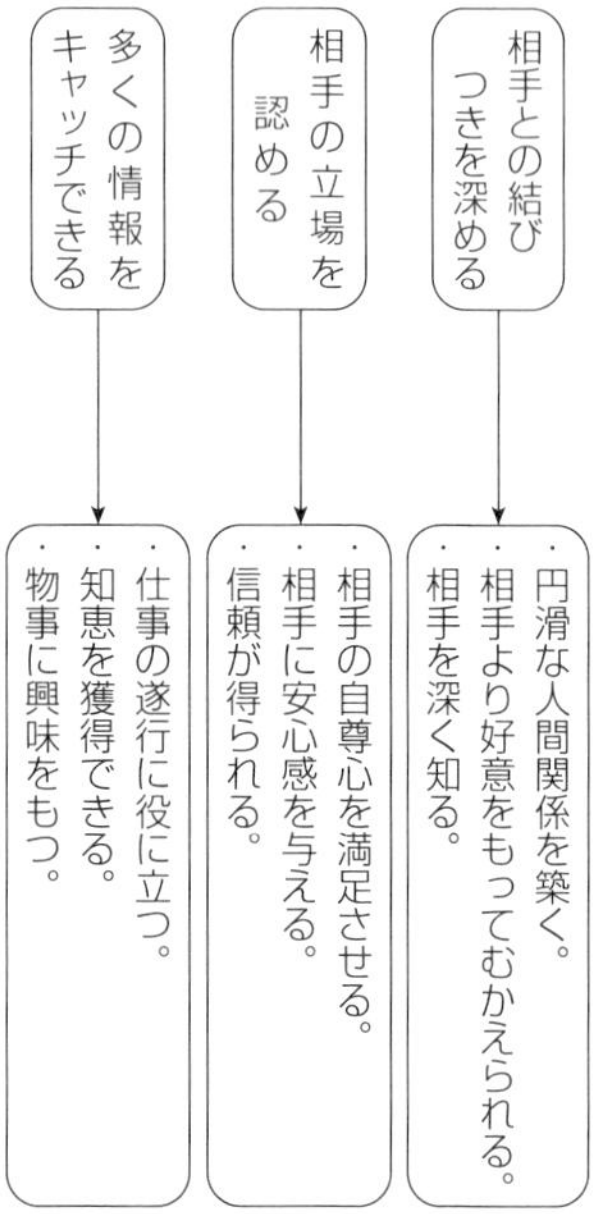
相手との結びつきを深める
・円滑な人間関係を築く。
・相手より好意をもってむかえられる。
・相手を深く知る。
相手の立場を認める
・相手の自尊心を満足させる。
・相手に安心感を与える。
・信頼が得られる。
多くの情報をキャッチできる
・仕事の遂行に役立つ。
・知恵を獲得できる。
・物事に興味をもつ。

そこで、聞くことのメリットを考えてみましょう。

コミュニケーションにおいて、聞くこととは、話し手の思想や感情、知識などに関心を示すとともに相手の自尊心を満足させ注目することを意味します。そして、聞き手は人間関係を深め、未知の情報をキャッチできるというメリットがあります。聞いた話を役立てようと思えば、内容を理解するとともに論理の展開を認識し、自分の考えと対比したりしなければなりません。

ただ、話し手がしっかりした道筋を立てて論理的に表現しても、話は瞬時にして消えるため、断片的な印象や面白い、つまらないといったことだけしか頭に残らない場合が多いと思います。そこで、メモが役に立つのです。記憶力を補い再現するためにはメモが必要になってきます。

メモを取りながら聞くと、集中して聞き続けることができる上、あとで話全体を再現することが可能になり、矛盾点などを明確にすることができます。

メモを取りながら聞き、それに創造性を加えることで、あなたは聞く喜びを実感するにちがいありません。工夫したメモを生活の中でも役に立てて、論理的に話を聞く訓練を積みかさね、人間として成長していきたいものです。

聞くことは、他者を理解することです。聞く力がなければ、相手を理解することができません。あなたが相手を理解する上で重要なことは、自己洞察力や感受性、既成の価値観にとらわれない柔軟な頭をもった人間的成熟性が伴うことではないかと思います。

メモの効用

①話に長時間集中でき、話の内容を把握する上で役に立つ。
②自分を「無」にしてフィルターを外して素直に受け入れることができる。
③話の流れを確認しながら時間的経過がつかめる。
④あとで話全体を再現し、矛盾や疑問点を発見できる。
⑤聞く力、話す力が養われる。

3　相づちで「話させ上手」に

相づちは、相手の話の合間に同意をあらわしたり、感動や驚きを示すことで、話を聞いていることを表明し相手を安心させ話を快く進めさせる促進剤の役目も果します。

最近、ほめことばの相づちで、「さしすせそ」が話題をよんでいます。

㋚　さすがですね
㋛　知らなかった
㋜　すてきですね
㋝　センスがいいですね
㋞　そうだったのですか

人間は、誰でも褒《ほ》められると嬉しいものです。ただ、打つタイミングを間違えると逆効果になる事があります。相づちは、話の区切り、切れ目でゆっくり打つ事、話の内容とかけ離れた打ち方をしない事など注意して下さい。

話は、話し手、聞き手がお互いに協力し合って進めていくものです。聞き手が聞きやすいように、話を独り占めしないようにしましょう。特に話し好きのタイプの人は、「話したい」という誘惑が強く、聞き役にまわるのは容易ではありません。このような人は、強い自覚をもって会話が活発になるよう努力して下さい。

相づちは、話を加速させる役割ももっています。

例えば、共感する場合には「私もそう思います」、相手を褒《ほ》める場合には「すごいですね」、驚いてみせる場合は「それは知りませんでした」など、相手が話しやすい環境をつくると話がはずみます。話を聞く時には、黙ってうなずくだけでなく、話し手に聞き手の気持ちが伝わるよう相づちを打ちましょう。

相づちは、話し手にも喜ばれ、聞き手にも会話促進の有効な手段であると、賢明なあなたなら気づく事でしょう。

4　インタビューから考える質問力

(1)　会話としての流れ

インタビューは、目的を持って特定の人物から話を聞き出し、そのテーマや人物像を「流れのある会話」の中から描き出していくものです。

テレビ・ラジオでは多少の編集を加えることはあっても「会話」として放送されることがほとんどですし、新聞・雑誌でも「会話としての流れ」がないと素材としては物足りないものになってしまいます。したがって、語られる内容のどこを際立たせてテーマや人物をより印象づけるのか、コミュニケーションバランスを図りながら『話の流れを汲んで構成する力』が必要になってきます。

あらかじめ準備した質問を順番に聞いていくのではなく、話の流れや内容から、相手の「話したいポイント」を肌で感じながら質問していかなければ、良いインタビューにはなりません。また、質問が長くなり過ぎて「はい」や「いいえ」でやりとりが終ってしまうようでは「会話」になっているとは言い難いでしょう。人から何かを聞き出したいときに入念な準備は当然必要ですが、用意したものに縛られ過ぎないよう心がけたいものです。

ここでは「インタビューの心得」を学びながら、「他人から話を聞き出す」ことについて考えていきます。

(2) インタビューの準備

① テーマを検討する

インタビューの目的は何なのかを明確にすることが大切です。テーマがあいまいでは会話も散漫《さんまん》になり、落ち着きのないものになってしまいます。最終的に何を聞き出したいのか、何をクローズアップしたいのか、しっかりとテーマを持って臨みましょう。

② 情報を集める

何かを聞き出すためには、まず相手を知らなければなりません。疑問に思うことをメモで書き出して、事前に調べられるものは情報として持っておいた方がいいでしょう。

相手の予備知識を準備しておくことで精神的にも余裕を持ってインタビューに臨むことができますし、受け手側も「自分への理解度」が、より濃厚であれば、友好的な対応をしてくれる可能性は高くなるでしょう。

③ 構成を考える

相手の人物像を自分の中で描き出しながら質問を考えていきます。その人物の個性や特長をはじめ、体験談などから「潜在化したストーリー」を浮き立たせるためにはどんな質問が適切なのか、想定質問を書き出して順序立てて構成していきます。

その上で、相手が答えやすいよう、また、話がスムーズに進むように手を加えていきましょう。

④　打ち合わせをする

インタビューは「話す・聞く」というコミュニケーションのバランスが大切です。聞き手が一方的に用意したものだけでは「準備」は不十分です。可能であれば、打ち合わせの時間をつくってもらい、こちらのインタビューの意図や目的・構成などを伝えて、相手に「心の準備」をしてもらいましょう。

打ち合わせ段階でスムーズなコミュニケーションが図られ、お互いの信頼関係が深まれば、インタビューの成功率は格段にアップするはずです。

打ち合わせを進める段階で構成や質問内容を変えた方がいい、と判断する場合もあるでしょう。また、相手が予想以上に饒舌《じょうぜつ》な人なら、質問は短めに、数も減らして臨むべきですし、寡黙《かもく》な人であれば、より話しやすい雰囲気をつくって「相手をのせてあげる」テクニックも必要になってきます。

いずれにしても、相手が質問に応じやすい環境をいかに整えていくかが大切です。いい聞き手になるためには「どんな質問をするか」だけでなく、「どう答えてもらうか」をしっかりとイメージし、話の内容や流れに応じて臨機応変に対処できる柔軟性も必要になります。

⑤　インタビュー体験談

インタビューで最も難しい部類のものは、競馬などのレースで、人気になるであろう（投票するファンが多いであろう）陣営へのインタビューです。なぜなら、彼らのコメントがファンの投票券購入に大きな影響を与えるからです。

したがって、どうしてもレース前のコメントは当たり障りのないものになることが多いのですが、そこを、どう突っ込んで、少しでも面白いコメントや検討に役立つ情報を引き出すかが、インタビュアーの腕の見せどころとなるのです。

逆に、「ヒーローインタビュー」のような「おめでとう」系のものは、シャイな選手の場合、多少盛り上げに苦労することはあっても、基本的には選手本人も活躍して嬉しいわけですから、いい雰囲気で受け答えをしてもらえる確率はかなり高くなります。

しかし、そのヒーローインタビューで「質問の切り口」を間違えて大失敗した経験があります。当時、近鉄バファローズのエースとして君臨していた野茂英雄投手が先発し、完投勝利をあげた時のことです。

野茂投手の登板する試合は、三振が多くエキサイティングな反面、四球も多く、投げる球数も増えるので試合時間がどうしても長くなります。その日も試合時間が四時間近くに達し、正直、観ている側もクタクタでした。

そこで、「打たせて」アウトを取る、とか「四球を出さないようにして球数を減らす」など試合がテンポアップできるピッチングは考えていないのか、という類《たぐ》いの質問をしてみようと思いました。そして、いくつか質問をした後に「今日もたくさんの三振を奪いましたが、四球も多かったですね？」という問いを向けてみました。

すると、少しムッとした表情（に見えた）の野茂投手は「ファンのみなさんは僕の奪三振を見に来てくれていると思っているので、四球や球数はまったく気にしていません」と毅然《きぜん》とした態度で答えたのです。

なるほど、「自分の魅力は三振を奪うこと」すなわち『奪三振の美学』が彼の〝野球道〟だったのです。その最も大切な部分のポイントを外した「何て愚かな質問をしてしまったのだろう」と気づいた瞬間、恥ずかしい思いが胸に込み上げてきて、インタビュー後、大いに落ち込んだものです。

それ以降、「相手が最も大切にしている美学は何なのか」を注意深く考え、会話の展開の中で「美学」をクローズアップしていくことに重きを置いて話を聞くようになりました。

「人に話を聞く」時には、質問者が独りよがりな考えで問いかけるのではなく、相手に敬意を払いながら、大切にしている考えを導き出すことが「正しい聞き方」であるということに気づかされたのです。野茂投手の自信に満ち溢れた毅然とした態度は今もハッキリと頭の中に焼き付いています。

インタビューというと「専門的」で「自分には縁遠い作業」という印象を持っている人も多いでしょう。ただ、「人に話を聞く」ことは日常的かつ身近な作業です。「会話の流れを意識する」「相手を知り、話しやすい雰囲気をつくる」

「話のポイントを外さない」など応用できることもたくさんあります。

ほんの少し『いい聞き手になる』という意識を持つよう心掛けることで『話し上手』への道が開け、コミュニケーションスキルがアップします。人から「ちょっと良い話」を聞き出す技術を身につけて、人と会うこと・話すことが一層楽しくなるよう、「小さな挑戦」を積み重ねていきましょう。

5 「気づく力」がコミュニケーション能力を養う

ギリシャの哲学者セゾンの有名な言葉に「神は人間に二枚の耳と一枚の舌を与え給うた。人間には話す二倍だけ聞く義務がある」というのがあります。「聞く」ことの大切さを身体の構造上から説いた言葉には説得力があります。

このように、様々な角度から物事を観察し、『気づき』を養うことによって「発見する楽しさ」や「知的満足を得る」ことを増やしていけば、コミュニケーション能力もおのずとアップしていきます。それでは『気づく力』とは何かを考えていきましょう。

(1) 挨拶に一言を添える

挨拶はコミュニケーションの基礎になるものです。朝起きて家族と顔を合わせるとき、学校や職場で友人や先輩に会うときに「おはようございます」「こんにちは」と挨拶し、互いの気持ち通わせます。

その時に何か気づいたことを一言添えると一歩踏み込んだコミュニケーションをとることができます。「暑いですね」「寒いですね」と気候の話が一般的ですが、「あれ、髪型変えました?」とか、「今日は大きな荷物もっているね!」など、普段と違う相手の変化に気づく話題をするだけで「実は明日就職の面接があるんだ」とか、「授業終わったら、幼なじみと旅行へ行くんだよ」と変化の理由から話が広がり、より密接なコミュニケーションへと発展することができます。

（2）相手の要求に気づく

人が話しかけてくるということは、何らかの要求がある場合がほとんどです。「暇だから話し相手になってもらおう」という他愛ない欲求もあれば、「相談することがある」「何かを貸してほしい」などお願いごとの場合もあるでしょう。そんな相手の要求を素早く察知して対応していけば、あなたの好感度はアップするに違いありません。

中には切り出しにくい相談事もあるでしょう。あなたから「何か相談があるんじゃないの？できることがあれば協力するよ」とキッカケをつくってあげれば、相手も救われます。

人に頼られることに喜びを感じることができれば、人間関係も楽しくなります。人が周囲に集まりやすい人間関係を構築することで、自ら「情報量」も多くなり「対応の引き出し」が増えていきます。「人脈をつくる」ことは『察する能力＝気づく能力』の積み重ねでもあるのです。

（3）人の能力に気づく

プロ野球元オリックス監督の故仰木彬氏は、野茂英雄やイチローなど、後にメジャーリーグで大活躍する選手を育て上げました。野茂の「トルネード投法」やイチローの「振り子打法」は、まだプロとして実績がない当時には、単なる「クセ」としか見てもらえず、それを矯正しようとした指導者もいたほどです。

しかし、仰木氏は「彼らのスタイル」を認め『個性』『特長』として伸ばすことによって、その能力を最大限に引き出し『一流プレーヤー』に育て上げたのです。

この『気づきの天才』に巡り合わなければ「日本を代表するメジャーリーガー」の誕生はなかったでしょう。また、野茂やイチローの活躍がなければ、現在のような多くの日本人プレーヤーがメジャーで認められることもなかったかも知れません。

「人の能力に気づく」ことは、人や組織を伸ばすことにとどまらず、その競技・業界の成長をアシストすることにもつながっていくのです。

人や物事の変化に「気づく」には、『観察眼』や『情報のアンテナ』を常に磨いておく必要があります。また、「相手の要求に気づく」ためには、人の立場になって考えるイマジネーションが豊かでなければなりません。いろんな人に支えられているという謙虚さがなければ、他人を認めることはできませんし、せっかく才能豊かな人と接するチャンスがあっても何も学ぶことはできません。

コミュニケーション能力を高めるためには、常に周囲を見る冷静さと、様々な人の立場や役割を俯瞰《ふかん》できるバランス能力と観察力、そして、人から何でも学ぼうという貪欲《どんよく》さと吸収力を持ち併せていることが理想です。「知らないことは悪いことだ、しかし、知ろうとしないことはもっと悪いことだ」というナイジェリアの諺《ことわざ》があります。

また、「人の頭脳が明晰《めいせき》かどうかは、その答え方でわかる。ひとが賢明かどうかは、その質問の仕方でわかる」とはノーベル文学賞を受けたナギブ・マフフーズ（エジプト）の言葉です。どちらも「聞く」ことの大切さをわかりやすく説いています。今まで自分が知らなかったことや自分が持ち併せていなかった考え方を「聞く」という方法で人から学ぶことが可能です。

人間関係における最低限のマナーは守りながら、より多くの知識人と出会うことに感謝し、新たな知識と遭遇することを楽しみながら、人間力を育んでいきたいものです。

主要参考文献

『話す・聴く・書く技術』（二木紘三著・日本実業出版社）
『人を動かす』（D・カーネギー著・香山晶訳・創元社）

『100％人に好かれる　聞く力』（斉藤孝著・大和書房）
『疑問力』（中島孝志著・青春出版社）
『最強の質問力』（工藤浩司著・実業之日本社）
『伝える力』（池上彰著・ＰＨＰビジネス新書）
『感動する脳』（茂木健一郎著・ＰＨＰ研究所）

第13章　読書は自分らしく生きるための羅針盤

児島建次郎

1　本は「知の糧」を得るための宝庫

本章を書くにあたって、まず、宝塚のスターだった貴城けいさんの著した『宝塚式「美人」養成講座——伝説の「ブスの二五箇条」に学ぶ「きれい」へのレッスン』という本を紹介しましょう。少々長いタイトルの本ですが、この中に出てくる条文は神戸のある場所に張り出されていたもので、人生を生きぬく上でのヒントが列挙されています。以下、条文のうち、いくつか紹介します。

・笑顔がない・目が輝いていない・声が小さくイジケている・謙虚さがなくゴウマンである・悲観的に物事を考える・問題意識を持っていない・人生においても仕事においても意欲がない

宝塚という舞台では高いレベルの技術が要求されます。これは、激烈な競争の中で生きていく上での戒《いまし》めともいえるもので、自分を律《りっ》し鍛える彼女たちの姿が彷彿《ほうふつ》され頭が下がります。

さて、私たちは、日々膨大《ぼうだい》な量の情報に接し、それを処理する事に多くのコストと時間を費やしています。

現代の社会は、かつての国民総中流社会から格差のひろがる階級社会へ変わりつつあります。非正規社員が増大し貧困家庭の問題がメディアに取り上げられ顕在化するなど、不安定な空気が蔓延《まんえん》しています。

このような時代に生きるためには、時流を的確に把握し自分の考えをしっかり持つことが要求されます。

そのために必須《ひっす》なのは、読書を通して自分の世界観を構築する事です。自分の世界観や人生観を持ってどういう目標に向かって進んでいくか、何をテーマに掲げて生きていくかを決めなければなりません。その時、本を読まないまま決断することは無理で、読書こそ、あなたの人生の羅針盤となるのです（藤原和博著『本を読む人だけが手にするもの』参照）。

二〇一四年一二月一〇日、ＮＨＫ「クローズアップ現代」の番組で、読書が取り上げられていました。タイトルは「広がる読書ゼロ～日本人に何が～」というもので、冒頭に文化庁による読書に関する調査が紹介されました。

それによりますと、一カ月に一冊も本を読まない人が四七・五パーセントに達し、二人に一人は本を読まなくなったということです。

二〇一六年に大学生活連合会が調査した内容も同じような傾向がみられます。学生の一日の読書時間は、二八・八分、本を読まない学生は、四五・二パーセントに上っています。

一方、スマートフォンを利用する時間は、一五五・九分と二時間半ほど費やしています。

私は、大学の授業において、自由な課題で二〇〇〇字以上の論文の提出を義務づけています。それなりにユニークな論文があるものの、多くはコピペや丸写しがほとんどで、最後に申し訳程度に自分の意見らしきものを記述しており、それは感想と言ってもいいものです。

読書を通して知識のインプットを蓄積していかないと、自分の意見を構築する事ができないという現実を目の当たりにします。

城西大学イノベーションセンター所長の土居征夫《ゆきお》先生の論文『ハーバード・ビジネス・レビュー』に、アメリカのリベラル・アーツ教育の例が紹介されています。

アメリカの高等教育機関は、毎回、課題図書を与えて討論し、歴史や哲学、宗教、人間論について自分の頭で考える訓練を行う。

これは、大変示唆《しさ》に富んだ内容です。まず、本を読む事→そしてそれをもとに討論する→これらを通して自分の頭で考えるという授業の展開は、現代の日本の教育に求められているものばかりです。

二〇一六年九月四日付の「読売新聞」に劇作家の山崎正和先生が「地球を読む」と題して、大変興味深い内容の文章を載せていました。それは、「ビブリオバトル」。訳せば良書推薦会の事で、人が集って互いに面白く読んだ本を推薦し聞き手の興味を引いた度合いを競いあうというものです。

発案者は、谷口忠太先生で、彼の著書『ビブリオバトル――本を知り人を知る書評ゲーム』によりますと、京都大学大学院研究科で有志の勉強会に読む本を選ぶ事から始めた、と記しています。

これが全国各地にひろがって、現在は選抜方式で進められています。二〇一五年の高校の部では、参加校は六五〇にのぼり、予選を勝ち抜いた三六人が五〇〇人の観客の前で戦うという一大行事にまで発展しました。

ルールは四つです。一つ目は、推薦者が自分が面白いと思った本を持ち寄ること。二つ目は、本を正確に五分で紹介すること。三つ目は、参加者全員が二～三分の討論を交わした上で、四つ目は、投票によって優勝本を決める形で進行していきます。

最初は、ささやかなものでしたが、やがて高校や大学にもひろがり、今では「読書の甲子園」として定着し、優秀な若い読書人を輩出するほどになっています。山崎正和先生は、

ビブリオバトルを義務教育に取り入れる事を提案したい。国民を本を読む人と読まない人に分け、文化的な階層社会を生む事は、ぜひ避けなければならない。

と言っています。さらに

人間は知りたいと考えた事を知る事で賢くなるが、あらかじめ、存在することも知らず、知りたいと思わなかった知識を知る事で、さらに賢くなる事ができる。

と、本を読む行為を通して、知の領域をひろげる必要性を述べ、それが階層社会を防ぐ要因になると説いています。

あらためて、本を読むと何が得《とく》なのか。読書の効用を考えてみましょう。

・考える力と表現する力が身につく
・好奇心を持つ領域が広がる
・ものの見方が深まる
・人間的魅力が磨かれる
・オリジナルな発想が生まれる
・多様な視点からものの見方を増やし、自分の意見を構築する
・想像力が養われる
・多くの語彙を身につけることができる

これらは、読書の効用の一部に過ぎません。本当に必要な本に出会う事は、あなたの人生における素晴らしい出会いでもあるのです。世界の言語の中でも、日本語は難解な言語といわれています。例えば、敬語の使い方でも、話し手と聞き手の社会的地位によって異なります。

日本語の九〇パーセントを理解するために必要な語彙は、一万語程度です。英語やフランス語では、二〇〇〇～三〇〇〇語程度知っていれば、九〇パーセント理解できます。現在の大学生が身につけている平均的な語彙数は五万語程度といわれています。語彙力こそが教養であるといってもよく、深い語彙力を身につけるためには読書が一番です。

本を読む方法は、自由自在です。難解と思えば「飛ばし読み」をすればいいし、「速読」や「精読」など、目的や難易度にあわせて柔軟に対応するのがいいでしょう。

学生時代は、自分にノルマを課して一週間に三～四冊は読破したいものです。読書の習慣が身につきますと、蜘蛛《くも》の巣ができるように、知的好奇心が高まり、知識のネットワークがひろがり、世の中を俯瞰《ふかん》的にみることができます。

学生時代に、「いい本」に出会って下さい。その本は、あなたの人生を「高み」に導いてくれるでしょう。

2　あなたは、どんな本を読んでいますか——私が感銘を受けた本

最近、あなたはどんな本を読みましたか。文科系の経営や商業を専攻している学生は、経済関係の本に、文芸を専攻している学生は、文学や文化、歴史といった本に、理工系の学生は、専門分野の本に関心がいくかと思います。ただ、自分の専門分野の本だけに目を向けるのではなく、広く種々の本に接する事が賢明です。

本に触れる場所は、大学図書館や公共の図書館が中心だと思いますが、折々に書店に足を運ぶ事を勧めます。書店には、現在、話題になっている本やベストセラー、時流を示す本、自己啓発のハウツーものなどが平積みされています。ネットで買うのと異なって、実際にパラパラとめくって中身を確認する事ができ、それが書店で買う醍醐《だいご》味であり、現代社会に吹いている風を実感できるとともに、立ち読みの楽しみもあります。

文庫本は五〇〇～七〇〇円、新書は七〇〇～九〇〇円、学術書は一三〇〇～三〇〇〇円程度です。気に入った本があれば、即《そく》、買うといいでしょう。学生にとっては、痛い出費になりますが、将来のあなたの生き方に役立つにちがいあ

りません。

本は、それを読む時期や置かれている精神状態によって、内容を受けとめる能力が異なります。初めて手にとり読んだ本が、時を経て理解できる事があり、それが人生に多大な影響をもたらす場合があるのです。

ＮＨＫ・Ｅテレビに「一〇〇分de名著」という番組があります。この番組は、世界の名作を取り上げ、本のストーリーや読みどころなどを解説するもので、これまでに『万葉集』『オイディプス王』『旧約聖書』といった名作が紹介されました。

名作を読破するのは至難の業です。こうした番組を通して名作に親しんでいくのも一つの方法です。名作は、人生に対して充実感を持ち、人生を豊かに過す上での杖となるでしょう。

私が感銘を受けた本二冊を紹介します。一冊目は、一九九三年ハーバード大学教授サミュエル・ハンチントン氏が著した『文明の衝突』です（第二章に一部紹介）。

この本の内容で、まず、注目すべき点は、現代世界を八つの文明に分類し、日本は一文明一国家という特別な文明と位置付けている事です。

もう一つは、現実の地域紛争について、新解釈を提示している事です。これまでの資本主義や社会主義といったイデオロギー的な対立や同盟よりも、文明の中で中刻国の影響の増大、文明同士の紛争という視点が、安全保障などの問題をとらえる上で重要とする仮説を立てて論を展開しています。

そして、現実の地域紛争についても、イデオロギー的な対立に見えていたものは、実は文明の境界付近で起きている「フォルト・ライン紛争」であり、これは半永久的に続くだろうと予測している事です。

この本が出版されると、世界の文化人類学者の間から、「文明の衝突なんて、あり得ない」といった批判が起きました。

ところが、二〇〇一年のニューヨーク貿易センタービルの爆破事件をはじめ、ここ二〇年近くの世界の紛争をみますと、最近のシリア、ウクライナ、スーダンの地域紛争なども含めて、いずれも文明の境界付近で起きている「フォルト・ライン紛争」と位置付ける事ができます。

ハンチントン理論は、対立を煽《あお》るのではなく、冷徹なリアリズムに基づいて、現実の紛争を回避するための知恵を提示したもので、現代世界を考察する上での一つの指針を与えたものとして、必読の書といえましょう（瀧本哲史著『読書は格闘技』参照）。

もう一冊は、二〇〇六年度ノーベル平和賞を受賞したバングラデシュのムハマド・ユヌス氏の著書『貧困のない世界を創る』です。この本は、新しい視点から社会問題を解決しようとする内容で刺激的です。

ユヌス氏は、貧しい人々の窮状を目のあたりにして、マイクロクレジット（無担保少額融資）というシステムを考案し、農村部での貧しい人々の自立を支援したことで知られています。

彼の企業は、「ソーシャル・ビジネス」の形で運営されています。これは、株式の利益の最大化ではなく、社会的利益の最大化を目標とする新しい企業体で、企業の社会的責任や慈善事業に代わる概念として注目を集めています（ムハマド・ユヌス著、猪熊弘子訳『貧困のない世界を創る』参照）。

ユヌス氏の構想は、人への思いやりと自由市場の力学を融合させ、現代社会がかかえる貧困や分配といった問題を解決する「ソーシャル・ビジネス」という壮大なものです。

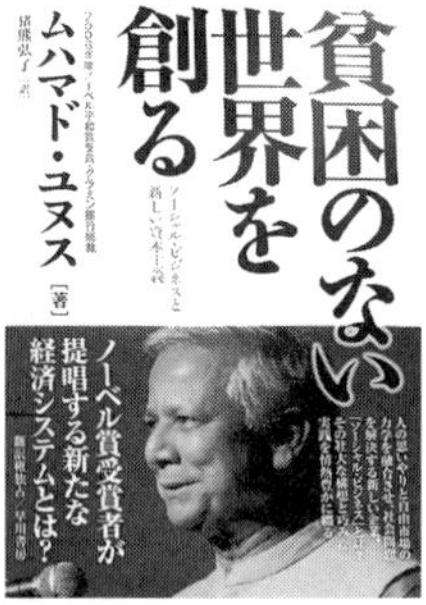

ユヌス氏の本は、資本主義の次の可能性を模索している新鮮な思想が提唱されているだけでなく、彼の実践が情熱豊かに綴られています。

私が読んだ中でこの二冊は、これまでにない斬新な知見があますところなく記されており、知的プロセスの真髄《しんずい》を語っているとともに、知的土壌を耕す上からも最強の本といえます。

勿論、あなたがある本に巡り合う機会は千差万別です。メディアを通して知った。新聞の書評欄を読んで興味をもった。友人に勧められた。アマゾンやヤフーで検索した。図書館や書店で手にした。あなたと本の出会いは、多彩であり劇的であり、偶然や必然を伴うでしょう。

脳科学者の茂木健一郎先生は、

人工知能時代を生き抜く大きな武器「発想・アイディア」「直観・センス」「イノベーション」これらは、すべて読書によって磨く事ができる。

と断言しています。

いずれにしても、本を読破するためには、根気と忍耐を要します。夏休みや春休みなどの長期の休みを利用して、本格的に時間をかけてゆっくり読書の醍醐味《だいごみ》を体験して下さい。

3　本・骨まで愛してほしいのよ

読書は「拾い読《よ》み」と「入門書を読む」のがよいでしょう。一冊の本を丁寧に初めから終りまで読むのは根気のいるたいへんな作業です。

私は、若い時代の本の読み方として「つまみ食い」と同じように、かいつまんで読むことを勧めます。大事なところに傍線を引くなどして重要な項目を理解し、濫読《らんどく》して頭のどこかに記憶するというのが、合理的な読書法です。そして、面白いと思った本は、ぜひ買って下さい。すぐに役立つわけでもないのに本を買うことが、最も役に立つ本の買い方なのです。

「積《つ》ん読《どく》」「立て読《どく》」は、豊かな人生を送る上で重要です。ふと読みたくなった時に、手を伸ばせば、その本が手に入ることほど、人生の喜びはありません。

ふと開いたページの片隅にある言葉、その言葉一句のために「そうだった」とうなずき感動することが、本を読むことの醍醐味なのです。買った本の内容をすべて理解する必要はありません。何冊か読むうちに、関心をもつテーマが見つかります。

そのためにも、足しげく書店をのぞき、今、どんな本が売れているのか、ベストセラーは何か、目をひくタイトルの本は…など、読みたい本をさがす習慣を身につけましょう。

二〇〇七年五月十四日、天皇、皇后両陛下が欧州五か国の訪問を前に宮殿で記者会見された様子がニュースで取り上げられていました。会見で、在日外国報道協会の記者から皇后さまに「ご身分を隠して一日を過ごせるなら、どちらに出かけて、何をされたいですか」と質問されました。

皇后さまは「身分を隠すのではないですが」と前置きした上で、

隠れ蓑《みの》で透明人間のようになれたら、東京の神田や神保町の古本屋に行き、時間をかけて本の立ち読みをしてみたい。

と笑顔で語られていました。

皇后さまは、学生の頃から神田の古本屋街をよく訪ねられていたそうで、皇后さまの人柄がにじみ出ているお言葉であり、心がゆさぶられる思いがしました。「古本屋で立ち読みしたい」とは、これこそ人生の最高の喜び、楽しみといえましょう。

私も一年に二～三度、神田の古本屋街をそぞろ歩きし、専門書やめずらしい本などを購入します。なじみの店もあります。買った本の中には、何度も読み返し傍線を引いているものもあれば、「積ん読」だけのものもあります。また、大阪・梅田の「阪急古書店街」にもよく通い、古本を買いますが、私の手元にある古本の多くは、ここで買ったもので、手にとってみると値段がついたままのものもかなりあります。

二〇一八年二月に全国大学生活協同組合連合会が、一日の読書時間についての調査を発表しました。それによりますと、一日の読書時間が「ゼロ」と回答したのは大学生の五三％と若い世代に「本離れ」が進行している実態が明らかになり、特にアルバイトをする学生に読書時間「ゼロ」が多いとの結果が出ました。

読書時間「ゼロ」を除いた「読む学生」の平均読書時間は、五一・一分で「二極化」が進んでいるようです。

また、書籍購入費は、自宅生が一四五〇円、下宿生が一五九〇円と、過去最低でした。読書時間が減る一方で、スマートフォンの一日あたりの平均利用時間は、一六一・五分と増加する傾向がみられます。

これは、社会にとってマイナスです。例えば歴史書やルポ物などを読むことで、学生は他人の生き方に接し人格が形成されます。また、小説などでは登場人物の心の機微《きび》に触れることを通して他人の気持ちを斟酌《しんしゃく》できるようになります。読書離れは「幅広く豊かな感受性」を養うことができなくなります。

近畿大学では、二〇一七年四月に複合施設「アカデミックシアター」をオープンしました。この施設は、七五〇〇〇冊の蔵書のうち、漫画が二五〇〇〇冊を占める新図書館や、二四時間利用できる自習室など五棟で構成されています。一階に学術書など三万冊、二階に漫画など二五〇〇〇冊を置き、著者やジャンル別で分類せず、「もう一つの世界へ」など独自のテーマ設定で並べられています。大学では「学生の知的好奇心を刺激し、常識を打ち破る実践の場にしたい。」と話しています。ここは、近畿大学の学生以外でも図書の閲覧は可能で、登録すれば借りることができるということです。

私は二五年ほど前から「シルクロード文化」を研究していますが、中でも中国、インド、イラン、ギリシアなどの歴史や文化に取り組んでいます。私の好きな中国の歴史の中でも、三国時代は邪馬台国の卑弥呼との関係もあって、日本人にとっても関心の深い時代です。

魏の曹操《そうそう》、呉の孫権《そんけん》、蜀の劉備玄徳《りゅうびげんとく》の三英雄の活躍する三国時代は戦乱の世でした。その中でも、魏の曹操（一五五〜二二〇）は、漢の皇帝を擁して、呉・蜀と天下を三分して争い、乱世の姦雄《かんゆう》と称され評判がよくありません。

ところが、曹操は文人として多くの詩を残しているだけでなく、種々の書物を読み、中でも兵法が好きで諸家の兵法の選集をつくり『接要《せつよう》』と名づけたほか、孫武《そんぶ》の兵法一三編に注を施すほどの読書家でした。そして、いかなる戦場にあっても、片時も本を手放すことはなかったといいます。

曹操の詩の中で、最もよく知られているのは、『短歌行』第一です。

酒に対して　当《まさ》に歌うべし
人生　幾何《いくばく》ぞ
譬《たと》えば　朝露《ちょうろ》の如《ごと》し
去りし日は　苦《はなは》だ多し
概《がい》して当に以て　慷《こう》すべし
幽思《ゆうし》　忘れ難《がた》し
何を以て　憂《うれ》いを解《と》かん（以下略）

曹操は、清廉《せいれん》で徳行の優れた人間よりも、賄賂を受けとったとか、後ろ指を差されながらも、その才を発揮するような行動的な人物を登用しました。徹底した才能至上の合理主義者であった曹操は詩歌に優れた人物も重用《ちょうよう》したといいます。

また、蜀の将軍・譙周《しょうしゅう》は

典籍《てんせき》を誦読《しょうどく》し、欣然《きんぜん》として独り笑い、以て寝食を忘る。

といわれるほどの読書家でした。誦読とは、声を出し暗記して読むという意味です。デジタル的な多機能の携帯電話を常時持ち歩くあなたに、あえて、三国時代の曹操のようにアナログ的な発想で、本を常時持ち歩くことを勧めます。

主要参考文献

『文明の衝突』（サミュエル・ハンチントン著・鈴木主税訳・集英社）
『貧困のない世界を創る』（ムハマド・ユヌス著・猪熊弘子訳・早川書房）
『本を読む人だけが手にするもの』（藤原和博著・日本実業出版社）
『超一流の自分の磨き方』（太田龍樹著・三笠書房）
『語彙力こそが教養である』（齋藤孝著・KADOKAWA）
『読書のチカラ』（齋藤孝著・大和書房）
『読書は格闘技』（瀧本哲史著・集英社）
『ハーバード・ビジネス・レビュー』（土居征夫著・ダイヤモンド社）
『宝塚式「美人」養成講座―伝説の「ブスの二五箇条に学ぶ「きれい」へのレッスン』（貴城けい著・講談社）
『中国の英雄・乱世の英雄』（伴野朗・伊藤桂一著・講談社）
『ビブリオバトル―本を知り人を知る書評ゲーム』（谷口忠太著・文芸春秋社）

第14章　日本語表現の豊かさを示す「格言」「慣用句」を覚え、人生の機微を知ろう

都築由美・児島建次郎

1　言語は文化の索引

「言語は文化の索引だ」と言われますが、人々の使っている言葉を観察すれば、その集団のものの見方や考え方を捉えることができるという意味です。そのような観点から日本語を眺めた場合、特に「格言」や「ことわざ」、「慣用句」が、表現力を高める上で重要な役割を果たしていることに気づきます。

「格言」とは、人間の生き方、真理、戒めや武術、商売などの真髄《しんずい》について簡潔に表現したもので、昔の聖人、偉人、高僧などが言い残した言葉や古典に由来しています。

また、「ことわざ」は、庶民の生活の知恵を言葉に表したもので、昔から多くの人によって伝えられてきました。こうした言葉は、日本で発生したものだけでなく、仏典、漢籍、ギリシア・ローマ神話、聖書など、国外の原典に由来するものも多く、日本語文化の多様性をも示しています。

「格言」や「ことわざ」は、文章やスピーチ、また会話の中にもしばしば引用されます。なぜならば、こうした言葉は複雑な内容や人生の真理、機微をきわめて簡明に、しかも力強く表現しているため、その一言で聞く人の心に強く響き、説明や主張に説得力を持たせる効果があるからです。例えば、「面接試験」を受ける前はどうなることかとあれこれ心配してみたが、実際に受けてみたら案外簡単だった」と言う代わりに、「案ずるより産むが易しだった」という格

言を使うと、自分の言いたいことをより簡潔に、そして明確に表現することができます。

また、ことわざや格言は昔から言い伝えられている言葉として広く世間に流布し、大多数の人たちの共感に支えられてきました。ですから、ことわざや格言を使って主張すると世代を越えて人の同意も得やすくなります。

「格言」「ことわざ」の他に、豊な表現を身につけるための方法として、慣用句を上手に使いこなすということも挙げられます。

慣用句は、二つ以上の単語が決まった結びつきをしていて、全体として独自の意味を表す成句として定着したものです。例えば「骨を折る」は、文字通り「骨折する」という意味ですが、慣用句としては「苦労する。苦心する。親身になって人の世話をする」という意味で使われます。他にも、「社会人になっても、まだ親の脛《すね》をかじっている」の「親の脛をかじる」、「自分のことは棚に上げて他人を非難する」の「棚に上げる」、「足を棒にする」、「鳴りを潜める」、「水を打ったよう」などはすべて慣用句です。慣用句は使われている単語から連想されるイメージをうまく活かしているものが多く、受け手の感覚に訴えかける効果があります。

「水を打ったよう」とは、その場にいる人が静まり返っている様子を表す慣用句ですが、ほこりっぽい地面に水を打ったときの様子を思い浮かべてみると、この慣用句の持っているイメージが、ただ単に静かな様子を表しているのではないことがわかるのではないでしょうか。ですから、慣用句を適切に使えば、表現が生き生きとし内容が豊かになります。

また、格言や慣用句の他にも、みずみずしい自然観察の上に成り立った言葉として「季語」があります。例えば、歳時記を見ると「蝶」は春の季語として挙がっています。しかし、それだけでなく、季語の世界では梅雨の晴れ間に飛ぶ蝶を「梅雨蝶」、夏は「夏蝶」、秋は「秋蝶」、冬の凍ったように動かない蝶は「凍蝶《いてちょう》」と季節ごとに呼びわけています。蝶の種類ではなく季節によって呼びわけるところに、四季とともに暮らしてきた日本人らしい美意識が感じられます。

同じように慣用句やことわざの中にも、日本人らしい具体的なものの見方や、きめ細かい観察、花鳥風月に心を寄せる「風流」の感覚によって生み出されたものがたくさんあります。先人たちの生きた言葉である格言、ことわざ、慣用句を正しく理解し適切に使うことで、日本人のよきセンスを守り、あなたの言語生活、日本語表現をより素晴らしいものにしてください。

2　日本社会で生まれ使われている格言

日本社会で古くから語り継がれ、言い継がれてきた格言には、言葉を通じて社会の一面や歴史、昔の日本人の心に触れることができるというおもしろさがあります。また、言葉は生きもので、社会生活の進展、変化に応じて変わったり消えたりしていきますが、こうした格言の中には古語が生きているものも多くあり、知っておくと言語表現に深みが出てきます。代表的なものとしては、次のようなものが挙げられます。

①　出る杭は打たれる

他の杭よりも高い杭は、目立って打ち込まれてしまうということから生まれた。「人より優れていると、他から妬《ねた》まれ邪魔される」、「出すぎたふるまいをすると、とかく非難される」というたとえ。

②　えたいが知れない

えたいは得体と書き、「実体」「正体」ということだが、「衣体」つまり僧侶の衣のことという説もある。昔は、衣の形や色から僧侶の宗派や格がわかったのだが、ときには衣からは判断できない僧もいた。そんな僧を見て「あのお坊さんは、えたいがしれない」と言ったという。

③　高をくくる

「高」とは、収穫高や生産高の「高」。もとは「数量を数える」という意味だったが、検地役人のルーズな仕事ぶりから、いいかげんに算出するという意味になり、やがて「相手をみくびる」という意味に変化した。

④　元の木阿弥《もくあみ》

大和の国郡山の城主筒井順紹が若くして亡くなったとき、息子の順慶はまだ幼少だった。そこで、順紹の遺言に従い、喪を伏せ、順紹とよく似た木阿弥という人物が影武者に仕立てられた。しかし、順慶が成長すると、木阿弥はお払い箱になって元の境遇に戻された。そこから、元の状態に戻るという意味になった。

⑤　ほぞを噛《か》む

深く後悔するという意味だが、「ほぞ」は漢字で書くと「臍」、つまりヘソのこと。わが国の九世紀の史書『文徳実録』に「噬臍不及」（ホゾヲカミテオヨバズ）という言葉が出てくる。自分のヘソを噛もうとしても届かないように、後悔しても及ばないという意味で、これが「臍を噛む」の語源とされる。

⑥　一期一会《いちごいちえ》

千利休の弟子山上宗二《やまのうえそうじ》の茶道の心得を書いた本の中にある言葉。一生に一度だけの出会いのこと。人との出会いを一生に一度のことと考え、大切にすべきとのいましめ。

⑦　打ち合わせ

雅楽に由来する言葉。笙《しょう》、笛、ひちりきなどの吹奏楽器と、鉦《かね》、太鼓などの打楽器を、音合わせのため演奏前に打ち合わせた。その事前練習が、〝事前相談〟に転じた。

⑧　几帳面《きちょうめん》

「几帳」は、平安時代に用いられた調度品。台に二本の柱を立て、その上に一本の横木を渡して布を垂らし、間仕切りなどとして用いた。几帳の柱には刻み目が入っていて、これを「几帳面」といった。この「几帳面」を正確に仕上げるのは難しく、それで几帳面が〝きちんとする様〟を表すようになった。

⑨　大根役者

大根の効用として、おろして食べれば毒消しになるということがあり、昔の人は大根で食中毒になることはないと信じていた。これにひっかけて、芝居の興行が当たらないような下手な俳優をあざけっていう言葉になった。

3　中国史の激動を語る故事成語

中国は漢字の生まれた国で、文字の国ともいわれています。文芸はいうに及ばず、思想を表現する言葉の中にも、数々の名文句が残されています。そのことは、古くから中国に学んだ日本語をも豊かにしています。四文字熟語などは日本人の中に溶け込み、新聞などでもしょっちゅう引用されています。

また、中国から伝わった故事成語は、中国の歴史や古典、詩歌に由来するものが大部分ですから、こうした言葉を知ることは中国の歴史、思想、文学を理解することにもつながります。

①　臥薪嘗胆《がしんしょうたん》（出典『史記』）

「臥」は寝ること、「薪」はまき。「嘗」はなめる。つまり肝をなめ、まきの上に寝るというのが直接の意味。この言葉のもとになったのは、春秋時代（紀元前五世紀）の呉王・夫差《ふさ》と越王・勾践《こうせん》の故事。勾践に父親を討たれた夫差はまきの上に寝起きし、その苦痛により父を討たれた恨みを忘れず日夜努力し、ついには会稽山《かいけいざん》で勾践を破る。

一方、会稽の恥を受けた勾践は毎日肝をなめ、その苦さによって会稽の恥を忘れず日夜努力し、ついには会稽の恥をそそいだ。これより転じて、復讐のためにあらゆる辛苦を忍ぶ意味。また、成功を期して苦労に堪える意味に用いられる。

②　呉越同舟（出典『孫子』）

中国の有名な兵法書『孫子』の中に「呉と越とは敵国同士であるが、呉の人と越の人が同じ船に乗り合わせ大嵐に襲われたなら、彼らはお互いの遺恨《いこん》を忘れ助け合うことだろう」と述べられている。そこから、仲の悪い者同士が、同じ場所にいたり行動を共にしたりすること、また敵と味方が同じ目的で行動することを意味する。

③　四面楚歌（出典『史記』）
劉邦《りゅうほう》の漢軍と戦っていた楚の項羽《こうう》の軍はついに垓下《がいか》の城（前二〇二）に孤立してしまう。四面から起こる陥落した楚の兵士たちが歌う楚歌を聞いた項羽が、自らの不利を悟ったという故事に由来している。意味は、まわりは敵やその仲間ばかり、助けるものもなく孤立した状態をいう。

④　羹《あつもの》に懲りて膾《なます》を吹く（出典『楚辞』）
「羹」は、肉と野菜が入っている熱い吸物。「膾」は、今では大根など野菜の酢の物が一般的だが、もともとは細かく切った生肉。熱い吸物で口にやけどした者が、それに懲りて次から冷たい和《あ》え物まで吹いてさますという意味から、前の失敗に懲りて必要以上にばかばかしい用心をすることのたとえ。

⑤　玉石混淆《ぎょくせきこんこう》（出典『抱朴子《ほうぼくし》』）
晋代の『抱朴子』に、「近頃は大人物があらわれず、真と偽とがさかさまになり、宝と石とが混淆するといった有様で、なんともなげかわしい」とある。つまり、宝玉と石ころが混じり合っているということから、立派なものと価値のないものが混在していることをいう。「玉石混交」とも書く。

⑥　完璧《かんぺき》（出典『史記』）
完璧の璧は「壁《かべ》」ではなく、中国の戦国時代、趙《ちょう》の国の恵文王が持っていた「至宝の玉」のこと。この璧が欲しかった秦の昭襄王《しょうじょうおう》は騙し取ろうとし、璧を秦の国に持って来させた。そのとき使者として遣わされた藺相如《りんしょうじょ》の知恵と勇気により、璧は完全な形で趙の国に持ち帰られた。この故事から、非の打ち所のないこと、完全無欠であることの意味に用いられるようになった。

⑦　逆鱗《げきりん》に触れる（出典『韓非子』）
竜はやさしい動物であるが、あごの下あたりにある逆さに生えた鱗《うろこ》に触ると怒り出し、触れた者を殺してしまうという故事から、目上の人が激しく怒ることを言う。

⑧　流石《さすが》（出典『世説新語』）

中国の晋の孫楚《そんそ》が誤って言った「石に漱《くちすす》ぎ流れに枕す」という言葉から。これを聞いた友人は「石では口はすすげないし、流れに枕はできないだろう」と言ったが、孫楚は「石に漱ぐのは歯を磨くため、流れに枕するのは世の中のくだらない話で汚《けが》れた耳を洗うためだ」と返した。この故事に基づき「さすがによくこじつけた」ということから、「なんといっても」、「期待にたがわず」といった意味で使われる。

⑨　他山の石（出典『詩経』）

「他山の石、もって攻《おさ》むべし」という一節に基づく。よその山から出た粗悪な石でも、自分の玉（宝石）を磨くのに使える。つまり、他人のつまらない言行も自分の知徳を磨く助けとすることができるということ。他人の言行をよい手本とすることという使いかたはあやまり。

4　インドに生まれシルクロードを通って日本に伝えられた仏教用語

現在、私たちが何気なく口にしている言葉の中には、仏教から出ているものが少なくありません。それらの中には、明らかに仏教の言葉であるとわかるものもあれば、まったくわからないものも見られます。こうした言葉の語源を知っておくと、日常の話題を広げるのにも役立つことでしょう。

①　有頂天《うちょうてん》

有頂天とは、仏教語で「天の中の最上にある天」のこと。この天に昇れば、どんな望みも叶えられないことはない。そこから、夢中になったり、得意の絶頂にあることをいうようになった。

②　金輪際《こんりんざい》

「倶舎論《ぐしゃろん》」という書物によると、この大地の下は黄金の層になっていて、これを金輪といい、その下が水質の水輪、その下はガス状態の風輪になっているという。金輪と水輪の接するところが金輪際で、大地の最下底の所。そのことから、物事の極限、底の底まで、どこまでも、の意味になった。

③　四苦八苦《しくはっく》

仏陀は人生は苦であると悟り、その苦から脱する方法を説いた。それを「四苦八苦」として示している。

「四苦」とは、生・老・病・死の苦しみをいう。さらに、四つの苦しみがある。愛別離苦《あいべつりく》（親しい者と分かれる苦しみ）・怨憎会苦《おんぞうえく》（怨み、憎む者に出会う苦しみ）・求不得苦《ぐふとくく》（求めても得られない苦しみ）・五蘊盛苦《ごおんじょうく》（肉体・感覚・想像・意志・認識の五つの要素から生まれる苦しみ）を加えて「八苦」という。これがひどい苦しみを表す言葉として用いられている。

④　以心伝心

もとになっているのは、悟りは言葉では表せないもので心から心へ伝えるものだという禅宗で使われる言葉。思っていること、考えていることが、言葉や文字で説明しなくても相手に通じること。何もいわなくても、互いに心が通じ合うことをいう。

⑤　滅相《めっそう》もない

仏教では世界には生（生ずる）、住（形をもつ）、異（変化する）、滅（滅びる）の四つの姿、四相があるとしている。そのうちの滅相というのは、現在の姿をすっかりなくしてしまうことで、これが転じて、とんでもない、法外な、というときに「滅相もない」という。

5　西洋の歴史をもとにした格言

西洋史の歴史的出来事や、ギリシャ・ローマの神話伝説、また聖書に由来する言葉や格言も、日常生活の中で意外に多く使用されています。主なものを挙げておきます。

①　賽《さい》は投げられた

「賽」はサイコロ。勝負を決めるサイコロはふられてしまったという意味から、もはや考え悩んでいるときではない。ことはすでに始まったのだから、予定どおり断行するほかないということ。古代ローマ時代、ポンペイウスと対立したカエサルが、ルビコン川を渡ってローマに進撃するときに言ったカエサルの言葉。

②　ルビコンを渡る

ルビコン川は、イタリア北部のリミニという町付近を通りアドリア海に流れ入る小さな川。当時ローマの元老院は、外敵の侵入を防ぐため「武装した軍とともにこの川を渡る者はローマの敵とみなす」と宣言していた。しかし、英雄カエサルは「賽は投げられた」と叫んで軍隊を引き連れ、この川を渡った。そのことから、ある決断をする場合の言葉、断固たる処置をとることのたとえとして使われる。

③　アキレス腱

アキレスはギリシャ神話の英雄アキレウスのローマ名。アキレウスは、トロイ戦争でギリシャ側の第一の勇士として活躍するが、ついにトロイ側の王子に不死身の身体の唯一の弱点である踵を射られて死んでしまう。この神話に基づき、強者が持っている弱点、致命的なものとなる弱点をたとえて言う。

④　目から鱗《うろこ》が落ちる

何かがきっかけとなって、急に物事がよく見えるようになったり、誤りに気づいて迷いから覚めたりすることのたとえ。『新約聖書』使徒行伝九章に基づいたことわざ。

⑤　豚に真珠

『新約聖書』マタイ福音書七章六節には、「聖なるものを犬に与えてはならない。またあなたがたの真珠を豚に投げ与えてはならない。豚はそれを足で踏みつけ、犬はあなたがたに噛みつくであろう」とある。真価のわからぬ者に高価なものをやっても無意味で、決してよいことはないという意味。日本のことわざで「豚に真珠」に似ているものに「猫に小判」というのがある。

6　慣用句の使い方に間違いはありませんか

(1)　慣用句勘違い?

近年、日本語に関する本が多数出版され、日本語ブームが起きています。このブームが一過性のものであるかどうかはわかりませんが、多くの人たちが日本語に関心を寄せているのは確かです。

文化庁では、一九九五年度から毎年、国語に関する世論調査を実施しています。二〇〇四年に行った調査では、全国の十六歳以上の約二二〇〇人に面接し、言葉の使い方に関する意識、敬語に関する意識、慣用句等の意味の理解や使用について尋ねています。

まず、『言葉の使い方に関する意識』という項目では七〇パーセントの人が「気を遣っている」と答えており、言葉に対する関心の高さがうかがえます。しかし一方で、「慣用句の言い方とことばの意味」という調査では、「青田買い」や「汚名返上」の慣用句を誤って使っている人が、正しい使い方をしている人よりも多いという結果が出ています。

この調査では、「青田買い」、「汚名返上」、「伝家の宝刀」の三語について、正しい表現と本来とは異なる表現のどちらを使うかを尋ねています。全体の結果は次頁の「慣用句の使い方や意味の理解度」の表の通りですが、これを年齢別に見ますと、年代が上がるほど誤った用い方をしている割合が高くなっています。

例えば、二〇代以下では、誤りである「青田刈り」を使う人の割合は、「青田買い」より六〜一〇ポイント低いのですが、四〇代では「青田刈り」が「青田買い」とほぼ同じ割合になり、五〇代、六〇代以上では、間違って使っている人の割合が、正しい使い方をしている人の割合より一一〜一五ポイント高くなっています。

「汚名返上」についても同様で、誤用である「汚名挽回」を使う人の割合は、二〇代以下では「汚名返上」よりも九

慣用句の使い方や意味の理解度（×は誤用）（パーセント）		
○	会社が学生を青田買いする	29.10
×	会社が学生を青田刈りする	34.20
○	今度は汚名返上しようと誓った	38.30
×	今度は汚名挽回しようと誓った	44.10
○	議会解散という伝家の宝刀を抜いた	41.00
×	議会解散という天下の宝刀を抜いた	25.40
○	【他山の石】 他人の誤った言行も自分の行いの参考になる	26.80
×	他人の良い言行は自分の行いの手本となる	18.10
○	【枯れ木も山のにぎわい】 つまらないものでも無いよりはまし	38.60
×	人が集まればにぎやかになる	35.30
○	【世間ずれ】 世間を渡ってきてずる賢くなっている	51.40
×	世の中の考え方から外れている	32.40

～三九ポイント低く、三〇代で「汚名挽回」が「汚名返上」をやや上回り、四〇代～六〇歳以上で一〇～一六ポイント高くなっています。また「伝家の宝刀」についても、年齢が高くなるほど誤答が目立つ傾向となっています。

　このように若者より中高年の方が誤用が多いことについて、文化庁では「授業で取り上げられることが多いからで、学校で覚えた当初は間違いが少ないが、年が経つにつれ誤用が進むのではないか」と推測しています。しかし、学者の中には、「中高年は正しい日本語を使うイメージが定着しているが、今の五〇代、六〇代は古典落語などで慣用句に慣れ親しんだかつての中高年とは違う。むしろ若い世代の方が企業などでコミュニケーション力が求められているため、正しい日本語を使おうと努力している」という意見の人もいるようです。あなたなら、どう考えますか？

(2) あなたの慣用句の使い方は正しいですか？

慣用句や格言などの意味を取り違えたり、言い方を間違えたりというケースが結構みられます。気をつけたいものをいくつか挙げておきます。

① 情けは人のためならず

○「人に情けを掛けておくと、巡り巡って結局は自分のためになる」

×「人に情けを掛けて助けてやることは、結局はその人のためにならない」

② 流れに棹さす

○「ある事柄の勢いを増すような行為をすること」

×「事柄の勢いを失わせるような行為をすること」

③ 気がおけない

○「気づかいしなくてよい」

×「相手に対して気配りや遠慮しなくてはならない」

④ ○ 的を射た意見

× 的を得た意見

的は矢で「射る」もの。矢をうまく目標に当てることから、要点をうまくつかむという意味になった。「得る」の前に来るのは「当」で、「当を得た意見」で、道理に適った意見のこと。

⑤ ○ とりつく島がない

× とりつく暇がない

頼りとしてすがるところ（島）がない様子を「とりつく島がない」という。

⑥ ○ 怒り心頭に発す

× 怒り心頭に達す

「心頭」とは心の中のこと。怒りは心の中で「発す」もので、「達す」ではおかしい。

⑦ ○ 汚名返上

× 汚名挽回

「汚名」とは悪い評判のこと。そうすると、「汚名挽回」は「悪い評判を取り戻す」ということになる。

二〇〇七年九月八日付の「読売新聞」に、興味深い国語に関する世論調査の結果が紹介されていました。調査は三四〇〇人を対象にして行われたものですが、注目すべき点は、漢字が書けない時に調べる手段として、「辞書」を使う人が六〇・六パーセント、「携帯電話の漢字変換」を使う人が三六・三パーセント、「ワープロ・パソコン」二一・三パーセント、「電子辞書」一九・四パーセントという結果です。年代別にみると、三〇代以下では携帯電話で調べる人が最も多く、二〇代では八〇パーセント近くにのぼっています。

この現状について文化庁国語課は

携帯電話が電子辞書を上回ったのは予想外である。携帯電話が多様な生活ツールになった現代を象徴する現象であり、漢字政策にもかかわってくる。

と分析しています。

そして、「憂鬱《ゆううつ》」の「鬱《うつ》」は、手書きにすると七八・九パーセントの人が仮名で書きますが、情報機器を使うと七一・五パーセントの人が漢字で書いており、携帯などの普及が漢字の多用に拍車をかけている状況が浮かんできました。

さらに、慣用句の誤用の実態についても次のような数字が出ました。「気がおけない」を正しく理解している人は、四二・四パーセント、「流れに棹さす」については一七・五パーセントの人しか正しく理解しておらず、六二・二パーセントの人が間違って理解していました。

また、「上を下への大騒ぎ」は、五八・八パーセントの人が「上や下への大騒ぎ」を使い、「熱にうかされる」は、「熱にうなされる」を使う人が四八・二パーセントにのぼり、勘違いしていることが分かりました。

これらの結果から、慣用句の意味を誤解するケースが目立ち、老若男女を問わず、それが顕著になって状況がはっきりしてきました。

2014年慣用表現の理解度

世間ずれ	世間を渡ってずる賢くなっている○	35.6（2004年度調査51.4）
	世の中の考えから外れている	55.4（2004年度調査32.4）
やぶさかでない	喜んでする　○	33.8
	仕方なくする	43.7
他山の石	他人の誤った言行も自分の行いの参考となる　○	30.8（2004年度調査26.8）
	他人の良い言行は自分の行いの手本となる	22.6
まんじりともせず	眠らないで　○	28.7
	じっと動かないで	51.5
煮詰まる	結論が出る状態になること　○	51.8（2007年度調査56.7）
	結論が出ない状態になること	40.0

注：○が本来の意味・数字はパーセント。

二〇一四年の文化庁の国語に関する世論調査によれば、「世間ずれ」「まんじりともせず」の慣用表現に関して、半数以上が意味を誤解していることがわかりました。

文化庁国語課によりますと、「ずれ」は「擦《す》れる」の意味ですが、これを「ずれる」と間違えて理解しているということです。特に、若い世代ほど本来の意味を知っている人が少なく、一六～一九歳では四・九パーセント、二〇歳では一一・七パーセントに過ぎません。いっぽう、七〇歳以上では五四・二パーセントにのぼっています。

「まんじりともせず」も、本来の意味である「眠らないで」と理解しているのは二八・七パーセントにとどまり、「じっと動かないで」と誤解している人が五一・五パーセントにのぼっています。

文化庁は二〇二一年九月、「国語に関する世論調査」の結果を発表しましたが、本来とは異なる意味や言い方が広まっていることがわかった、といいます。

まず「がぜん」についてです。「我が社はがぜん有利になった」の例文で尋ねたところ、本来の意味とされてきた「急に、突然」と答えた人は二三・六パーセント、「とても、断然」が六七パーセントに上りました。漢字で書けは「俄然」ですが、「断然」という言葉に引っ張られている可能性があります。

「破天荒《はてんこう》」について「彼の人生は破天荒だった」という例文で尋ねました。「豪快で大胆な様子」を選んだ人は六五・四パーセントに上り、本来の意味とされる「だれもが成し得なかったことをすること」を選んだ人は二三・六パーセントでした。

本来の意味・言い方と異なる回答が多かった言葉

	多かった回答	本来の意味・言い方
がぜん	とても，断然 67パーセント	急に，突然 23.6パーセント
破天荒	豪快で大胆な様子 65.4パーセント	だれも成し得なかったことをする 23.6パーセント
わずかな時間も無駄にしない様子	寸暇を惜しまず 43.5パーセント	寸暇を惜しんで 38.1パーセント

出所：「朝日新聞」2021年９月25日付を基に筆者作成。

破天荒は、中国の試験・科挙《かきょ》（官吏登用試験）の合格者が現れない土地を「天荒」と呼び、それを合格して破った人が「破天荒」と賞されたことに由来します。

また「わずかの時間も無駄にしない様子」の言い方を聞いたところ、「寸暇《すんか》を惜しまず」が四三・五パーセント、本来の言い方とされていた「寸暇を惜しんで」は三八・一パーセントでした。文化庁は、「言葉は変化する。あくまで本来の意味や言い方の比較で、正しいか間違いかではない。場面に応じて言葉を大切に使い、豊かなコミュニケーションをとってほしい」としています（「朝日新聞」二〇二一年九月二五日付参照）。

7　国語辞典『広辞苑』入りしたことば

岩波書店の『広辞苑』は、二〇〇八年に一〇年ぶりに改訂し一万語が新たに加えられました。

その中には、「イケ面」「めっちゃ」「うざい」といった若者ことばをはじめ「メタボリック症候群」「ニート」などが含まれています。

よく使われる「逆切れ《ぎゃくぎ》」は、「それまで叱られたり注意を受けたりしていた人が逆に怒り出す」と説明しており、「うざい」は、「わずらわしい。うっとうしい。気持ちが悪い」に「うざったいを略した俗語」と解説しています。

『広辞苑』に新たに収録されたことば

言葉	内容
いけ面 イケメン	いけているの略で「いけ」と顔の「面」とを組み合わせた俗語。多くはカタカナで書く。若い男性の顔やかたちがすぐれていること。
ニート	就業に就かず，教育・職業訓練を受けていない若者。イギリスで生まれた語で日本でも2004年ごろから問題になる。
ラブラブ	love を重ねた和製語。男女の仲がきわめてよいこと。
顔文字	パソコンなどで，文字や記号を組み合わせて様々な顔の表情を表現したもの。
◯その他のことば 内部告発・自己中・スイーツ・デパ地下・風評被害・着メロ・ひきこもり・癒し系	

今回の改訂についての編集方針としては、高齢者の間で若者ことばが理解できないという要望に応えたといいます。また、新しいことばの四〇パーセントがカタカナ語ということで、変わりゆくことばの世界の世相を反映したものになっています。

主要参考文献

『岩波　ことわざ辞典』（時田昌瑞著・岩波書店）
『世界の故事・名言・ことわざ』（三浦一郎ほか著・自由国民社）
『大人の『国語力』がおもしろいほど身につく』（話題の達人倶楽部編・青春出版社）
『これだけは知っておきたい大人の『国語力』』（話題の達人倶楽部編・青春出版社）
『ことわざ・四字熟語に強くなる！』（CULTURE編集部ほか編・世界文化社）
『中国史がすぐわかる！故事成語』（渡邉義浩監修・GAKKEN）
『日本語の『なぜ』』（木村正男著・友人社）
『平成十六年度『国語に関する世論調査』の結果について』平成十七年七月文化庁発表

第15章　現代ことば事情と変わりゆく日本語

児島建次郎

1　若者ことば・流行語から考える表現の多様性

(1) 若者ことば・流行語とは

ことばは、それぞれの個人が自分の生活空間の中で得たものを音声表現しているもので、自分が表現したいと思って演じる人格が表出したものといえます。従って、若者ことばを使う若者たちも、社会人として多くの人たちと接していくうちに、演技をすて自分らしいことばを使うことになります。

若者ことばを「ことばの乱れ」ととらえ、「いまの若者はことば遣いがなっとらん」と苦言を呈する人がいますが、本来、ことばは変化するもの、つまり、ことばは生きているのです。

若者ことばを定義すれば、次のようになります。

一四～一五歳から三〇歳ぐらいまでの男女が、彼らの会話を促進させたり娯楽のために仲間うちで使うことばである。若者たちのちょっと崩れたことばづかいで、ある種の仲間符丁《ふちょう》（隠語）のような性格を備えている。規範からの自由を求め、遊びを面白くするために独特ないいまわしをして楽しむ。

若者ことばは、きわめて限られた仲間うちで使う符丁のような面をもっていますが、流行語になると、使用範囲がもっとひろがっていきます。

流行語は、次のようにいうことができます。

時代に適応して爆発的に多くの人が使うことばで、人に影響を与える感化的意味が強いところに特徴がある。それらは徐々に消滅するか一般語彙《ごい》として定着する。

これに似たことばに「新語」があります。新語は、後に流行するか廃れるかに関わりなく生まれたことばをいいます。一方、流行語は新しく生まれたか否かに関わりなく、世の中で盛んに使われることばやフレーズをいいます。

若者ことばや流行語は、どのような状況から生まれるのでしょうか。ことばは生きて活動しているため、紋切り型の表現をきらい、自らの姿をいろいろ変えようとします。これを「ことばの乱れ」と考える人がいますが、ことばは乱れ変化しながら時代に対応するものなのです。勿論、新語などの中には、眉を顰《ひそ》めるものもありますが、一方、時代を象徴したり遊びの精神を取り入れたセンスのあることばもあります。

若者ことばや流行語・新語が生まれる最大の要因は、私たちが規範からの解放を求め、常に斬新さや面白さを追及する感情を持っていることが挙げられます。平凡な日常生活に色どりを添えたい、他者と異なることばを使うことによって仲間意識を強めたいとする心理が新語誕生につながるのです。特に女子高校生にみられる心理です。

もう一つの要因は、社会現象の投影が挙げられます。サッカーブームが起きた時、私たちは私生活で「イエローカード」や「レッドカード」ということばをよく使いました。政治や経済、文化、世相など、その時代の出来事やトピックの側面が投影され、あるパワーとなって新語が作りだされていくのです。

若者ことばを使う人の割合

	平成11年度	平成16年度
わたし的にはそう思います⇒わたしはそう思います	8.5	15.6
鈴木さんと話とかしてました⇒鈴木さんと話をしてました	16.2	14.6
とても良かったかな、みたいな……⇒とても良かった	13.0	15.0
やばい⇒とてもすばらしい（良い、おいしい、かっこいい等も含む）	――	18.2
微妙（びみょう）⇒いいか悪いか判断がつかないとき	――	57.8
うざい⇒面倒くさいことや不快感・嫌悪感を表わす	――	17.0

注：数字はパーセント。

（2）若者がつくりだす新語の面白さと流行語の知恵

最近では、若者が作りだす外来語もじりの新語に興味深いものがみられます。日本語に英語の現在進行形の語尾をつけた「バイトやりまくリング」や外来語を動詞化した「トラぶる」「ハモる」また、時代を反映した「バーコード頭」や「ベルさっさ」などの新語は、使っている人たちも楽しいにちがいなく、ユニークなセンスをしています。日本語は外国のことばを柔軟に受け入れることで成立したことばであることを証明しています。

かつて、若者の間でよく使われていましたが、最近減少している音声表現に、語句の最後のところを高く長くひっぱる口調があります。例えば、「ありがとうございますー」。最後の「す」を浮かし伸ばす発音で、学生たちにスピーチさせると、一〇人のうち一人はいます。パブリック・スピーキングにおいては稚拙な印象を与えます。

一九八〇年代ごろから目立ちはじめ、現在、世代を越えて使われていることばに「チョー」があります。「超」という漢字をあて、「非常に」という意味で、「チョー、ムカつく」などといいます。ただ、関西では「めっちゃ」が主流で「めっちゃ、おもろい」といった使い方をします。

その他、「キレる」「ウザイ」「ハズい」などが若者の会話の中で飛びかっています。若者ことばとして生まれた「～的」は、いまや何の抵抗もなく一般語彙として使われています。この語は名詞に連体修飾としてつき、傾向や性質をあらわす接尾語です。「社会的」「具体的」「公的」などのように、「～のような」「～に関する」といったニュアンスが含まれています。これらの用法は明治頃からひろがっていったといわれ

最近、若者の間で使われていることば

若者ことば	意味
秒で	すぐに
え、ちょま	ちょっと待って
なうしか	今しかない
いつメン	いつものメンバー
とりま	とりあえず
じわる	じわじわくる

ていますが、文書のことばが音声表現のことばとして浸透してきたのです。

「わたし的」とか「成美的《しげみ》」というように自分のことを指します。世の中の基準で行動するのではなく、自分の基準のもとで行動していることを表現しています。「的」もあいまい表現ですから、語感をやわらかくしていることは確かです。それ自体ではありませんが、それ自体に近い性質、また、それに準ずる物や状況などの意味があります。「的」に似たことばに「～みたいな」「～ってかんじ」「～系」などがあります。「ふとってるかんじ」といえば、断定をさけつつ遠まわしの言い方をすることによって、相手にきつい印象を与えることなく会話ができます。

若者ことばの中には、「秒で」や「じわる」など、極めてうまく状況を説明し、これまでのことばよりも、むしろ一工夫したものもあります。一種の「ことば遊び」と考えてもよいでしょう。若者が日本語を滅茶苦茶にしていると考える人もいますが、それは杞憂《きゆう》だと思います。若者ことばは、日本語が多用なバリエーションを持っている事の証左であり、彼らが使う造語には、現代社会を反映したり、コミカルな想像力がみえて若者の考え方を理解する一助になると思います。若者ことばは、刻々と変化していますが、彼らもやがて成人し社会人になっていきますと、普遍の日本語を話すようになります。

(3)「やばい」、「～ていうか」、「なにげに」の表現にみる意味の変化

最近の若者たちの会話表現で、よく耳にするのは「やばい」です。本来は「危険である」や「まずい」程度の不都合を意味する言葉として、例えば「やばい、約束の時間におくれるよ」といったように使っていました。

ところが、これとはまったく逆の「とてもすばらしい」、「おいしい」、「かっこいい」というほめことばとして使う若者がふえています。例えば「このラーメンやばいほどうまい」といったような使い方です。ラーメン屋さんは、けなさ

れたと思わず、最高のほめことばとして受けとめて下さい。

この語のルーツをたどっていきますと、「やばい」は、「やば」という名詞、あるいは「やばな」という形容動詞として使われたことに始まるということです。

二〇〇五年の『望星《ぼうせい》』一〇月号に、東海大学文学部教授の小林千草先生は、次のような古文からの用語を指摘しています。一つは、

兼《かね》て引替《ひきかへ》でなけりゃ滅多《めった》に渡さぬ代物《しろもの》なれど、俺《おれ》が持てゐるとやばなによって、景図の一巻、是をお前へ預《あづ》けます（『漢人漢文手管始《かんじんかんもんてくだのはじまり》』）。

もう一つは、

おどれら、やばなことはたらきくさるな（『東海道中膝栗毛《ひざくりげ》』）

の古文です。

このように、「やば」、「やばな」は、江戸時代においては、ワルの世界の隠語のにおいがする言葉として使われていました。

ところが、「やばい」が十数年前から若者たちの間に別の意味のことばとして愛用されるようになり、いまや中年層にまで浸透する状況が起きています。本来はマイナス評価の語が、いつのまにか「よい、かっこいい、おいしい」と、一八〇度逆回転させたプラス評価のことばに変身してしまったのです。

一〇〇年後の『広辞苑』に載る「やばい」は、プラス評価のことばとなっており、但《ただ》し書きに、かつては、悪いイメージの言葉であったと記されているかもしれません。

二〇一五年の文化庁による国語に関する世論調査によりますと、「やばい」については、一六〜一九歳では九〇パーセント、二〇歳代では八〇パーセントの人が「とても素晴らしい」という意味に使っている事がわかりました。いっぽう、七〇歳以上では「使わない」でした。

文化庁の担当者は、「やばい」について、

感情を強調するのに便利な言葉として、定着してきている。

と説明しています。

ことばは常に変化します。流行語は新鮮で、その言葉でないと表わせない気分もあるのでしょう。ただ、感動や素晴らしいことを、一語の「やばい」で表すのは、いささか大雑把《おおざっぱ》すぎて「やばい」のではないでしょうか。

最近、気になることばに「〜ていうか」があります。相手の話をうなずきながら聞いているので、同感しているのかと思えば、「〜ていうか」と、反対のことを言いだします。このことばには、逃げ道をつくって自分が傷つかないようにする心理が働いているのです。断定をさけ、ごまかせる余地を残しておこうということでしょうか。

また、若者たちの会話の中で「なにげに」のことばがよくでてきます。「なにげに」の本来の意味は、「やさしくする」とか「さりげなく気をつかう」ことで「なにげなく」から生まれたことばです。ところが、いまや本来の「さりげなく」ではなく、その逆の「わざとらしく」という意味に使われる状況が起きています。

例えば、「あの子、なにげにブランド品を見せびらかしているよ。いやだなあ!」と言った時の「なにげに」は、「さりげなく」ではなく、「わざとらしく」の意味に使っています。

このように、同じことばでも本来の意味とは異なる意味に使う例が増える傾向にあります。「ありえない」とは、可能性がないという意味ですが、若者たちは、今、起きていることが予想をはるかに超えているため、対応がうまくいか

（4）若者ことば・流行語

〜的	わたし的とかおれ的、または自分の名前を入れて、○○的というように使います。それ自体に近い性質、それが許容する範囲内との意味が含まれています。
ムカつく	気性の激しさをいい、相手に対して腹が立っているときの気持です。二〇〇〇年頃から、関西で若い世代に使われるようになりました。「むかつく話やなあ」
キレる	突然、怒り出す状態をいい、抑えていた怒りが頂点に達し、爆発したときのことです。最近は、少年がおこした事件のニュースなどで「どうしてキレたのか」といった時に用いられます。
になります	レストランのレジで店員が「二千五百円になります」といいます。日本語は他者に働きかける他動詞表現よりも自然にそうなったという自動詞表現をよく使います。作為の「する」ではなく、自然に「なる」を使うのは、聞き手を第一に考えている表れでしょう。
ウザタイ ウザイ	不快でうっとうしいという表現です。東京多摩地方からおこり、全国にひろがり「ウザイ」と短く表現されるようになりました。類例に「ムズイ＝難かしい」「ハズイ＝恥かしい」などがあります。
チョー	一九八〇年代に、すでに大学のキャンパスで「チョー」が使われています。「非常に」という意味で「チョーからい」といった用法があります。このことばは、脳を刺激し活性化させるのに役立つといわれています。関西では、「チョー」のかわりに強調表現として圧倒的に「めっちゃ」が使われています。
静かな私語	現在、大学生の間で深く静かに浸透しています。講義中の教室で友達の携帯電話にメールを入れることです。私語が少なくなったものの、しっかり講義に耳をかたむけているかどうか疑問です。
やばい	本来は、危険であることの意の隠語として使われています。ところが、近年、「とてもすばらしい」と、一八〇度逆回転させた意味に使う若者が増えています。
〜ていうか	同感しているようで、反対のことをいう時に使います。断定をさけ、自分が傷つかないようにという心理が働いています。
なにげに	本来は、「やさしくする」「さりげなく気を使う」の意に使われます。ところが、その逆の「わざとらしく」という意味に使う人が増えています。
微妙	『広辞苑』には、「美しさや味わいが何ともいえず、すぐれているさま」とあります。ところが、最近は、どちらかといえば、否定的なニュアンスで使う人がいます。

ず腹立たしい気持ちであることを表現する場合に使っています。

若者ことばを批判する人がいますが、私は好意的にみたいと思います。私たちみんなが同じように行儀のいいことばを使う社会を考えてみて下さい。文化は多様性をもつがゆえに豊かで奥行きが深くなるもので、ことば文化も画一化されては、思想や生き方までもが同質になってしまいます。

若者ことばは、現代社会の一面を投影しているもので、社会への不満や批判のあらわれであり、日本社会の縮図といえましょう。

2 婉曲表現は現代社会を映し出す鏡――「〜のほう」「〜とか」の表現に込められた感情

婉曲表現とは相手に露骨にものをいわず、遠まわしにいって自分の考えを理解してもらう表現です。この表現はもともと相手の立場を考慮して使っていましたが、いまや、それが逆転して自分のことばへの言い訳のために用いられるようになっています。

婉曲表現が氾濫する理由としては、不安な社会情勢と関わりがあると考えられます。若者は就職が思うにまかせず、中年層はリストラの不安、高齢者は老後の心配というように、日本全体が不安という雲におおわれています。こうした現代人の生き方への不安が、ことばの世界にも影響をおよぼし、婉曲表現が多様されるようになりました。あるいは、物事を断定することを避けようとする日本風土のあらわれかもしれません。

二〇一五年の文化庁の調査によりますと、「わたし的には」「良かったかな、みたいな」といった断定を避けた「ぼかし言葉」の使用頻度《ひんど》が増している事がわかりました。

文化庁は、

その場の雰囲気を壊さないように断定することを避ける風潮が若い世代にあるのではないかとみています。

婉曲表現は私たちの日常生活のあらゆる場面で出会います。レストランに行き食事を終えるとウェイトレスから「お皿のほうおさげします」といわれ、「お会計のほうレジでおねがいします」といわれます。「を」や「は」を使わずに「～のほう」を使うのはどうしてでしょうか。

使うことが「ある」との回答割合

表現	99年度	04年度	14年度
わたし的には	8.5	15.6	19.9
～とか	16.2	14.6	17.7
やばい （とても良いという意味）		18.2	26.9
微妙 （良いか悪いか判断つかない）		57.8	66.2
うざい （不快感の表現）		17.0	20.0
かな、みたいな	13.0	15.0	17.5

注：数字はパーセント

もともと、「方《ほう》」は方角や方向を示したり、複数のうちの一方を意味したりする言葉として用いられていました。それがひろがって一定範囲を指し示すようになります。このことばには、追求されるのを避け、ある意図をぼかして当りをやわらかくする効果があり、若者の感覚と合致し、日常用語に組み込まれてしまいました。

コンビニエンスストアなどでお金を渡した時、「一〇〇〇円からお預りします」といわれます。「を」ではなく格助詞の「から」を使うのがマニュアル敬語として一般化しています。

なぜ、「を」でなく「から」なのでしょうか。例えば、支払うお金が五〇〇円でお客さんが一〇〇〇円を出した場合、店が受けとるのは五〇〇円だけですということをはっきりさせるため「から」を使う。つまり、「一〇〇〇円から代金五〇〇円をいただく」のを省略した形といえましょう。

ファーストフードの店で飲み物を注文をした後、「ご注文の品は以上でよろしかったでしょうか」とウェイトレスから聞かれることがあります。注文したばかりなのに、なぜ、過去形を使うのでしょうか。このことばを使う背景には、現在形の「よろしいでしょうか」を使うと、相手に良いか、悪いかを聞くことになり、聞く側に負担を感じさせるという心理が働いているためと考えられます。使う側は、直接たずねないことで丁寧ないい方になると考えているのかもしれませんが、自分勝手ないい方になっているのです。

静かに浸透している言葉に「微妙《びみょう》」があります。例えば「彼女との仲、うまくいっている?」「微妙」。いいとも悪いともいわず、「微妙」と答えたのですが、ここには、積極的に「いい仲」という気はなく、どちらかといえば、否定的なニュアンスが含まれています。つまり、何か感想を聞かれた時に、とりあえず、「微妙」と答えます。正面切って否定するのではなく、「微妙」といういい方で、その場を繕《つくろ》えるのです。

若者が使う婉曲表現は、つきあいのうまくない若者が相手に嫌われないように断定を嫌ってぼかして表現し、しりあがりの口調でやさしさや遠慮さを示すのです。あいまい表現は、責任の所在を明確にしない風潮を生み出す土壌をつくることになり、日本人の精神構造を弱体化させるとして、批判する人がいます。

一方、ことばは本来的には自由自在性をもつものであり、婉曲表現の拡大は表現の可能性を豊かにする新しい日本語の登場とみて、容認する声もあります。

3　氾濫する外来語・カタカナ語に対応できますか

(1) 外来語を理解するための言い換え語

外来語・カタカナ語はテレビや新聞、雑誌をはじめ私たちの日常生活で、見ないことがないほど身近なものになっています。外来語表記があまりにも氾濫していることから、国立国語研究所では、なじみの薄い外来語を日本語に言い換える「言い換え語」の検討を進めており、これまでに二回にわたって提言をまとめています。

日本で片仮名表記が一般化していく過程を、一九九一年に内閣告示された国語審議会の「外来語の表記」からみてみましょう。

まず、室町時代の末期から江戸時代の初期までは漢字、平仮名、片仮名のすべてを使っていました。組織的に片仮名を表記したのは江戸時代中頃の朱子学派に属する儒者・新井白石（一六五七〜一七二五）です。

新井白石は一七〇八年、禁令を犯して渡米したイタリア人宣教師シドッティを尋問し、その口述を筆記して『西洋紀聞』『采覧異言』の二書を著しています。この本に多くの片仮名が使われており、片仮名表記が本格的に始まります。その後、蘭学がこれを受け継ぎ、明治時代の文明開化の風潮の中で外来語が急増し、片仮名で書く習慣が確立していきます。

外来語とは、和語や漢語に対する語種の呼び名で、外来語は片仮名表記が原則ですが、その意識がうすらいで、漢字や平仮名で表記されるようになった外来語もあります。例えば、煙草や歌留多《かるた》をはじめ、ポルトガル語の天麩羅《てんぷら》や襦袢《じゅばん》、オランダ語の珈琲や瓦斯《ガス》などは漢字の当て字ですが、日本語として定着しています。

ところが、最近は片仮名による外来語表記が氾濫している現実があります。あなたはどう思いますか。

国立国語研究所は二〇〇二年の暮れ、外来語（カタカナ語）に関する提言として、読み手のわかりやすさを重視し、六三語の日本語への言い換え例を示しました。

六三語の中から比較的よく耳にする外来語の言い換え例を挙げてみます。

・インフォームド・コンセント――納得診療
・セキュリティー――安全対策
・バリアフリー――障壁除去
・モチベーション――動機付け・やる気

外来語の理解度について

外来語	日本語	同じ意味だと思う	日本語しかわからない
コンセンサス	合意	29.3	42.4
イノベーション	技術革新	39.0	28.2
スキル	技能	48.3	19.2
ハザードマップ	災害予想地図	62.8	14.6
マスタープラン	基本計画	42.7	29.3
リスク	危険性	53.8	4.8
プライオリティー	優先順位	62.8	14.6
ニーズ	必要性	38.4	11.4

注：「国語に関する世論調査」2014年９月・数字はパーセント。

さらに外来語を言い換えする時の留意点として、次の四つを挙げています。

・インパクト（衝撃・影響）のように、世代によって理解度がちがうことばについては配慮すること。

・ケア（介護・看護・手当て）のように、使う場面によって意味がちがってくることばは言い換えも使い分けること。

・セカンドオピニオン（別の医師の意見）など、現代社会に求められている概念は、これを定着させるような表現を工夫すること。

・専門的な概念を伝える場合は、「キャピタルゲイン——資産売却」のように説明をつけること。

(2) 外国の新概念を知り日本語能力を高める

第一回に続いて国立国語研究所は、二〇〇三年、第二回の言い換え五二語を提言しました。その中には、一回目の検討で結論が出なかったノーマライゼーションには、「等生化」という造語をあて、アイデンティティーは「自己認識」、インセンティブは「意欲刺激」、モラルハザードは「倫理崩壊」としています。

これらの言い換え語で注目すべきことは、外来語の流入ということにとどまらず、これまでの日本社会にはなかった物や考え方が普及するに従って、使われる外来語がふえている点です。外国から伝えられる新概念を日本語に言い換えている言葉が目立ちます。福祉・保健関連の用語や経済関連の用語が日常語として使われているのが、いい例でしょう。

二〇一四年に行われた文化庁による国語に関する世論調査によれば、一般的によく使われている「リスク」については、五三・八パーセントの人が理解しているのに対し、「コンセンサス」については、四二・四パーセントの人が分からないと回答しています。また、マスタープランについては、二九・三パーセントの人が分からないと答えており、以外に浸透していない事がわかりました。

たしかに、外国由来の新語に片仮名を当てることは、その用語の出自を明らかにする利点がありますし、国境をこえるコミュニケーションが可能なインターネット社会では、片仮名表記のルールは有益性を備えています。さらに、小学校教育に英語が取り入れられ、日本が国際社会の中に置かれる時代にあって、外来語を片仮名で表記する事例が増大することは間違いないところでしょう。

私たちは、そうした状況をどうとらえればいいでしょうか。ボーダレスの社会だからといって、不鮮明な意味の外来語までもむやみやたらにカタカナ語にするのは、日本文化を壊してしまう危険性があります。

必要のない外来語を拒絶し自然淘汰するだけの日本語能力を身につけ、使わなくてもいい外来語を駆逐《くちく》するだけの気概を持たなければならないとする意見もあります。国語国立研究所では、これからも言い換え語の提言を続けるといっています。

こんな例があります。英語を学んでいる大学生が日本文学の名作「不如帰《ホトトギス》」を「ふにょき」「細雪《ささめゆき》」を「ほそゆき」と読み、「浮雲」を著した明治の文豪・二葉亭四迷《ふたばていしめい》の読み方がわからないといいます。

外来語の理解は社会の変化にともなって避けて通れないものになっていますが、何よりもまず、日本語教育を見直して日本語能力を高めることが急務ではないかと思います。

4　あなたは「ラ抜きことば」をどう思いますか――「ラ抜きことばは認めません」というけれど

ことば遣いや情報化への対応などをテーマに審議してきた国語審議会が、「国語をめぐる問題」という報告書をまとめたのは一九九三年のことでした。

この時、新聞の見出しにおどったのは「ラ抜きことば認めません」でした。そのころ、ＮＨＫ放送文化研究所では、高校生・大学生・二〇代の若者を対象に「見られる・見れる」どちらを使っていますかという世論調査を行っています。それによりますと、「見れる」を使っている人二一パーセント、場面で使い分ける併用と、適当に使っている混用の人六四パーセント、「見られる」を使っている人七パーセントという結果でした。近年は「ラ抜き派」が全国にひろがり、さらに増えているにちがいありません。なぜ、「ラ」を抜くことばがひろがるのでしょうか。その背景には日本語のもつ複雑さがあります。

「見られる」を例にとってみましょう。

文法的に正しい「見られる」は、主に三つの意味で使われています。可能・尊敬・受身です。これに対し、「見れる」という「ラ抜きことば」は、可能の意味だけに使われます。「ラ」を抜くことで意味を限定することができるのです。

私たちが使うことばで、可能表現をつくるのには、「未然形＋れる・られる」、「動詞連体形＋ことができる」、そして可能動詞などの形があります。これまでは五段活用動詞には「れる」、上一段・下一段活用動詞やカ行変格活用動詞には「られる」が続くのが普通でした。

「ラ抜きことば」として話題をあつめているのは、「見られる」「食べられる」などの一段活用動詞の可能の言い方のうち、「ラ」を省略し「見れる」「食べれる」と表現することです。

国語審議会の報告は、「ラ抜きことば」について、次のようにまとめています。

二〇一六年文化庁の「国語に関する世論調査」によりますと、ラ抜き言葉の使用について、次のような結果が示されました。

「ラ抜き」どちらの言い方を使いますか

こんなにたくさんは食べ	られない	60.8
	れない	32.0
初日の出が見	られた	44.6
	れた	48.4
夕方7時に来	られますか	45.4
	れますか	44.1

注：数字はパーセント

出所：文化庁「国語に関する世論調査」2016年9月発表。

「見れた」は、一〇代の八〇パーセントの人が使っているという結果が出ています。「ラ」を抜けば、尊敬や受け身の意味ではなく、可能な意味に使っている事がわかるためだと思われます。

ことばが変化する過程で新しいことばが生まれ、新旧のことばが併存する場合、ことばの〝揺れ〟として客観的に認識し、現時点での適切なことば遣いを判断すべきだ。

このような基本認識にもとづき、

① 「ラ抜きことば」は共通語では誤りとされ、新聞などではほとんど使用されていない。

② 文化庁の調査では七割が「ラ」を抜かずに使っている。

この二つの理由から「共通語では改まった場での使用は認知しかねる」とする結論を出しました。

その一方で、「ラ抜きことば」が、北陸や中部、北海道などで多く使われている実態を考慮し「今後の動向を見守っていく必要がある」と公的に認知することに含みを残しています。そして、「ラ抜きことば」を可能の意味に用い、受身、自発、尊敬と区別することは合理的であり、話しことばでは認めてもよいとの考え方もあるといっています。

「ラ抜きことば」の使用については、当然のことながら国語学者の間でも賛成派、反対派に分かれます。若者たちは、「ラ」を抜けば友達と話す時にテンポがでて親しみがもてるのに対し、「ラ」を入れると会話のリズムがくずれるといいます。

コンビニエンスストアのＣＭには、「食べれる」と「ラ抜きことば」が意図的に使われている例があります。ＣＭ製作者は、「ラ」を抜くと、サウンドにのって耳ざわりがよく、言い回しや気分がスピード時代の現代にマッチしていて、

ＣＭに向いていると言っています。「ラ」を抜くと、ラ行が二字続く言いにくさが解消され、若者たちが好む会話にリズム感が生まれることは確かでしょう。

こうした「ラ抜きことば」に対して、最近気になるのは「れ入れ」「さ入れ」ことばです。これは、「書く」「読む」「行く」の可能形にわざわざ「れ」を入れて、「書けれる」「読めれる」「行けれる」と発音する場合です。「さ入れ」は、「させて」を語尾に付ける形で「休まさせて」「言わさせて」と発音します。より、丁寧に発音しようという意図が読みとれますが、品位のあるものとはいえず、日常の会話でも気をつけたいものです。

5　「新語・流行語大賞」に世相を読みとる

毎年の世相を表してきた「新語・流行語大賞」が、二〇一六年で三三回目を迎えました。大賞を主催する自由国民社は、過去に選ばれた新語・流行語のトップテンを発表しました。過去に選ばれた三三七語のうち、現在も使われているという条件に当てはまる九九語を候補に読者を対象にしたアンケートで選出したものです。過去三〇年の主な新語・流行語は、次の通りです。

一九八五年——キャバクラ（風俗産業の生き残り作戦で生まれた）
一九八六年——亭主元気で留守がいい（衣料用防虫剤のＣＭ）
一九八九年——セクシャル・ハラスメント（セクハラの略称で使われる）
一九九〇年——オヤジギャル（漫画キャラクターとして登場）
一九九三年——サポーター（Ｊリーグが開幕）

一九九四年――同情するならカネをくれ（テレビドラマの中の名セリフ）
一九九五年――がんばろうＫＯＢＥ（阪神大震災からの復興スローガン）
一九九六年――自分で自分をほめたい（女子マラソンの有森裕子選手の言葉）
二〇〇六年――格差社会（貧富の差が拡大しはじめる）
二〇〇七年――ハニカミ王子
二〇〇九年――政権交代

こうしてみると、「オヤジギャル」や「セクシャル・ハラスメント」など、男女の立場の変化を示すものがみられるとともに、「名セリフ」が人々の印象に残っているのでしょう。

例年は、一～三語が選ばれるのですが、二〇一三年は次の四語が選ばれました。

・今でしょ（予備校の林修先生がＣＭで使った）　・じぇじぇじぇ（ＮＨＫの連続テレビ小説）
・倍返し（ＴＢＳのドラマ「半沢直樹」の決めセリフ）　・お・も・て・な・し（東京五輪招致で滝川クリステルさんのプレゼンテーション）

これは、二〇一三年が、「新語・流行語」の豊作の年にあたり、四語が甲乙付け難たかったからでしょう。

二〇一四年
・ダメよーダメダメ
・集団的自衛権

二〇一五年
・トリプルスリー　・爆買い

二〇一六年

・神ってる　・PPAPピコ太郎の動画（注：大賞ではない）
二〇一七年
・インスタ映え　・忖《そん》度《たく》
二〇一八年
・そだねー
二〇一九年
・ONE TEAM
二〇二〇年
・三密
二〇二一年
・リアル二刀流　・ショータイム
二〇二二年
・村神様

「新語・流行語大賞」は、その年をふりかえる縁《よすが》になり、世相や時代を読みとるとともに、ことばに対する関心を高める上でも役立っています。

6 「不易流行《ふえきりゅうこう》」と現代ことば事情

現代ことば事情を通して現代のことばを分析すれば、四つの特質を挙げることができます。

第一は、あいまい表現の拡大とことばの簡略化が進んでいることです。日本語を使う人たちがやさしいのか、断定的な言い方を嫌う風潮がひろがっているせいか、多様な婉曲表現が考案され普及しています。江戸時代の俳人・松尾芭蕉は「不易流行《ふえきりゅうこう》」ということばを唱えました。変わってはいけないものと変化していくものがあるという意味です。新日本語の登場は、現代社会が生んだ必然の変化の波かもしれません。その上にことばが短縮されています。これは携帯電話の普及にともなってメッセージを短く伝える技術が身に付いている影響ではないかと考えられます。必要な情報を交換するだけでいいのです。

第二は、ことばの階層分化が起きていることです。中学・高校・大学生を含めた若者と、社会人との間にことばの断層線が走っていることを意識するようになったのは、いつ頃からでしょうか。活字は情報を正確に伝えるのには便利ですが、感情を伝えるのには話しことばが、はるかに都合がいいのです。若者が使う「キレる」「ウザイ」などには、標準語ではあらわせない独特の感情が込められていますし、「とても～です」と表現するより「チョー」といった方がリアルに口調や表情を変えることができます。こうした感覚語を駆使する若者と、それを苦々しく思う大人との間に溝ができていることは確かです。世代間のことばによる疎通があやぶまれているのです。感覚語の流行は、映像文化とインターネット社会の普及が生み出したもので、若者が上手に使う感覚語コミュニケーションの波が、これからも拡大することは間違いないでしょう。

第三は、慣用句や格言・故事に対する知識に欠けていることです。これらのことばが想像以上に理解されていない現実に驚かされます。中でも若者の理解不足が目立ちますが、その背景には、若者の「本離れ」があります。大学生が読む本といえば、教科書程度で、一般教養書や文学書などに接する学生はわずかです。

「歌のさわりは…」と聞けば多くの学生が「歌いだし」と答え、「世間《せけん》ずれ」は「世間知らず」と理解しています。「日本武尊」に平仮名をふりなさいというと「にほんぶそん」とよみ、四字熟語「□肉□食」の□に漢字を入れなさいというと「焼肉定食」と書く人もいます。

注するまでもありませんが、「聞かせどころ」「ずる賢い」「やまとたける」「弱肉強食」が正解です。慣用句や格言、故事などは、活字に接すること、つまり、本を読む行為を通して身につく知識です。これらのことばを知らなくては豊かで楽しく奥行きのある音声表現ができません。

第四は、これまで使われていた意味とは異なる意味で使われることばが増える傾向にあることです。「やばい」「なにげに」「ありえない」「微妙」などがそれです。

長い年月をかけて市民権を得たことばをひとひねりすることによって、若者独得のノリやニュアンスに変えてしまう現象をどうとらえればいいでしょうか。安易な再利用なのでしょうか。それともことばの節約なのでしょうか。はたまた、創造的な新発見なのでしょうか。ただ、日本語表現を仕事にしてきた私としては、日本語の行く末に危惧を抱かずにはいられません。

現代は、テレビやラジオ、インターネットで一瞬のうちに不特定多数の人に、ことばを印象づけることができます。その情報源に同化した若者たちは、すぐまねてやSNS等で影響を与え、使用する仲間を増やしていきます。

ことばの引き出しを多くもち、語彙《ごい》が豊かであることは、その社会の文化の豊かさをあらわすものでもあるのです。本来の意味とは異なる意味に使う最近の傾向が、日本語の「細《ほそ》り」につながらなければいいが、と心配します。

ただ、時代によって、物が消えたり微妙なニュアンスの表現が変化することは、さけられぬ事態であるだけに、もう少し、この傾向をじっくりみていく必要があるかと思います。現代ことば事情からみえてくる日本語の動向について、四つの特質を挙げました。

日本は美しいことばを使う「言霊《ことだま》のさきはう国」として、ことばの文化を大事にしてきました。日本語は日本文明を構成する一つの要素といえます。「ことばは身の文《あや》」、ことばはその人の人柄や品格をあらわすということわざがあります。

若者と話をしていて、きちんとした喋り方をする人がいることに気づきます。「センスのいいことばを使っているな」と感心することがあります。若者にはポテンシャルとして、そうした能力が備わっているのです。彼らの前頭葉を刺激し、いかにして潜在能力を引き出せるか、「日本語の技法」の授業の役割はここにあるといえましょう。

林望先生は『日本語の磨き方』（ＰＨＰ研究所）の中で、次のように言っています。

国語力とか日本語の能力というものを考えるとき、すぐに「最近の若者は…」などといって国の行く末を憂えたりするのでなくて、まず自分自身にそれを求めるべきだ、というのが私の意見です。

私も同感です。自分のことばの、あるいは自分の表現のスタイルを崩すことなく、若者にいかに影響を与えていくことができるかが大事なことなのです。そのためには、みずからの表現力のセンスをさらに磨かなければならないことを痛感しています。

主要参考文献

『國文學第三〇巻』（尾﨑喜光著・學燈社）
『日本語一〇一話』（倉島長正著・東京新聞出版局）
『若者言葉辞典』（亀井肇著・日本放送出版協会）
『新日本語の現場』（橋本五郎監修・中央公論新社）
『本心をウラ読みする方法』（渋谷昌三著・河出書房新社）
『望星・二〇〇五年一〇月号』（東海大学出版会）

あとがき

「知」の探究をめざして

人間が、ことばを手に入れた時、地球の覇者になることを約束されました。それは、盛者必衰のことわりの第一歩であるとともに、苦難への道の入口だったのかもしれません。

人間が知性をもって生き残れるかどうかの鍵を握るのは、人間をここまで進化させる原動力となった言葉にあるといえます。

言葉は、人間の心から発せられるメッセージです。それが日本語であれ、外国語であれ、お互いに思っていることを伝えあうことによってコミュニケーションは成り立っているのであり、自己表現できなければ、人格を認めてもらうことはできないのです。

自分をどのように表現するか、話す力は人間の生き方を表しているものであり、人生は自己表現の連続といっても過言ではないでしょう。それは、虚像をあたかも実像のようにみせる技術ではありません。自己表現とは、豊かな人間性がにじみでている人格、密度の濃い内容をもった話、そして状況に合った対応という三要素が総合的に示されたものです。

現代社会で生きていく上での源泉は、「鍛えられた表現力」を身につけることであり、魅力的なプレゼンテーションができるということです。口がうまい人がプレゼンテーション能力の高い人と思われがちですが、そうではないのです。

話し手のことばに、聞き手の心に訴える「何か熱いもの」がなければ感動をよぶことはできないのであり、話し手の人生哲学や価値観が伝わってこそ共感が得られるのです。自分の主張に深みをもち、魂からにじみ出るメッセージを伝えるためには、全人格的な鍛錬が大事なことは言うまでもありません。

二〇一六年一月二日、私は、学問の神様といわれる菅原道真公を祀る京都の北野天満宮へ詣でました。参拝を終え、露店が並ぶ参道の雑踏に身をあずけているうちに、ふと、あることばが浮かんできました。それは「知るを楽しむ」です。

人生にとって「知ること」は、最大の楽しみであり喜びであるといえましょう。一つの事を知ると、さらにその先の事を知りたいと思うようになり、「知の探究」は雪ダルマ式に増えていき、好奇心を刺激し、知識が蓄積されていきます。

「知」をめぐるソクラテスと諸葛亮孔明の言葉

ここでは、二人の歴史上の人物のことばを紹介しましょう。

ギリシアといえば、オリンピック発祥の地で、前七七六年にはじまりました。そして、ギリシアは、哲学を含めて「学問の祖」の地といわれています。

言葉、あるいは記号を駆使して事柄を理解し、他人に理解させ、自分もそれにつれて再確認していくという態度こそは、学問に必要な基本姿勢といえます。

ギリシア人は、言葉が大好きで、パラドックス（逆説＝一見矛盾しているようで、実は正しい説）を考案するのを得意とし、雄弁術や詭弁《きべん》術を巧みに扱うことを心がけました（『ギリシア哲学』左近司祥子）。

ギリシアの哲学者といえば、ソクラテス（前四六九頃～前三九九）と、『国家』を著したプラトン（前四二九～前三四七）、そして『形而上学』を著したアリストテレス（前三八四～前三二二）の三人を挙げなければなりません。

中でもソクラテスは、アテネ文化における知の危機にあたって、知の再建のために努力し、その教育方法は「対話」

でした。つまり、問いと答えの対話術によって相手の無知を自覚させ、真の知に至るよう奮起を促し、真理を発見するための「対話」の弁証法を説いたのです。

ソクラテスは、前五世紀頃に生まれた弁論修辞や政治学などを授けるソフィストたちが、自らを知恵ある人と呼んでいるのを嘲笑《ちょうしょう》して、無知の知（私は知らないということをよく知っている）といいました。

この場面は、ソクラテスが「国家の信じる神を信じない」という大罪を裁く四〇一人の裁判官の前で発した言葉です。裁判官の前で発した「無知の知」に至るストーリーは次のようなものです。

ソクラテスには、熱狂的なファンがいましたが、その中の一人がデルフィに神託をもらいに行きました。その男は、デルフィの主神アポロンに「人間の中でソクラテスより賢い者はいるのでしょうか」とたずねると、アポロン神は、「誰もいない」と答えました。ソクラテスは、それを聞かされても、「大事なことは何一つ、自分は知っていない」と言って喜びませんでした。彼がアポロンの神託に同意しなかったのは、自分は無知であると常日頃から意識していたからです。

自分の真理に対する無知を知らなければ、真理にむかう事は出来ない。そのためソクラテスは、弟子に対して質問し彼らが無知である事に気づかせ、自分で真理を発見させるように導いたのです。

もう一人、中国の三国時代の軍師・諸葛亮孔明《しょかつりょうこうめい》（一八一〜二三四）の言葉を紹介しましょう。魏《ぎ》・呉《ご》・蜀《しょく》が覇権を争い、曹操・孫権・劉備といった英雄が抗争を繰り広げた三国時代は、吉川英治の小説『三国志』などでも日本人になじみが深く、景初三年（二三九）には、邪馬台国の卑弥呼《ひみこ》が魏に使者を送った事でもよく知られています。

蜀の軍師だった諸葛亮孔明は、劉備より「三顧の礼」をもって迎えられ、二三四年に五丈原《ごじょうげん》の戦いで病死するまで魏の建国に尽力しました。

諸葛亮孔明の人間的魅力に関して、子孫が暮らす浙江省諸葛鎮に孔明の教えを記した「誡子書《かいししょ》」が残っています。

優れた人は静かに身を修め徳を養う
学問は静《せい》から、才能は学《がく》から生まれる
学ぶことで才能は開花する
志《こころざし》がなければ学問の完成はない

孔明は、志を持つ事の大切さと、学ぶ事で才能は芽生え開花すると後世の人たちに伝えています。

充実したキャンパスライフを送って下さい

大学生のみなさんには、ぜひ、「知るを楽しむ」精神をもち、キャンパスライフを送ってほしいと思います。自らに知的刺激を与え、貪欲に教養を身につけて下さい。

現代社会は、知性を感じさせる話を求めています。知性と言うと、すぐに博学、もの知りというイメージが先行しますが、それは知性のわずかな部分です。知性とは、もっと広い意味をもっています。つまり、多くの人が認める、あるレベル以上に達した知識や技術、それにプラスする人間性をもふくんでいるのです。学生生活における「知」の探究は、あなたの人間性を高め、豊かな人生を送る上でのバックボーンになるでしょう。

いま、大学生には「自己表現力」が強く求められています。あなたが満足のいく人生設計を築いていくためには、まず、人生の最大の関門である就職を勝ち抜くことが出発点なのです。

二〇一七年春の大卒採用に、増加の傾向が見られます。「雪どけ」といわれているように景気の回復が就職戦線に明るさをもたらしています。

ただ、企業は求める人材がいなければ計画数に達しなくても採用を打ち切る厳選採用という方針については変わりなく、状況は不透明です。学生は業績が安定し、安心して働ける大企業への就職を求め、会社に守ってもらいたいとする志向が強くなっています。

これに対して企業側は、コミュニケーション能力があり、環境の変化に対応できる人材を求めていることから、ミスマッチがおきています。

就職をめざすみなさんは、もっと企業選択の幅をひろげ、自ら可能性を縮めてしまわないようにしてほしいと思います。有名企業ばかりを狙わずに中小企業なども視野に入れ、自らミスマッチを招かないように心がける事も必要です。

本書は、あなたが就職試験に臨むにあたって、大学生活をいかに過ごすか、何をなすべきかを示しています。学生生活でじっくり自分を磨き鍛え、自己表現力を身につけてこそ就職に勝利することができるのであり、その指針となるように構成しています。話すというのは、すべてのコミュニケーションの基本です。

本質的な人間性を磨けば、言葉は説得力をもちます。人間関係においては、あらゆる場面でフレキシブルに対応できる反射神経が不可欠なのです。

あなたの人生において、就職活動ほどあなたを強くする時はないでしょう。悩みながらも自分を再発見し、自己成長していく中で、すばらしい果実を得ることができるのです。

本書は、あなたの知らなかった自分を知り、あなたらしい社会人へと脱皮していき、真に「生きる力」を身につけてほしいとの願いを込めて記述しています。

本書の出版にあたって、ミネルヴァ書房の編集者・音田潔氏には、傾聴に価する指摘を受け、多くの助言と激励をいただき、無事、出版にこぎ着ける事ができました。心よりお礼申し上げます。

二〇一六年夏休み中に記す

児島建次郎

ら　行

わ　行

欧　文

な　行

は　行

ま　行

や　行

さ　行

た　行

索　引

あ　行

か　行

著者紹介（執筆順、＊は編者）

＊児《こ》島《じま》建《けん》次《じ》郎《ろう》　編著者紹介参照

山《やま》田《だ》匡《きょう》一《いち》

1933年生まれ。学習院大学政経学部卒業。NHKにアナウンサーとして入局。NHK総合テレビの番組「きょうの健康」や「中小企業テレビ」を担当。NHK大阪放送局では、情報番組に力を入れる。NHK退職後、金蘭短期大学教授に就任。担当科目は、「日本語表現法」「情報」など。また、NHK文化センターで「話し方・朗読」の講座をもち、日本語教育の普及に務める。主な著書に『話し方概論』『話す力を鍛えよう』『コミュニケーション力』など。金蘭短期大学を2003年に退職。元金蘭短期大学教授。

寺《てら》西《にし》裕《ゆう》一《いち》

1965年生まれ。佛教大学社会学部卒業、同志社大学大学院総合政策科学学部修了。（株）近畿放送（現京都放送）にアナウンサーとして入社。競馬中継、サッカー・野球中継など、主にスポーツ実況を担当。退社後も関西を中心にスポーツアナウンサーとして幅広く活動中。また、スポーツアナウンサーの後進を育成する講座を主宰する他、小中学校で「スポーツ中継の現場」をテーマに伝えるキャリア教育授業を展開中。近畿大学・佛教大学講師。

都《つ》築《づき》由《ゆ》美《み》

関西大学文学部卒業。福井放送にアナウンサーとして入社。その後、東海テレビ放送に移りニュースキャスターとして報道番組を担当。退社後、NHKの教育番組の司会や奈良テレビ、FM京都などのニュースを担当。式典やクラシックコンサートなどの司会、シンポジウムのコーディネーター、インタビュアー、朗読、ナレーションなど仕事は多岐にわたる。また、「コミュニケーション」や「話し方」をテーマにした講演会や研修の講師、及び朗読の講師も務めている。近畿大学講師。奈良市教育委員。

編著者紹介

児島建次郎《こじまけんじろう》

1941年生まれ。日本大学法学部卒業。NHKにアナウンサーとして入局。衛星放送やスペシャル番組を通して古代文化を紹介。1988年NHK・奈良県が主催した「なら・シルクロード博覧会」にかかわる。NHK大阪放送局を退職後、近畿大学で「外国文化論」「日本語表現法」の科目を担当するとともに、歴史・宗教・民族などをテーマにシルクロードやユーラシア37カ国の歴史遺産の取材調査を行う。特に印象深い国は、中国・インド・イラン・ギリシア・イスラエル・イタリアなど。著書に『ユーラシア文明とシルクロード・ペルシア帝国とアレクサンドロス大王の謎』『聖徳太子と法隆寺一四〇〇年の祈り』『コミュニケーション力』など多数。白鳳短期大学名誉教授・岸和田健老大学客員教授などを歴任。現在は大阪府立中央図書館や岸和田健老大学、朝日カルチャーセンター、近鉄文化サロンなどで、「聖徳太子と法隆寺」「シルクロード」「世界遺産」などをテーマに講義している。専門は「シルクロード学」「文化論」「コミュニケーション論」「世界遺産」

知的技法としてのコミュニケーション
——「話す力」は「生きる力」——

2017年3月10日　初版第1刷発行　　＜検印省略＞
2023年8月30日　初版第4刷発行

定価はカバーに
表示しています

編著者　児島建次郎
発行者　杉田啓三
印刷者　大道成則

発行所　株式会社　ミネルヴァ書房
607-8494 京都市山科区日ノ岡堤谷町1
電話代表 075-581-5191
振替口座 01020-0-8076

太洋社・藤沢製本

ISBN978-4-623-07877-6

Printed in Japan